レクチャー ジェンダー法〔第2版〕

犬伏由子・井上匡子・君塚正臣 編

法律文化社

第２版はしがき

本書初版が上梓されたのは2012年３月，前年に起きた東日本大震災とその後に続く福島第一原子力発電所事故の爪痕が痛々しく残る頃であった。意識的にも無意識的にもカーペットの下に隠してきたジェンダー意識や構造，そしてジェンダー差別が顕在化し，課題化された。さて，この９年間，日本社会や法制度はこれらの課題に向き合い，ジェンダー平等に向けて動き出すことができたであろうか。

2021年２月の現在，新型コロナウィルス感染対策として２度目の緊急事態宣言が発出される中，性差別的で「上の決断を黙って黙認せよ」と言わんばかりの発言をきっかけとする東京オリンピック・パラリンピック組織委員会会長の森氏の辞任と，密室でなされようとした後任選びが耳目を集めている。世界経済フォーラムから毎年発表されるジェンダーギャップ指数2020では，日本は153カ国中121位とさらに順位を下げ，2003年に内閣府・男女共同参画推進本部が決定した「社会のあらゆる分野において，2020年までに社会の指導的位置に女性が占める割合を少なくとも30％にする」という目標は正式に先送りされた。

変化がなかったわけではない。日本社会の中でのもっとも大きな変化の１つは，LGBTQ などセクシュアル・マイノリティをめぐる動きであろう。当事者の皆さんが積極的に声を上げる中で，学校現場や職場での対応も始まっている。2015年に始まった自治体パートナーシップ制度も，2020年12月の段階で74自治体・人口カバー率も33.4％（認定 NPO 法人 NIJIIRO DIVERSITY 調べ）に達している。この動きは，セクシュアリティが人権の重要な要素であることを照射しただけではなく，ジェンダー平等の理念やジェンダー論の構成そのものにも大きな転換をもたらした。そして，#MeToo やフラワーデモ，あるいは #Ku Too という形で展開している。

残念なことに，これら社会の中での新しい動きが，制度の改正や変革という形での成果をもたらしたとは言い難い。2015年12月の最高裁大法廷の夫婦同姓強制に関する合憲判決の記憶はまだ新しく，選択的夫婦別姓すら法制化されないこの国で，2021年３月に札幌地裁の判決が出たにせよ，同性婚への道のりはまだまだ険しい。

もっとも，希望がないわけではない。2017年に110年ぶりに改正された刑法の性犯罪条項は，さらなる改正に向けて動いている。2018年に発覚した医大入試における女性・多浪生への差別には驚愕したが，一方でそれらの事実が明るみにさらされ，司法の場でその正しさが争われていることには，一条の光を感じる。ジェンダー課題に関して，法や司法制度が果たすべき役割の一端が示されているからである。ジェンダーの視点から法の世界を捉え直すことを目的とした「ジェンダー法」の重要性は高まっているのである。それは，この国の民主主義や立憲主義のあり方を考え直すものとして，何となくマジョリティ気分でいる人々にとっても他人事ではないものである。

法律文化社の小西英央氏には，初版の折と同様に，お世話になった。出版をめぐる状況が厳しい中，第２版の刊行が実現したこと，改訂にご協力くださった執筆者の先生方に御礼を申し上げるとともに，小西氏に深く感謝申し上げる。

本書の構成上の特徴などについては，初版のはしがきをお読みいただきたい。法学を学ぶ学生だけではなく，様々な専門の学生たち，そしてジェンダー社会課題に関心を寄せてくださる皆様の元に，本書が届くことを願っています。

コロナ禍，二度目の春に

編者一同

はしがき

高度経済成長が実現され，半世紀にわたり大きな戦争に巻き込まれず，犯罪も比較的少なく，いろいろ言われつつも官僚主導の統治が是正されて政治の民度が上がってきた21世紀初頭の日本において，豊かさを実感できない障害が大きく２つほどある。１つは，徐々に進む格差社会，非正規雇用の増大等であろうか。もう１つは，女性（主婦は少額のパートまで）の社会活用の少なさの一方での一部男性の働きすぎ（カロウシはすでに国際的に通じる）である。これらを解く鍵は，労働・経済とともに，社会的性役割，すなわちジェンダーにある。

法学の世界で，ジェンダーが１つの法分野を形成すると認識されたのは，そう古いことではない。こういった視点から法を観察した業績は，非常に少なかった。ジェンダー法学会の結成はようやく2003年末のことである。その後，「ジェンダー（と）法」を謳う教科書は堰を切ったように次々と刊行されている。その中で本書を刊行することには，いくつかの理由がある。

第１に，ジェンダー法学が，牽引車的立場の研究者の熱意で走り続ける創成期の段階から，裾野の広い若い研究者の理論提示が求められる段階に来ていることである。第２に，一部エリート女性の憤慨にとどめず，第一義的には，階層や地域を超えた労働・教育・家庭の問題として考え直すべきと思えることがある。第３に，この問題を男性側にも自分の問題として考えてもらう必要があるのであり，また，マイノリティ差別を考える起点，多くの社会問題のキーなどとして，ジェンダーの問題を捉え直す必要があることである。ジェンダーの視点で法を見直すことは（「民主主義」が今日の日本では共有される価値・手続でありイデオロギーではないように）もはやイデオロギーではない。そして第４に，法科大学院時代に入り，一方で法曹実務家にこの問題を語る必要がありながら，他方で，基本七法などを不十分に本法領域の学習を始めざるをえない状況がある。多くの人に語りかける，平易な教科書は必要だと感じるものである。

このため，執筆者を新進の若い研究者，そうでなくても，類書の執筆のあまりない研究者を24名集めた。法哲学，法制史，比較法，憲法，行政法，民法（財産法，家族法），刑法，国際法，労働法，社会保障法など，属する専門分野も多岐にわたる。また，男性研究者も類書と比べて多い。構成としても，ジェンダー法を学ぶために必要な基本法分野の概説をはじめに置いて，そこに立ち帰ることが容易なように工夫を行った。本論も，身近な教育，労働，家庭の問題から議論をスタートさせ，法学者がついつい最大の問題としがちな政治や司法の問題は最後の方で取り上げた。そして，ジェンダー法の発展展開として，男性差別，その他の差別に各１章割いたのも本書の重要な特徴である。このため，問題意識を深めたいという幅広い読者の要求に応えられるものと思う。

レクチャー，プリメールのαシリーズの刊行を進める法律文化社の小西英央氏より本書の刊行は強く勧められていたところ，ジェンダー法学会第４期（2009-2011年12月）理事兼会誌編集委員のうち３名が編者となって，本書の企画を進める流れができ，編集会議などを経て，今日，刊行の運びとなった。執筆者の先生方に御礼申し上げるとともに，小西氏に深く感謝申し上げる。教科書であるので，仔細に引用を行わなかった点，御海容を願うものである。何よりも，本書を手にしている皆様に幸あれと願いたい。

震災の爪痕もなお深き2012年２月

編者一同

目　次

凡　　例

【略語表】

▼裁判所の判決・決定等

最大判(決)	最高裁判所大法廷判決（決定）
最判(決)	最高裁判所小法廷判決（決定）
高[支]判(決)	高等裁判所［支部］判決（決定）
地[支]判(決)	地方裁判所［支部］判決（決定）
家[支]判(決・審)	家庭裁判所［支部］判決（決定・審判）
簡判(決)	簡易裁判所判決（決定）
大判(決)	大審院判決（決定）

▼判例集　（＊民間刊行物）

民(刑)集	最高裁判所民事（刑事）判例集，大審院民事（刑事）判例集
民(刑)録	大審院民事（刑事）判例録
行集	行政事件裁判例集
高民(刑)集	高等裁判所民事（刑事）裁判例集
下民(刑)集	下級裁判所民事（刑事）裁判例集
判時	判例時報*
判タ	判例タイムズ*
労民	労働関係民事裁判例集
集民(刑)	最高裁判所裁判集民事（刑事）
刑(行・家)月	刑事（行政・家庭）裁判月報
民(訟)月	民事（訟務）月報
判地	判例地方自治*
労判	労働判例*
金判	金融・商事判例*
交民	交通事故民事裁判例集*
新聞	法律新聞*

【全体を通しての参考文献】

金城清子『法女性学〔第2版〕』（日本評論社，1996）
金城清子『法女性学のすすめ〔第4版〕』（有斐閣，1997）
金城清子『ジェンダーの法律学〔第2版〕』（有斐閣，2007）
上田純子ほか『女と法とジェンダー〔第2版〕』（成文堂，1997）
山下泰子ほか『法女性学への招待〔新版〕』（有斐閣，2000）
浅倉むつ子＝若尾典子＝戒能民江『フェミニズム法学』（明石書店，2004）
浅倉むつ子監修『導入対話によるジェンダー法学〔第2版〕』（不磨書房，2005）
浅倉むつ子＝角田由紀子編『比較判例ジェンダー法』（信山社，2007）
辻村みよ子『ジェンダーと人権』（日本評論社，2008）
辻村みよ子『ジェンダーと法〔第2版〕』（不磨書房，2010）
吉岡睦子＝林陽子編『実務ジェンダー法講義』（民事法研究会，2007）
三成美保ほか『ジェンダー法学入門〔第3版〕』（法律文化社，2019）
ジェンダー法学会編『講座　ジェンダーと法　1－4』（日本加除出版，2012）
山下泰子ほか編『ジェンダー六法〔第2版〕』（信山社，2015）

＊　＊　＊

ジェンダー法学会編『ジェンダーと法』（日本加除出版，2004から年1回）
『ジェンダー法研究』（信山社，2014年からほぼ年1回）

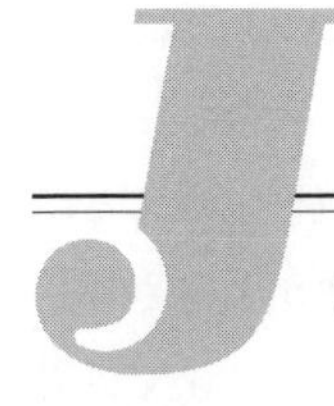

序　章

なぜ，今，ジェンダー法なのか

◆この章で学ぶこと◆

本章では，第１章以下の具体的な法領域に即した分析・検討を学ぶ上で不可欠の要素として，ジェンダー概念それ自体や，それが法の世界にもつ意義について，基礎法的な視座から学ぶ。女性の社会的地位の向上の運動としてのフェミニズムの中で案出されたジェンダー概念は，現実の様々な問題や多領域の学問的営為からの双方的な影響関係の中で大きく展開し，豊富な内容と可能性をもつに至っている。また，ジェンダー論が法学あるいは法学を含む社会科学全体に与えた寄与を確認するとともに，ジェンダー法がもつ潜勢力—近代法に対する批判的捉え直しの可能性と意義—について学ぶ。

Ⅰ　ジェンダー法とジェンダーの視点

ジェンダー法は，**ジェンダーの視点**から法を捉え直し，**ジェンダー・バイアス**（性に基づく偏見）に基づく不平等などの問題を発見するとともに，その解決を図ることを目指している。

現在多くの大学でジェンダー論・ジェンダー法などの講義が実施されており，ジェンダーという語を冠した学会も複数設立されるなど，学問の世界でもジェンダー概念は浸透・定着しているといいうる。しかしながら，正確な意味や，ジェンダーの視点からの問題化の意義については，必ずしも充分に理解されているとは言えない。

また，法の世界へのジェンダーの視点の導入には，固有の疑問も生ずる。即ち，売買契約は女性が締結しても男性が締結しても効果やそこから発生する権利・義務の内容は同じである。人を傷つけたり，殺したりすれば，同じように裁判等の手続を経て，刑に服する。近代法は，男女を区別しないことによって，すなわち男女に同じ法を適用することにより，平等を図ってきた。法の世界にジェンダーの視点を導入することは，そのような平等化に逆行することになるのではないか。そもそも70年も前に男女の平等を謳(うた)った**憲法**が制定され，20年前から**男女共同参画社会基本法**により包括的な施策が展開され，すでに男女平等は実現しており，今さらジェンダーの視点から法を見直すことに，どのような意味があるのか，といった疑問や躊躇を感じるかもしれない。

しかしながら，現実には女学生の就職，管理職や議員などの女性割合における男女の格差は大きい。2018年8月には，東京医科大学の入学試験において「女性」であることを理由にした差別的な長年にわたる得点操作が明らかになり，国内外に大きな衝撃を与えた。厳格な公平性が求められる大学入学試験における差別的な得点操作自体も驚きであったが，同時にそのような差別的取り扱いが，医療現場の過酷な労働環境や，女性医師の出産育児などを理由に，発覚当初は合理化・正当化されていたことは，大きな衝撃であった。これこそが，日本における構造的差別の実例と言いうる。このような構造的な差別を問題化し，是正していくためには，ジェンダーの視点は欠かせない。

また，ジェンダー法と聞いて，多くの人は，**ドメスティック・バイオレンス**などの家族関係の問題，女性労働者の問題，あるいは強姦や強制わいせつ罪などの性犯罪のことを思い浮かべるであろう。もちろん，これらの問題や家族法・労働法・刑法といった個別法領域は，ジェンダー法学にとり重要な領域であったし，現在もあり続けている。しかしながら，本書の目次を眺めれば一目瞭然のように，ジェンダー法学の対象は，法学のほぼ全領域にわたる。それに加え，伝統的な法学の中では扱われなかった問題（例えば，**セクシュアリティ**や**リプロダクション**→第13章，**セクシュアル・ハラスメント**→第11章）もある。このようにすべての領域にわたってジェンダーの視点から見直し，ジェンダー格差解消の視点を導入することを**ジェンダーの主流化**と呼ぶ。ジェンダーの主流化は，1990年代以降，国際機関や国際的な取り組みの影響を受け，日本でも要請・実施されている（→第0章V）。これは，近代法の世界が「ジェンダー」に広範に覆われている状況を反映していると同時に，個別の課題や個々の法領域にとどまらず，法学全体をジェンダーの視点から捉え直すことが必要であることをしめしている。そして，ジェンダー法学の役割は，ここにある。

本章では，ジェンダー概念やジェンダー論の展開について，そしてジェンダー概念が法学・社会科学全体に与えた影響とその意義について，概説する。

Ⅱ　出発点としてのジェンダー論から性の多様性へ

（1）出発点としてのジェンダーVSセックスの構図

ジェンダーという語は，もともとは言語学の用語で名詞を性別化して分類する際の文法上の区別を現す語であった。これを，1960年代**第二波フェミニズム**が，**生物学上の性差**（セックス）とは異なる**文化的・社会的な性差**を現す語として用いるようになった。ジェンダーという語は1980年代には，「文化的・社会的に構築された性差・性別」を現す語として，広く知られ，用いられるようになった（→第3章）。

ジェンダー概念が案出される以前は，性差・性別といえば，生物学的な性別・性差であり，性別は生まれた時に決定され，その後は変わることはないと考えられていた。さらに，そのような一義的・不変の性差・性別に沿って，パーソナリティ，能力，行動様式・規範，役割，そして職業などについても，あらかじめ決定づけられていた。そのような**ステレオタイプ**の女性像（男性像）は，生物学的・身体的な特徴に基づく自然なものであり，そこからずれることは，不自然なこととされていた。

第二波フェミニズムは，従来普通に使われていた男・女という性別の中には，生物学的な次元での特徴付けと，社会的・文化的な次元での特徴付けの2つの次元があることを明確に示した。女性の社会的な役割や女性に求められる態度・振る舞い，「女らしさ」などが，必ずしも自然的な基礎をもつわけではないことを明らかにした。そして，セックス／ジェンダーの構図の中で，ジェンダーの**変容可能性**を強調することにより，生物学的性差により正当化されてきた女性に対する差別的取扱いを批判した。ジェンダーは社会的な構築物とされ，時代や社会により，様々に変化しうるし，変化させることができると考えられた。**構築主義**（様々なカテゴリーが社会的に構築される過程を重視）の立場から，性別に関する女というカテゴリーに何らかの本質があるとする**本質主義**が批判された。同時に，社会的・文化的な性のあり方としてのジェンダー概念の導入により，人間の性のあり方が，一様のものではなく，多様でありうること，同時に時間とともに変化しうるものだという認識をもたらした。

（2）ジェンダー／セックス構図の限界と意義

現在，ジェンダー論は大きく展開し，性の捉え方は大きく変化している。その結果，現在ジェンダー／セックスという構図は，間違いではないが，正確でもない状態にあると評しうる。注意すべきは，出発点としてのジェンダー論が提示していた２つの意義（多様性と序列化）の重要性は形を変えても，変わっていない点である。変化の要因には，様々なものがあるが，重要なものとして，以下の３点をあげる。

① ジェンダー論の知識論的展開

私たちの社会では，性別に関する知が，日常的な知や専門的知，規範的な知や記述的な知など，様々な形態で，あらゆる場面で生み出されている。私たちは，生の現実に直接触れることはできず，科学であれ何であれ，文化的・社会的なフィルターを通して見ているのであり，したがってそこには，ジェンダーに関わる何らかの偏見や歪み（**ジェンダー・バイアス**）が介在することになる。

ジェンダーを知に関わる概念として再定義することにより，ジェンダー概念の適用可能性は，性別や男女の関係だけではなく，広く社会認識・科学的な認識枠組みにも広がった。その結果ジェンダー論は，身体・精神・法・政治・文学・芸術・自然諸科学などあらゆる分野・領域において，知的活動や視点の歪（ゆが）みを発見する**知識批判**へと展開した。

このようにして，あらゆる知的活動において，無意識なうちにもジェンダー的要素が含まれていないか，そしてそこにはジェンダー・バイアスがないかどうかを自己反省することが重要であるとの認識が生まれた。これが，「ジェンダーの視点」「**ジェンダー・センシティヴな視点**」である。

②　性の内実の豊富化と社会科学への応用

セクシュアリティという語は，セックス／ジェンダー構図では捉えきれない性欲，性行動，性意識に関わる事柄を総称する語として用いられてきた。しかし，社会科学の領域では売買春，トラフィキングのような社会問題や，あるいは比較的新しい概念であるリプロダクティヴ・ヘルス／ライツ（→13章）が扱われるのみであった。私事に属するセクシャリティに関しては，社会規範に逸脱し社会問題となった場合のみに扱うという，社会科学の公私二元構造（後述）の影響の現れである。

近年，性的マイノリティの当事者などからの発信を受け，社会科学においても，性に関する多面的で豊富な内実が，しかも性の多様性の観点から異性愛主義や性の二元論への批判も含め，議論されている。

③　性科学の社会科学への応用（生物学的な性の多様性）

性分化研究や脳科学の研究を通じて，身体的性差が一義的なものではなく，グラデーショナルなものであることが明らかになり，セックス／ジェンダーという二項対立図式の前提が失われた。

もっとも，その成果が社会科学の領域や，現実の制度のあり方に反映されるまでには長い期間を要している。出生届やそれにより編成される戸籍制度は，依然二元的・硬直的でありつづけている。

（３）性の四要素―多様で多面的な性のありかた

性に関しては下記の四要素・軸に沿って理解されている。

①　身体の性（Sex・戸籍の性）

身体的・生物学的な特徴，戸籍に割り当てられた性。

②　性自認（Gender Identity）

自分が自分自身の性をどのように捉えているか。男／女と思う，どちらでもない，わからないなどの場合がある。

③　性的指向（Sexual Orientation）

対象としての性。自分がどの性別に恋愛対象を持つか。異性愛／同性愛／誰も対象とはならない／恋愛感情は抱いても性の対象とは考えない（ノンセクシュアル）など。

④　性表現・性表出（Gender Expression）

社会的な性，性役割，女らしい／男らしい服装や言動など。

「性」をこれら4つの軸や要素から捉え，内実の豊かさや多面さを捉えることが可能になっている。しかし，重要なのはその要素・軸の数ではなく，それぞれの要素が二元的にではなく，多様的・グラデュエーショナルに捉えられている点である。つまり，どの軸や要素に関しても，100％男（女）ということはありえない。また，これら要素や軸は，あくまでも複雑な性のあり方を理解するためのものであり，上記四項目に限定されることはない。

性的マイノリティに関しては，レズビアン（女性同性愛者），ゲイ（男性同性愛者），バイセクシュアル（両性愛者），トランスジェンダー（性別越境者）頭文字を続けて**LGBT**という言葉が頻繁に使われるようになっている。LGBTはあくまでも例示であり，それを明確にするために，LGBTIQsのように，頭文字を連ねたり，LGBTsと表したりする場合もある。また，LBGが③に関わるのに対して，Tは①と②の関係に関する点でも，大きく違う点も注意が必要である。

（4）性の二元論的構成から性の多様性へ

このように4つの軸・要素に沿って，「性」を多面的にそして多様でグラデーショナルなものとして捉えることにより，従来は意識されなかった性の二元論的体制（性別二元論と異性愛主義）が顕わになってきた。そこでは，「普通の」「自然な」男性とは，男性の身体をもち，男性として自認し，異性愛者として女性を好きになり，男らしい服装・振る舞いや役割を担う存在（シスジェンダー）であり，それ以外は，不自然な逸脱したあり方として，治療・矯正，差別の対象であった。

それに対して，これら四要素をグラデーショナルにとらえることにより，多様な性の特徴をもつすべての人がグラデーショナルな全体像の中に位置づけうる。性という人格や社会制度・社会生活の中核をなす事柄に関して，多様な生のあり方をお互い尊重しつつ，生きていくためには，このような性の多様性に関する意識や制度への反映が不可欠である。

（5）LGBTsへの配慮からSOGIの視点へ

さて現在，性の多様性に関しては様々な領域におけるジェンダー論の展開，そして何より性的マイノリティの当事者による働きかけにより，様々な動きがみられる。そして，そこでは，LGBTsのように「誰」という形での主体ではなく，すべての人が持つ属性・特徴であるSOGI（sexual orientationとgender identityの頭文字）に注目して，多様性と平等を問う視点が取られている。そこでは様々なSOGIをもつ人の一部（例えば，異性愛者）にのみ権利があるという不均衡がある場合には差別にあたると考える。特定のLGBTsの人の人たちへの配慮を求めるのではなく，SOGIという属性に基づく差別をなくし平等に扱うことを求めている。

このSOGIの視点により，マイノリティとマジョリティとを切り離さず，全ての人がセクシュアリティの当事者として，性の問題を「関心のない人はいても，関係のない人はいない」問題として，つまり人権として認識することが可能になる。さらに，単に個人の問題としてではなく，構造としての性別二元論やヘテロセクシズムの問題として扱うことが可能になった。その意味で，LGBTsへの個別対応とSOGIの視点との違いは，単なる言葉の違いではなく，理論的にも実践的にも重要である。

（6）序列化と構造的権力

多様性と並んでもう1つ重要な点は，**序列化**の要素である。もともとジェンダー論は，特定の性別で集団として把握した人間を，優位な集団（男）と劣位な集団（女）に分類し，それぞれ公的な領域と私的な領域に割り当てる（**性別役割分担**）ことによる序列化に対する批判を目的としていた。ジェンダー論は，この性に基づく序列化を含む社会構造への批判に取り組み，**構造的な権力関係**としてのジェンダー構造を明らかにした。そこでのジェンダーは，個別的な抑圧・支配の意思には還元・解消できない，構造としての権力として把握された。また，この序列化は，集団間だけではなく集団内にも働く。女性という集団の中にも，序列化とそれに伴う権力が存在する。

さて，以上のように広範な広がりと展開をみせているジェンダー概念・ジェンダー論は，社会科学・法学に非常に大きな寄与をもたらした。ジェンダー論が近代社会科学・法学に与えた最も根源的な影響と意義を示すものとして，公私二元論批判を取り上げる。

Ⅲ　ジェンダー論と法学・社会科学

（1）公私二元論批判

近代の法学や政治学・経済学は，**公私二元論**あるいは，公私の区分を重要な枠組みとして形成されてきた。法学においてはその内部で，**公法**と**私法**として区分され，それぞれの領域は異なる原理により組み立てられている（→第0章）ことからも，また社会学全体としても，政治学は「公」，経済学は「私」としてそれぞれの学の対象や課題が設定されてきたことからも，明らかである。

公私二元論は，正（法）と善（道徳）を峻別する**リベラリズム**において典型的である。リベラリズムは「私」領域を，目的・善の主体である個人の活動の領域領域とし，**私的自治の原則**により，国家や共同体などの介入を基本的に拒否しうる領域と位置づけた。

なお，リベラリズムが主張する正と善の峻別を批判し，共通善と共同体とを重視する**コミュニタリアニズム**（**共同体主義**）や，個人の権利や自己利益中心のリベラリズムを批判し，公共的な徳の重要性を主張する**現代的共和主義**もまた，公私の二元論に拠っている。すなわち，これら2つの立場においても，共同体や公的な徳性を「私」的な生活から切り離された形で措定しているからである。

この近代社会科学全体の土台ともいいうる公私二元論に，根源的な挑戦をしたのが，「**個人的なことは，政治的なことである**（the personal is political）」というスローガンを掲げた**第二波フェミニズム**であり，その主張を理論的に支えたのがジェンダー概念・ジェンダー論であった。そこでは女性を**家族**という私的な領域に貼り付け，**家事**や**介護**などを担わせ，**国家**や**市場**，すなわち政治や経済という公的領域から排除されている状態が批判されたからである。

ここで，注意しなくてはならないのは，フェミニズムやジェンダー論が想定している公私概念と法学や社会科学における公私概念との間にズレがある点である。すなわち，ジェンダー論では固定的な性別役割分業を批判する際に，公的領域として想定されているのは国家・市場であり，私的領域として想定されているのは家族である。しかし，法学の世界で公法といえば国家と個人の関係を規律する憲法・行政法がその典型であり，私法といえば**私的自治の原則**に基づく民法がその典型である。これはどちらかが間違っているということではなく，それぞれの社会モデル・社会構想の違いによるものである。

ジェンダーの視点からの公私二元論批判の特徴として，領域横断的な問題設定，公私概念の再編の必要性，親密圏への注目，の３点を指摘しうる。

（２）領域横断的課題設定

不可視化された**再生産領域**の家族を可視化する（発見し位置づける）ことが，ジェンダー論の大きな課題であり，法学や社会科学全体に対する大きな寄与である。ジェンダーの視点で社会科学を捉え直すことにより，それまで社会科学が主たる対象としてきた国家や市場の外部に，再生産領域としての家族が発見され，それなしには国家も市場も機能しないことが明確に示されたのである。

もっとも，法学の観点からは，**家族の可視化**には，違和感を感じるかもしれない。ジェンダー論以前にも，家族も，家族法という法領域も，存在してきたからである。しかしながら，ジェンダー論以前の社会科学において，再生産の領域としての家族は，人口政策などを通じて国家の政策の対象となることはあっても，国家の様々な作用や生産の領域としての市場の中で，何らかの位置を占めるものとしては捉えられてこなかった。生産領域である市場経済秩序は，再生産領域である家族とは無関係に成立し，機能していると考えられた。また，近代立憲主義の成立により国家や市場において基本的な人権が認められる中にあっても，家族はそれらの影響を受けることなく，家族法の適用になる領域として孤立し，もっぱら統治の対象とされてきたのである。近代法学・近代法典においては，家族は国家的権力の介入を拒否しうるプライバシーの域であるとされたが，同時に私的領域における暴力は個人的な事柄として公共的な討議からは除外された（例えば，ドメスティック・バイオレンス→第12章）。

性別・性差の問い直しから出発したジェンダー論は，このような私的領域における権力関係を問題化することを主要な課題として公私二元論批判を展開し，そしてそれを，社会制度の分析にも応用した。権力から自由で，誰もが自分の善を追求しうる領域である市場のなかにも，**家父長制**（性に即した権力・役割の不均衡な配分をもたらす規範の総体）的な不平等な権力関係があることを批判した。

また，従来は公的な領域である国家や市場における権力関係が，家族などの再生産の領域にも問題を引き起こすと考えられていた。しかし，第二派フェミニズムにおける論争（→第3章）の中で，むしろ逆であり，家族などにおける非対称的な関係のあり方や意識が，国家や市場，そして雇用の場などにおける不平等や権力関係に深く関わっていることが指摘された。したがって，公私それぞれの領域において別々に問題を設定しても解決には結びつかず，区分を越境・横断した形での問題の捉え直しが求められたのである。

このようなジェンダーの視点からの公私二元論批判は，近代法を根源的に問い直す。近代法が前提としている合理的で抽象的な人間が，家事や育児等の再生産労働から免れている男性をモデルにしているという事実を炙（あぶ）り出し，新たな人間像や新しい権利・平等観を提示した。これはまた，雇用の場面での保護規定のあり方や家庭責任を有する労働者の概念（→第8章），刑法における性犯罪をめぐる議論（→第10章）などにおいて，すでに具体的な形で活かされている。

（3）公私二元論批判から公私概念の再編へ

ジェンダーの視点からの公私二元論批判は，公私の区分それ自体を否定するわけではない。むしろ，私的領域に焦点を当てその重要性を指摘しており，その意味で公私の再編と呼ぶのがふさわしい。

公私二元論と固定的な**性別役割分業**の観念により，女性は公的領域から閉め出されたが，同時に女性の社会的な地位をめぐる問題や家事労働や育児・介護をめぐる問題は，私的で個人的な問題と見做（みな）され，公共的な事柄・公共的空間の討議に付すべき事柄とは見做（みな）されなかった。このような状況の中で，何が公共的な事柄であるのか，公私の境界線をどこに引くのかを問うことにより，公私の概念の再検討・再定義が目指された。これまでとは異なる新しい「公共」のあり方や，次項でみるように新たな「私」のあり方が提示されている。

さらに，ジェンダー論は本質主義批判の立場から，単一で包括的な公共ではなく，内部に複数の中間的な公共圏を含む多元的な公共のあり方（ナンシー・フレイザー）や，外部の普遍的な基準を措定するのではなく内部に批判的なモメントを見出す**対抗的公共圏**の構想（アイリス・ヤング）などが，提案されている。

（4）親密圏への注目

もう1つの特徴は，「私」領域への注目と評価である。ジェンダー論では，新たな「私」領域の意義や可能性を明確にするために，新しい「私」領域を**親密圏**と呼び，市場をモデルにしたリベラリズムや法学における「私的領域」と区別する。親密圏とは，具体的な他者（名前で呼び合う他者）の具体的な生活（生命）についての互いの関心と配慮を媒介とする関係からなる。そのような具体的な配慮の中から，それぞれの生に関するニーズが立ち上がる。

親密圏への注目は，伝統的には家族が担ってきた家事・育児や介護などの機能が国家や市場にとって不可欠の要素であるという主張と，それにもかかわらず公私二元論の中で不可視化されてきたことへの批判を前提としている。しかしながら，これらの機能を伝統的な家族が担えばよいという議論も，反対に単にこれらの機能を家族の外に外化（社会化・市場化など）すればよいという議論もともにとりえない。それらの機能をジェンダーの視点で捉らえ直した上で，現代社会に適合的な形で，再定式化していくことを求めているのである。これは，公私の役割分担の見直しの議論の中で，具体的に展開されている。例えば，育児や介護をめぐる議論において，家族などの親密圏がどこまで責任を担うのか，国家や自治体，そして私企業や民間グループなどはどのような役割や責任を担うのかという議論に直接に反映されるほか，公的な社会保障の制度の設計・運用の際にも，不可欠の考察である。

親密圏には，市場との区別だけではなく，家族を単位とする近代的プライバシー概念との違いを明確に示すねらいがある。近代的プライバシー概念は，国家権力との関係で家族，より正確には婚姻家族を単位としていたのに対し，ジェンダー論における親密圏が想定している単位は個人ないしは，個人を単位とした結びつきであり，婚姻家族は相対化される。

さらに，ジェンダー論では，具体的生（命）に関わるニーズの解釈を通じた親密圏の批判的なポテンシャリティと，公的領域への働きかけにも注目している。そこから公的領域を再定義されるからである。これは，かつては家庭内の個人的な事とされていた**ドメスティック・バイオレンス**（→第12章）が，国際的な動きや民間グループによる具体的なアドヴォケイト活動を通じて，重大な人権侵害であり，公的に対応すべき問題として認識され，立法（配偶者からの暴力および被害者の保護に関する法律）されたプロセスに典型的に示されている。

もちろん，親密圏は同化と排除を含む閉鎖的な空間になりやすい，もとより当事者の間に対称性はない。そのような非対称的な関係において，法や司法制度が果たす役割について，ジェンダーの視点から積極的に議論・提案しなければならない。親密圏に特有の問題に取り組みつつ，現在社会にふさわしいあり方を模索しなくてはならないのである。そしてそこには，多様性を維持しつつ，人権を尊重するという司法の新しい役割が要請されている。

ジェンダーの視点からの捉え直しは，男女の関係という身近な問題から，近代法の構造それ自体をも射程に入れた根源的な問題まで，非常に広範囲にわたる。また，グローバル化が進展する中で，公私の再編やジェンダー構造に伴う序列化は，複雑な様相を示している。さらに，2020年新型コロナウィルス対策は「ステイ・ホーム」という標語に象徴されるように，外出規制，在宅勤務など，家庭・家族に負担を負わせる形で展開された。エッセンシャルワークと呼ばれる人々の労働条件の劣悪さや，親しい者の間での暴力の相談数の増加，女性の自殺者数の急増などが報告されている。結果として日本社会や日本の家族の中のジェンダー構造が白日のもとにさらされている。今，ジェンダー法の意義や果たすべき役割は，ますます大きくなっているのである。

【発展課題】

「法は家庭に入らず」という有名な法諺（ことわざ）がある。この諺（ことわざ）が果たしてきた機能を，本章で扱った公私の二元論批判を前提として，評価・批判してみよう。親族相盗例（刑法244条1項），夫婦間の契約取消権（民法754条），ドメスティック・バイオレンスや子どもの虐待などの具体的な制度や事例を参考に，考えてみよう。

【参考文献】

辻村みよ子編『ジェンダー法・政策研究叢書第10巻　ジェンダーの基礎理論と法』（東北大学出版会，2007）
野崎綾子『正義・家族・法の構造変換―リベラル・フェミニズムの再定位』（勁草書房，2003）
フランシス・オルセン（寺尾美子編訳）『法の性別―近代法公私二元論を超えて』（東京大学出版会，2009）
若林翼『フェミニストの法―二元論ジェンダー構造への挑戦』（勁草書房，2008）
田村哲樹『政治理論とフェミニズムの間―国家・社会・家族』（昭和堂，2009）
谷口洋幸＝綾部六郎＝池田弘乃編『セクシュアリティと法―身体・社会・言語との交錯』（法律文化社，2017年）

〔井上　匡子〕

第0章 ジェンダー法を学ぶ基礎として

◆この章で学ぶこと◆

応用法学科目に共通することだが，「ジェンダー法」を理解するためには，その土台となる基本的な各法学分野の学習が必要である。序章での基礎法学分野からの示唆に続き，ここでは，実定法学分野の中から，ジェンダー法学習のために必要な基本事項をダイジェストで取り上げる。基本七法，社会法，国際法などをしっかり学習されることは望みたい。基本はやはり大事である。

I　憲法の基本

（1）憲法とは何か＝近代的・立憲的意味における憲法

憲法とは，一言でいえば，政府を創設する**社会契約**である。自然状態から自然権を有する人々が集まり（憲法制定後の目から見れば，**憲法制定権力**であり主権者＝**国民主権**原理），**統治機構**を創設するとともに，その機関に立法や行政，司法などの権限を付与した（多くの国では成典憲法であり硬性憲法である）。それと同時に，政府（国家）を名宛人として，政府には許されないことを定め，**自由権**や**平等権**などの**基本的人権**（基本権）を国民に保障したのである。

実は，以上のような考え方は，太古の昔からあったわけではなく，近代西洋に起源を発するものである（**近代立憲主義**）。ローマ教皇と諸侯の衰退に伴い，対外的独立・対内的最高となった国家主権の下で，絶対王制をブルジョアジー（市民）らが倒した，イギリスやフランスの**近代市民革命**以後の政治体制を示すものである。しかし，この動きは，ヨーロッパに広まり，産業革命とともに近代の動力となり，日本を含むアジア・アフリカ・中南米諸国にも影響を与えた。20世紀の憲法の多数は，このような考え方を理想として掲げるものであるし，軍政や開発独裁，あるいは植民地時代を経験した日本や韓国，フィリピン，インドネシア，台湾などは民主化され，近代立憲主義を体現する政治体制になった（1989年の東欧革命や2010-11年の「アラブの春」も記憶されたい）。

近代立憲主義は，国民が専制君主を倒し，あるいはその政治的実権を奪った（立憲君主制）後，政治的決定は，国民の代表者の意思によりなされるべきという**議会制民主主義**が一方の柱である。他方，基本的人権の尊重（**自由主義**）とは，その権利がただ1人の利益であっても尊重しようというものなので，両者の相克は不可避であった。この対立は，多くの国では，裁判所による憲法判断という形で決着がつけられる。ドイツや韓国では憲法裁判所が創設され，端的にその法令の合憲性を争える仕組みがとられた（**抽象的違憲審査制**）。しかし，アメリカや日本では，具体的な事件の解決の中で，通常の司法裁判所が，「上位法は下位法を破る」という法原則に基づいて，法令や政府行為についての憲法判断を加えるのである（**付随的違憲審査制**）。このため，日本やアメリカでは，裁判所が司法権として扱うべき事件ではない，憲法判断をしなくとも解決がつく，などの場合，裁判所が憲法判断を行わないことに注意が必要であるし，事件解決が主目的である以上，原則は**適用違憲**（法令そのものは違憲ではないが，本件に適用する限りで違憲とする判断）であって，**法令違憲**は本来例外である。

（2）近代立憲主義憲法の現代的展開

近代市民革命の主役はブルジョアジーであったため，参政権は「財産と教養」のある者に限られていた（制限選挙）。また，自由権の中でも財産権の絶対は強く主張され，平等権といっても，その個性や個別の事情を捨象した形式的平等概念によっていた。税率が低く，市場原理への政府の介入はないことが望ましく，政府の役割は外交のほか，警察・消防・防衛程度に限るのを理想としていた（**自由国家**，最小国家，**小さな政府**。社会主義者のフェルディナント・ラッサールは「夜警国家」と揶揄した）。

しかし，この小さな政府は**貧富の差の拡大**を放置した。次第に，貧乏人の子は貧乏人というスパイラルが発生し，近代市民革命が打倒したはずの社会的不公正が明確化してきた。治安も悪くなった。そして，彼らには政治的な主張を公式に行う場が与えられていないという不満もあった。このため，参政権が次第に拡大し，財産や納税額によらずに，一定の年齢に付与されることとなった（**普通選挙**）。そして，平等観も，各自の状況を十分に配慮した**実質的平等**概念（収入に比例して税率が高まる累進課税制度が好例）に移行し，貧困克服は国の責務となり，**社会権**概念も誕生した。また，財産権はそういった社会的国家的目標のための制限は当然とされるようになった。結果として，政府の役割は大きくなった（**福祉国家**，行政国家，**大きな政府**）。これらは，近代立憲主義がファシズムやソ連型社会主義などと対峙する中で，主として20世紀に生じた現象である。日本国憲法もこのような現代化の洗礼を浴びており，生存権（25条），教育を受ける権利（26条），労働基本権（27条・28条）という社会権を保障している（ただし，**プログラム規定**説があるなど，権利性に関しては議論がある）。

ところで，近代当初に参政権を有し，地主などの名望家として議会に集まっていたのは男性である家父長たちであった。選挙権の拡大も，19世紀末までは男性しか視野になかった。このことに女性たちが目覚めると，労働運動などに遅れて，女性運動，**婦人参政権運動**，**フェミニズム運動**（→第３章）が勃興した。平等や政治参加は男性だけのものではなく，「女性は家庭の中心」というような**性役割観**を打破する人間性解放運動が生まれたのである。20世紀には，**女性参政権**が一般化し，「平等」は当然に**男女平等**を含むようになった。

（３）平等１―原則論

日本国憲法14条１項は，「すべて国民は，法の下に平等であつて，人種，信条，性別，社会的身分又は門地により，……差別されない」と謳う。あらゆる人間を，個性を没却して，絶対的平等に扱うことは無理がある。そこで基本的には，同じものは同じに，異なるものは異なって取り扱うべしという，**相対的平等**観が，日本国憲法においても平等概念の基軸にならざるをえない。

ただ，基本的には，そもそも人間を，その能力や努力結果ではなく，生まれで判断してはいけないというのが近代の精神であろう。伝統的通説・判例（尊属殺重罰規定違憲判決＝最大判昭48・４・４刑集27巻３号265頁など）は，「人種」以下を単なる例示列挙と捉えて，裁判官が事案ごとに合理性を判断すればよいとしてきた（「**合理性**」**の基準**）が，近時有力説は，これらの列挙事由は，生来の偶然に基づく，能力と基本的には無関係の，歴史的な差別の例であり，多くは（議会制民主政下の多数決原理では救えない）少数者差別の例である（なお，「社会的身分」とは何か，非嫡出子は「社会的身分」かなどの論点もある→第18章）などとして，より憲法違反との疑いの目で見るべきであると考えるようになっている。**憲法訴訟論**（特に**司法審査基準論**）の成果により，これらの差別は**厳格審査**を及ぼすべきという立場が有力である。これらの差別を行う国や公共団体が，やむにやまれぬ（非常に重要な）目的と必要最小限度の手段であることを立証できなければ，裁判所はこれを違憲と判断すべきとするのである。これに従えば，性差別事例も厳格審査の対象となり，何らかの合理性がある程度の，男女で異なる取扱いならば，おおよそ違憲無効とされることになろう。結果，国立女子大学や公立男子校・女子校の合憲性が問題となり始めた。女性の**再婚禁止期間**（民法733条→第5章），強姦罪規定（刑法177条→第10章）は改正された。なお，通説の代名詞である芦部信喜説は，性別と社会的身分の差別事例については**中間審査**（厳格な合理性の基準）が妥当するとしていた。この説では，重要な目的と，それに実質的関連性を有する手段であれば合憲となる。

また，私人の行為であっても，裁判所が無効とした例は，性差別の問題に多い（女子若年定年制に関する**日産自動車事件**＝最判昭56・3・24民集35巻2号300頁，事故死女子の逸失利益に関する大阪高判平13・9・26判時1768号95頁，砂利採取同意料の女性正組合員排除に関する高松高判平14・2・26判タ1116号172頁，入会権者の男性限定に関する杣山事件＝最判平18・3・17民集60巻3号773頁，外貌醜状障害の男性差別に関する秋田地判平22・12・14裁判所ウェブサイトなど）。これらについて，理論的には，**憲法の私人間効力論**として議論が活発になされてきた。純粋に私法解釈の問題と考えるべき（無効力説）か，憲法が性差別などに厳しい態度をとるため，その制約が私法の一般条項（民法90条など）に及ぶからなのか（間接効力説），この種の問題については，私人の行為といえども憲法が直接に違憲無効といえるからなのか（直接効力説，原則無効力一部直接効力説），が争われてきたのである（ほかにステイト・アクション理論もある）。そもそも憲法が政府を名宛人にしつつ私法の違憲判断が可能であることからして，間接効力説に属する説が妥当であり，かつ有力である。差別側の「社会的権力」性を問題にし，条文により直接・無効力の場合があるなどとした旧説とも異なり，最近の間接効力説は理論的に純化したものになった。

(4) 平等2—積極的差別是正と間接差別

差別は許されないとして，これらをシラミ潰しにすれば十分か。例えば，女性の技術者が少ないのは，何も大学の工学部が形式的な性差別を行ってきた結果ではない。子どもの頃から多くの女性が「女の子らしく」育てられてきたため，大学進学率が男性と並んだ現在でも，「女の子らしく」ない職業が予定されている学部に進学しようとしない，数学や物理の才能を男性ほど全力で研く気を起こしにくい，もしくは親などの進学引き留め等が一因であろう。

では，国公立大学の工学部が女性の（家政学部などが男性の）進学の誘因として，女子の定員を定めたり（**クオータ**制），女子の受験者に一定の点を加算したりすることは許されるか。このような施策を積極的差別是正策（アファーマティヴ・アクション，**ポジティヴ・アクション**）という。社会的な差別構造を是正するのに有用な方法ではあるが，他面，同点の受験生でも性別による合否が生じるため，逆差別として憲法上疑義があることが多かろう。女性議員や首長が少ないからといって，例えば，強制的に県議会議員の40％以上を女性とするようなことは，平等選挙なども保障する日本国憲法の解釈として，やはり難しいのではないか（民主主義と密接に関連する参政権制限には厳格審査が及ぶはずである。各政党が自主的に候補者の男女比を均等にしようとすればよい）。**男女共同参画**の観点から審議会の委員などの男女比の考慮が，限度かもしれない。

以上について，司法審査基準が何であるかは争いがある。憲法14条1項後段列挙事由の差別であることには違いがないとすれば，典型的・古典的な差別の場合と同じ（つまり，それが厳格審査であれば，ポジティヴ・アクションでも厳格審査）であろうが，多数者が自らを不利に取り扱うことなどを理由に司法審査基準を下げる（例えば，目的・手段とも何らの合理性もないことを違憲主張者が立証できなければ，裁判所は合憲と判断すべきとする，**合理性の基準**にす）べきだという見解もある。しかし，実際に生来の偶然で差別される無垢の個人がいる（高得点で不合格にされる男性が，必ずしもセクシストとは限らない）点，人権が集団の権利と化してしまう点など，批判もある（→第15章）。

差別には，露骨に「性別」などを前面に出していなくとも，そのような効果を有するものがある。例えば，公務員試験で身長170cm 以上が合格の必要条件であったとき，それは女性に不利に働く。もしもそれが，身体的特長を必要とする職種であれば別であるが，単なる事務職であるようなとき（このときも，机の大きさの統一などの理由は付され得る），許されざる差別と考えるべきであろう。近時，この種の，直接明示的でない差別は**間接差別**として認識されるようになってきている。日本国憲法が14条１項列挙事由の差別に厳しい姿勢であると解されることから，同じ効果を有する間接差別も基本的には許されまい。

（５）表現の自由

民主主義を支え（「人民の人民による人民のための政治」），真理の発見に役立ち（「それでも地球は回っている」），個性の発露（「芸術は爆発だ」）に寄与するという点から，表現の自由は**優越的地位**があり，「人権の花形」とされる。その規制については，裁判所は違憲の疑いをもって臨むべきである。司法審査基準は原則として厳格審査が妥当する。**LRA**（より制限的でない他に選択しうる手段）**の基準**や**ブランデンバーグ基準**など，様々な**合憲性判断基準**（テスト）が用いられる。事前抑制や曖昧漠然な法令，過度に広汎な法令には，事件の内容を捨象して判断する**文面審査**（文面違憲）が，適用審査の例外として及ぶ。

この原則に例外はないか。通説は，時・場所・態様規制（**表現内容中立規制**）については，規制の危険度が低いので，司法審査基準は中間審査で十分とする。また，有力説の中には，名誉毀損・プライバシー侵害表現，**性表現**，営利的表現などの非政治的表現については中間審査とすべきとするものがある。

性表現の多くは，男性向けの女性の裸体写真や，男目線の官能小説であり（その逆はほとんど見あたらない），性的搾取であって，強姦や性的暴行の煽動であるとする批判もある。この立場からすれば，その規制は当然ということになろう（司法審査基準も合理性の基準，ということだろうか）。しかし，性表現も「一切の表現」であることは確かで，表現者の個性の発露としての価値は存在し

(「猥褻なぜ悪い」), 芸術的なものとハードコア・ポルノとの区別は難しく, むしろ性犯罪の抑止に役立っている（犯罪白書をみても, 性表現の自由さと性犯罪の件数は反比例しよう）などの反論もある。憲法学説の多くは, 子どもや「囚われの聴衆」の保護のための規制（例えば, アダルトビデオは, 年齢確認をしてショップの奥でなら買える制度）だけは憲法上許される, などとしている（→第14章）。

（6）自己決定権

憲法13条は,「生命, 自由及び幸福追求に対する国民の権利」の保障を謳うが, その漠然性から, 当初は権利性を認識されなかった。しかし, プライバシー意識の向上や公害問題の深刻化などから, **幸福追求権**は具体的権利と理解されるようになった。そして, 15条以下の人権カタログとは異なり, 13条は14条の平等権とともに, **包括的人権**という位置付けが妥当となってきている。

幸福追求権の中身については, およそ広く, 他人の権利を害されない限りは政府に妨害されない自由を享受するとする**一般的自由権説**と, 一定の権利しか憲法は保障されないとする説が対立している。後者の中では, 人格的自律に寄与する権利のみが保障されているとする**人格的自律説**が有力である。この説は, その保護範囲につき, 厳格度の高い司法審査基準が及ぶと主張することが多いが, 一般的自由権説ではそう述べることには無理があり, 司法審査基準を目の前にすれば, 一般的自由権を, いわば重要度で仕分けする必要に迫られよう。また, 一般的自由権説では何でも, つまりは自殺も, 殺人も, 麻薬も, いったんは表現の自由などと同じ意味での「憲法上の権利」となる点で, 批判がある。逆に, 人格的自律権説には, 自由主義に立つはずの憲法が「人格」的生き方を国民に強制するのか, 幸福追求の一定のものしか権利と認めない, またその線引きが困難だ, などの批判がある。両説の間の論争は未決着である。

性交, 出産, 中絶などの性的自由（性的**自己決定権**）は, 何れの説でも, 憲法13条の保障内容と考えられよう。しかも, 多くの学説は, 比較的厳格度の高い司法審査基準が妥当するものと考えているようである。他方で, 胎児の生命という対抗利益もあり, まったくの自由とはいえない難問である。ただ, 日本国憲法では, 24条が**婚姻の自由**を端緒とする家族形成の自由を保障していると考えられるので，その一部はむしろ24条の問題だという考えも成り立つであろう（性的関係が現実的には婚姻と同じではない点も注意したい→第6章）。

24条の性格付けについて，憲法学説は，自由権説，社会権説，分類不能説など多様であったが，近時の学説は13条や14条との密接な関連を強調する傾向にあり，包括的人権（基本権）色の強い理解をするようになっている。以前，24条を，幸福追求や平等を制限する家族制度を例外的に許容する根拠とする理解や，もっぱら制度的保障だとする説もあったが，衰退した。

〔君塚　正臣〕

Ⅱ　民法の基本

（1）民法の特徴と対象―市民社会の基本法

民法は市民社会の基本法という性格をもち，日常生活で生じる個人と個人の権利義務関係（私人間の関係）を規律する。この点で，民法は，国家権力に関わる関係を規律対象とする**公法**との対比では**私法**の分野に属している（公法・私法の区別に明快な基準があるわけではなく，中間的な法領域として**社会法**と呼ばれる分野がある）。同じく私法には，商法・会社法といった継続的営利活動（企業活動）に関わる分野を対象とする法律もあるが，民法は，広く日常生活の中での個人間の関係全般を対象とする私法の**一般法**である（より限定された人，事物，行為，地域などに限って適用される法律が**特別法**であり，民法（一般法）との関係では商法・会社法は特別法であり，「特別法は一般法に優先して適用」される）。

市民社会の基本法である民法がどの様な法律なのかは，市民社会の捉え方にも関わるが，一般的に市民社会は自由な個人による**物**（商品）**の生産・交換**と**人の再生産**（生殖）が確保される家族生活からなる社会と捉えられるから，民法は財産関係と家族関係に関わる権利義務を規律する法律である。

（2）民法の成立と変遷

民法第1編第2編第3編（明治29年法律89号）と第4編第5編（明治31年法律9号。この部分を**明治民法**と呼ぶ。1898（明治31）年7月16日施行）の制定は，近代国家の樹立を目指して法典編纂に着手した明治政府が真っ先に取り組んだ一大事業であった。日本が富国強兵・殖産興業政策を進め，欧米資本主義諸国と肩を並べる近代国家に発展するためには，自由な市場を背景とする資本主義経済体制を保障するためのルール作りが必要であり，西欧諸国の近代民法典（特に，フランス民法，ドイツ民法）をモデルとする近代法制の導入が不可欠と認識された。したがって，民法は日本が資本主義社会の入り口に立った時期に制定された**近代市民社会**の法としての性格をもち，資本主義の市場経済を前提とし，自由な商品交換を保障するため法原則（あらゆる物が市場で取引されるために生産され，商品として交換されるためのルール）を定めている。民法は経済的な財貨取引法として，近代市民社会の基本原則である，個人の**自由**や**平等**を前提としたものの，家族関係に関しては，個人の自由を抑圧し不平等を認める**家制度**を定め，資本主義の後進性により家産の分散を避けて戸主に集中し，家族構成員を戸主権の下に置くことによって絶対主義的天皇制国家の下支えの役割を果たしていた（→第１章Ⅰ（３））。

同じ民法典の中で，家族関係に関しては，個人の自由や平等原則が貫徹していないというアンバランスな状況が解消されたのは，日本国憲法24条に基づいて行われた1947年の**民法改正**（民法第４編第５編の大改正による現行家族法の誕生）によってである（→第１章Ⅱ（２））。このような民法制定および改正の経緯とも相まって，第３編までは**財産法**，第４・５編は**家族法**と呼ばれ，従来，前者は合理的打算的関係を規律し，後者は非合理で全人格的関係を規律するものとして家族法の独自性を強調する見解があり，他方，法規範としての民法の中で合理的規律に馴染む財産法を重視し，民法を商品交換＝財産関係を中心として捉える考え方も強かった。しかし，財産的利益（**財産権**）以外に非財産的利益＝**人格的利益**（**人格権**）にも目が向けられ，こうした人格権を重視する立場から，民法を**人の法**としてトータルに把握しようとする見解もある。さらに，最近，民法大改正時代とも呼ばれ，債権法改正（2017年改正，2020年４月１日施工），相続法改正（2018年改正，主たる改正部分は2019年７月１日施行）などが行われた。

（3）民法の前提となる「人」─法人格の平等

民法は，種々の権利義務やその効力を中心に規定していて，**私人間の権利義務の体系**（第2編**物権**・第3編**債権**・第4編**親族**＝身分権・第5編**相続**権を内容とした編別）を構成し，個人を**権利義務の帰属主体**と位置づけた（第1編**総則**）。これは自由な商品交換を保障するために，すべての人を商品所有者として市場に登場させる必要があったからであり，すべての人には等しく**権利義務の主体性**（**法人格の平等**）が認められた（ただし，明治民法・家族法は，例外的にしか女性に親権や戸主権を認めず，権利帰属の点で男女の不平等があった）。もはや，昔の奴隷のように，人間が「物」として市場で売られること＝権利の対象（客体）として扱われ，支配されることはない。「人」の**権利の客体**となるのは動物（家族同様のペットであっても財産所有者にはなれない）や植物なども含めた「物」だけである（人＝主体と物＝客体との峻別。ただし，この区別自体も自明とはいえず，「人」の境界（胚や胎児は人なのか，臓器移植との関連で脳死判定後は人ではなくなるのか）をめぐって議論がある）。民法は，すべての「人」が自由で平等な権利主体としての資格（**権利能力**。民法3条）を認められ，自己に属する「物」を他人との間で自由意思に基づいて交換＝契約するための法的枠組みを定めている（契約のように意思に基づいて法的効果を生じる行為を**法律行為**という）。

法人格の平等は，あくまで権利義務の帰属点としての抽象的・技術的な「人」の平等を指し（したがって，法人格は，人間＝**自然人**にだけではなく，**法人**（財団・社団といった一定の団体）にも認められる），具体的な現実に人に帰属した権利についての結果の平等までは意味していない。民法が前提とした人間像は，「合理的・理性的に判断し行動しうる経済人（損得を計算し，損をしないように行動しうる人間）」であり，「自由と平等」を保障しておけば，各人は自己の利益を実現しうると考えた。しかし，乳幼児を見てもわかるように，すべての人が自分の自由意思で取引行為（法律行為）ができるわけではなく，自己の行為の法的な意味が理解できる能力（**意思能力**）が必要である。この意思能力には個人差があるので，民法は，取引上必要とされる判断能力を「単独で有効な法律行為を行う能力（**行為能力**）」として，定型的に行為能力が不十分な者（**制限行為能力者**）を定めた。単独での取引行為に一定の制限を受ける制限行為能力者には，未成年者，成年被後見人・被保佐人・被補助人がいるが，明治民法では，妻も判断能力が不十分で夫の同意なしに単独で取引行為ができない者と扱われ，行為能力の制限を受けていた（民法は男性中心の取引社会の法であった→第１章Ⅰ(３))。ただし，現在の制限能力者制度は，取引行為の制限よりも本人自身の権利行使の支援・**自己決定**の尊重に力点がある。

法人格の平等がもつ普遍的価値は評価しつつも，民法の人間像に関して再考が求められている。人間を抽象的ではなく具体的存在として扱い，人間の相互の違い・多様性を直視し，保護・支援に値する人間にしかるべき保護・支援を与えるべきとする見解もある。こうした人間像は消費者契約法や労働契約法といった特別法においては考慮されているが，一般法である民法において，条文解釈や立法論としてどこまで考慮すべきかについては議論がある。

（４）民法の基本原則

民法は，権利主体としての「人」が，物に対して完全に支配できることを認め（**所有権絶対の原則**），物＝商品の交換が，平等・独立した「人」の間で，自由意思に基づく契約によって行われることを保障する（**契約自由の原則**）法的枠組みを成している。さらに，これを裏から支えるために，人の自由な行為によって他人の権利が侵害され損害が生じた場合について，事後的に損害賠償によって損害の塡補を行うべきルールを定めている（**過失責任の原則**）。

私的権利の行使は個人の自由意思に委ねられているとはいえ，社会生活の中で認められている以上，社会全体の利益との調整，不当な権利行使の制限が必要となる。民法は一般原則として，私権の「**公共の福祉**」との適合，権利・義務の履行についての「**信義誠実の原則**」，「**権利濫用の禁止**」を定め（民法１条），さらに，1947年民法改正の際，「**個人の尊厳**と**両性の本質的平等**」を民法全体の**解釈基準**としたことにも留意すべきである（民法２条）。

(i)　所有権の絶対―人と物との関係

民法が前提とする資本主義的市場経済の下では，それ以前の封建社会における土地所有権のように，現実に農地を耕作する農民の土地保有（下級所有権）が，領主の土地の領有権＝上級所有権による拘束を受けるといった所有権に対する種々の拘束を排除し（身分的支配関係からの解放），自由な商品交換の条件として所有者だけに商品について排他的・全面的支配を確立する必要がある。

民法が定める物権は，物が人に帰属する関係であり，その中でも，最も強い帰属関係＝支配関係を認められたのが**所有権**である。この最も強い支配関係としての所有権のあり方を示すのが，**所有権絶対の原則**であり，所有者は，何らの拘束も受けず，物に対する排他的・全面的支配を何人（なんぴと）に対しても主張できる（絶対性）。所有権の排他性とは，１個の物の上には同一内容の所有権は１個しか成立しないことを指し，全面的支配とは，物を使用・収益・処分する完全な支配権能が認められていることを指す（民法206条）。

所有権は個人的財産権として保障される（憲法29条）が，社会的性格も有することから，「法令」による制限の存在は前提であり，所有権の行使が権利濫用となるときは，権利行使が認められない場合（**宇奈月温泉事件**＝大判昭10・10・５民集14巻1965頁）や不法行為として損害賠償が命じられる場合（日照通風妨害の事案＝最判昭47・６・27民集26巻５号1067頁）がある。

(ii)　契約の自由―人と人との関係

人と人との法的関係は，封建社会では身分的支配服従の一方的関係であったが，対等性を前提とする近代社会では，当事者間の自由意思に基づく合意により形成される（「**身分から契約へ**」）。人が自分の法律関係を意思に基づいて自由に形成できるとする考え方は，**私的自治の原則**と呼ばれ，私法上の法律関係に広く妥当するが，特に契約に関して**契約自由の原則**として現れる。国家法による強制ではなく，自ら望んで契約を締結することによって自らを契約により拘束し（「**契約の拘束力**」＝契約守るべし），当事者の合意が法となる。

契約自由の原則は，①**締結の自由**（契約を締結するか否かの自由），②**相手方選択の自由**（好きな相手を選べる自由），③**内容の自由**（契約内容を思った通りに決定できる自由），④**方式の自由**（契約締結の方法を思うように選択できる自由）を内容とし，対等な当事者間の自由競争を前提とする。しかし，水道事業のように，公益性が高く，地域内で独占事業を行っている場合は，自由競争が存在しないため，利用者側に，①②の自由はない。そこで，特別法が事業者側に契約締結義務を課すことがある（水道法15条は，水道事業者の給水義務を定める）。また，雇用契約上の事業者優位に対して，②を制約し，募集・採用における男女の均等な機会付与の義務を定めている（男女雇用機会均等法5条→第8章）。

さらに問題は，契約自由の原則を梃子（てこ）に，対等な合理人による自律的自己決定の結果であるとして，契約の拘束力が正当化される点である。現実には情報力・交渉力に格差（構造的な不平等の存在）があり，他律的で不合理な契約に拘束されかねない。特別法である消費者契約法や労働契約法（→第0章Ⅳ(3)）は，**交渉力の格差**を考慮した契約規制を行っている。民法上は，当事者間の格差の存在や，不合理な行動をしてしまう人間を明確に念頭に置くことはないが，著しく社会的妥当性を欠く内容の契約を**公序良俗違反**（民法90条）として無効として，拘束力を否定している。特に，民法2条「男女平等」に反するような内容を強いる契約条項は，公序良俗違反として効力を否定されている（雇用契約上の性差別が90条違反として無効とされる事例が多い。**日産自動車事件**＝最判昭56・3・24民集35巻2号300頁→本章Ⅰ(3)，第8章）。

(iii) 過失責任—不法行為に対する責任

民法が自由な活動を保障している以上，人が自由な行動や取引活動の結果，他人に損害を与えることがあっても，対等な当事者間ではお互い様であって（地位の互換性。被害者にもなれば加害者にもなる），**過失なければ責任なし**である（**過失責任の原則**）。ただし，この原則は，民法上の不法行為責任の発生要件において，故意・過失がある場合に責任を負担することを意味し，無過失による免責に重点を置いているわけではない（民法715条（使用者責任），717条（工作物責任），718条（動物占有者責任）は，厳密な意味で過失を必要としない中間責任とされる）。およそ，地位の互換性が成り立たない領域においては，特別法による**無過失責任**が定められている（原子力損害賠償法3条，国家賠償法2条など）。

不法行為による責任発生の要件は，①**故意**（損害発生を認識し，認容すること）あるいは**過失**（現在では通常人を基準とする**客観的行為義務（結果回避義務）違反**を指すと解されている），②他人の権利または**法律上保護される利益**の侵害，③**損害**（財産的・非財産的＝精神的損害を含む）**の発生**，④故意または過失ある行為と損害発生との**因果関係**である。親密な人間関係においては，②の要件が認められないことがあった（セクシュアル・ハラスメント→第8章，第11章）。例えば，古くは夫婦一体思想の下，妻に独立の権利主体性が認められず，夫からの暴力（ＤＶ）が妻の保護に値する権利・利益の侵害とは認められず，違法性が否定されていた。しかし，個人の尊重の下では，生命・身体をはじめとする人格的利益・人格権は強く保護に値し，夫婦間でも不法行為責任が認められる（ただし，ＤＶに対する防止対策が重要→第12章）。

不法行為に対する救済は，原則として**金銭賠償**の方法で行われる損害の塡補である（例外的に，民法723条原状回復，差止処分が認められる）。そこで，損害の金銭評価が行われるが，**消極的損害**（**逸失利益**＝うべかりし利益）の算定に関して，現に収入がない年少者の逸失利益に関して男女別の算定基準が用いられ，結果として，女子の逸失利益が低く算定されるという問題があった（→第７章）。

（５）家族法の対象と特徴―家族関係と相続

現行家族法は，夫婦や親子といった家族も一定の権利義務が生じる法的関係であることを前提として，**家族関係の形成**（発生・変更・解消）の**ルール**と**家族間の権利義務**を定め，さらに，権利主体である人の死亡に伴う財産承継（**相続**）のルールについて定めている。このような家族法の姿は，1947年の民法改正により，明治民法（家族法）を強く規定していた「家制度」が廃止されて明確にされたもので，家族間の権利義務や相続法は「個人の尊厳と両性の本質的平等」（憲法24条）に基づき大きく改められた。ただし，応急的改正であったこと，当時の社会および家族の実態（「男は外で，女は家庭で」）を前提としたことから，男女不平等な規定が残された（→第５章，第６章）。家族関係自体の基本枠組み（婚姻・離婚，実親子・養親子）は，明治民法とほぼ同様であるが，家族形成の自由や子どもの権利・利益の観点から法改正に向けて，検討が進んでいる（→第６章）。

相続に関しては，家産承継から個人財産の承継へと変化する中で，**法定相続**（法定相続人への法定相続分に基づく遺産承継）から，**遺言**による財産処分（遺言相続と呼ぶこともある）のウエイトも高まっている。デフォルト・ルールとしての法定相続分の差別規定（**非嫡出子**につき民法900条４号但書前段）は削除された（最大決平25・９・４民集67巻６号1320頁による違憲判断を受けた2013年12月民法改正

→第６章・第18章)。遺言により長男などへの単独相続が実現しうる状況に対しては，相続財産の一定割合が保障される**遺留分**（民法1042条）による遺留分権者の平等確保の意味は未だにある。

〔犬伏　由子〕

Ⅲ　刑法の基本

（1）刑法の役割

社会には様々な**権利侵害行為**が存在する。これらの行為を防止するために，道徳や倫理に働きかける，行政的民事的制裁を課すなどの対応が考えられるが，なかには，生命や自由，財産を侵害する害悪が重大で，これらの対応では十分ではない場合がある。そこで，社会にとって重大な影響があり，**刑罰**という制裁を科してまでその実現を阻止すべき行為を**犯罪**として評価する必要が生じる。具体的には何を犯罪とするのか，それに対してどのような刑罰を科すのかを規定した法律（**刑法**）を制定するのであるが，刑法には以下の性質があるとされる。

第１に**刑法の謙抑性**である。犯罪に対して刑罰を科すことは，刑罰という害悪を制裁として予定することを意味する。権利侵害行為を防ぐためとはいえ生命や自由を奪う刑罰を科すことは新たな権利侵害となる。その害を最小限にするため，刑罰権行使は最後の手段（ウルティマ・ラティオ）でなければならない。

第２に**刑法の補充性**である。すべての権利侵害行為を防ぐために刑罰を用いることは，人権保障の観点から望ましくない。そのため，他の手段で権利侵害行為を防止することが同程度に期待できるならば，他のより人権侵害的ではない手段を使うことが求められる。刑法は補充的に用いなければならない。

第３に**刑法の断片性**である。刑法は，より重大な権利侵害行為についてのみ適用されるべきであり，ピンポイントに権利侵害行為を防止する役割を担う。

また，実際にどのような行為が犯罪となるのか，どのような刑罰を科すかを決める責任は国が負っている。国だけが犯罪者に刑罰を科すことができ，私刑は禁止されている（**国家刑罰権**）。

（2）刑法の目的

刑法の目的は**応報**と**犯罪予防**にある。行った行為の責任を問うことで，社会秩序の回復をはかることが，まず刑法の目的である。さらに，潜在的な犯罪者である一般の人たちに対しては，犯罪を行うと刑罰が科させられると威嚇することによって，犯罪をためらわせる効果が期待できる（**一般予防**効果）。また，犯罪を行った人に対しては，刑罰を科すことで，二度と犯罪を行わないようにさせることが期待できる（**特別予防**効果）。

また，刑法は，この社会において何が重大な権利侵害行為なのかを明らかにする機能も有している（**社会規範明示機能**）。このことは，何がこの社会において刑罰という害悪を用いてまで保護しなければならない利益（**法益**）であるのか，社会がどのような法益を守るべきだと考えているのかを刑法が明示していることを意味し（強制性交等罪→第10章，児童ポルノ罪→第14章），社会構成員の多数者の価値観を反映するものとなっている。裏を返せば，刑法においても，**マイノリティ**の価値観はそもそも反映されにくいのである。加えて，刑法は，犯罪処罰に乗じた国家による不当な人権侵害を防止する役割も有している。

（3）罪刑法定主義

刑法を理解する上で最も重要な原則が，憲法31条が保障するとされる，**罪刑法定主義**の原則である。何が犯罪となるのか，それに対してどのような刑罰が科されるのかは，事前に法律で定める必要があるとする罪刑法定主義は以下の要請を前提としている。

①**民主主義**による要請　　国民の代表者によって構成される国会において，自らが守るべきルールを法律という形で制定する。犯罪と刑罰についても，国会の議決を経た法律で定めることにより，ルール違反の行為を犯罪とし刑罰を科すことができる。

②**予測可能性**による要請　　人は予め自らの行動の限界がわかっていて初めて，社会のルールで認められている合法的な行動を選択することができる。犯

罪と刑罰についても同様である。だからこそ，あえて犯罪行為を選択し，実行した行為者の責任を追及できるのである。

もし何が犯罪となるのかが事前に知らされていなければ，どのような行為を選択したら犯罪になるのかについての予測が不可能となり，人々の行動が**萎縮**してしまう。これでは，行動の自由が保障されないことになってしまう。そのため，犯罪として禁止の範囲は法律で明確に規定される必要がある。

罪刑法定主義の原則はさらに以下の内容を含んでいる。

(i) 刑罰法規の実質的適正

予め法律によって定められていても，どのような刑罰でも科せるわけではない。まったく権利侵害がない行為を犯罪とすることは，刑罰法規として適正かどうかの観点から問題である。また，窃盗行為に対して死刑を科すなど，犯罪に比して過剰に重い刑罰を科すことも許されない（**罪刑の均衡**の要請）。

しかし，一般に，どのような行為が犯罪とされるのが適正かの判断は容易ではない。例えば，児童虐待罪を創設し特別の犯罪類型を設定することが適切かついて，適切性の判断基準は一義的には決まらない。

(ii) 明確性の原則

刑罰法規は，その禁止内容が明確であるかどうかも問題となる。予測可能性の観点から，何が犯罪であるかが明確である必要がある。その文言が曖昧(あいまい)であれば，規定がないのと同様に，萎縮効果を与えることになる。場合によっては，犯罪に対する対応が恣意的になり，国家の裁量権を肥大化させ，刑法がもつ人権保障機能を侵害することにもなりかねない。例えば，「わいせつ」（刑法175条）「淫行」（青少年育成条例）という文言は，明確性の観点からかなり問題がある。裁判所が解釈上一定の制限を付けるなど，公定解釈によって明確性を補完することが，罪刑法定主義に違反しないかについては検討の余地がある。

(iii) 類推解釈の禁止

刑罰法規が適切かつ明確であっても，実際の適用の際に，言葉の本来の意味を超えて解釈される場合には，私たちの予測可能性が害され，重大な自由侵害を招くことになる。そのため，刑法の解釈においては，**文理解釈**（言葉の本来の意味）を超えた解釈を行うことは，罪刑法定主義に違反するとされる。

特に，ある事柄について，法文上の規定はないが，類似する事項について規定がある場合に，その規定が同様に適用されると解釈すること（**類推解釈**）は，予測の範囲を超えているために認められない。例えば，秘密漏示罪（刑法134条1項）について，看護師も医療従事者に含むような類推解釈は許されない。

しかし，刑法の基本的な犯罪規定は頻繁に改正されないことから，結果として必ずしも社会の変化を反映するものにはなっていない。そのために必要な対応ができない場合もある。そのため，裁判所は，文理解釈を超えた**拡張解釈**を行う場合もあるが，批判も少なくない。なお，罪刑法定主義は**被疑者・被告人**への不利益を防止するものであるから，刑罰を軽くする方向での拡張解釈は許されると解されている。

(iv)　遡及処罰の禁止

行為当時は犯罪でなかった行為について，後（例えば裁判時）に遡って処罰すること（遡及処罰）は，予測可能性を害するため，認められない（憲法39条）。

行為当時犯罪として規定されてはいたものの，刑罰を後に重くすることも，やはり予測可能性を害するため，遡及処罰の禁止の原則に触れるとされる。反対に，刑罰が，裁判時になって軽くなり，被疑者・被告人の利益になるときには，遡及処罰の禁止に反しないと考えられている。刑法6条も犯罪後に刑が軽くなった場合には軽くなった刑を適用することを明記している。

(4) 責任主義

刑法では，犯罪行為に対して，刑罰を科すことで，行為の責任を問う形を取っている。その場合，ある人に対して，その人が行った犯罪行為に対する責任を追及するためには，その行為が非難可能であることが必要となる。

刑法は，特定の行為を禁止し，その行為を行わないことを期待しているだけではなく，私たちが自己の行動の選択について自由な意思をもつことを前提としている。そのため，適法な行為を選択することが可能であったにもかかわらず，あえて自らの自由な意思で犯罪行為を選択したことが非難の対象となる。したがって，適法行為を行う可能性がない場合（**期待可能性**がない場合）には，責任を追及することが困難となる。統合失調症などの精神疾患などにより選択の自由が制限されている場合（**責任無能力**，限定責任能力）や，14歳未満で刑法が要求している判断能力がない場合（**刑事未成年**）は，責任を問えない。

（5）犯罪の成立

犯罪が成立するためには，刑罰法規が規定している犯罪構成要件にあてはまること（**構成要件該当性**），**違法性**があること，**有責性**があることが必要となる。

その前提として，犯罪は「人の行為」であることが必要である。行為とは，「意思もしくはその支配可能性に基づく身体の動静」である。犯罪を頭の中で考えただけ（例えば殺害計画を立てる）では行為とはいえず，犯罪は成立しない。

構成要件該当性があるというためには，刑罰法規が規定している違法で有責な行為の類型にあてはまることが必要である。例えば，殺人罪（刑法199条）の場合，構成要件である，「人が人を殺す行為」が必要となる。その行為は，わざと（**故意**）で行われることが必要であり，不注意（**過失**）で行われる場合は，過失致死罪（刑法210条）の構成要件に該当する。さらに，殺人罪の構成要件に該当するためには，人が人を殺す行為を行い，その結果として人が死亡したことが必要である。結果が生じなかった場合（**未遂**）は，未遂を処罰する規定がなければ処罰の対象とならない（殺人未遂は刑法203条で処罰）。

違法性の判断には，結果として，刑法が保護している法益（保護法益）が侵害された，もしくはその危険性があること（**結果無価値**）だけではなく，その行為がその行為態様も含めて全体として社会的に妥当ではないと判断される（**行為無価値**）ことが必要である。構成要件に該当する行為は違法であると推定されるので，その行為に関連して，**正当行為**，**正当防衛**や**緊急非難**に該当するような違法性をなくす理由（**違法性阻却事由**）があるかを判断することになる。

有責性の判断には，まず**責任能力**があるかが問題となる。責任能力があるとするためには，行為の是非善悪を判断し（**判断能力**），かつその判断に従って自らの行動を制御する能力（制御能力）が行為者に備わっていなければならない。さらに，責任を問うためには，罪を犯す意思（故意）がなければならない（刑法38条１項本文）。故意には，確定的故意と結果が発生してもかまわないという程度の心理状態（未必の故意）の場合がある。

（6）犯罪被害者と刑事手続

犯罪行為は，権利侵害行為であることから，必ず被害者が存在している。そして，その被害は取り返しがつかない。その被害発生を前提として，社会秩序の回復のために刑事裁判が行われ，有罪と認定された被告人に対して刑が執行されることになる。刑事裁判は，損なわれた社会秩序の回復のために，事実を明らかにし，適正な責任追求を行うための社会的装置である。あくまで社会秩序の回復のために行われるのであって，被害者救済が主たる目的ではない。

しかし，犯罪を予防する国の責任が果たせなかったことによって**犯罪被害者**を生んでしまった以上，国は，犯罪被害者の権利を保障する責任がある（犯罪被害者等基本法前文・4条）。その責任を果たすために，国が国家刑罰権を発動するための装置である刑事裁判を利用することには一定の合理性が認められる。しかし，全ての犯罪に対して刑事裁判が行われるわけではないこと，刑事裁判においては被疑者・被告人の権利も保障しなければならないことから，国が刑事裁判を通じて行える犯罪被害者の権利の保障には限界がある。

2000年以降，刑事裁判では，被害者の優先傍聴，**証人尋問**の際の遮蔽（しゃへい）措置，**ビデオリンク**，被害者の意見陳述，被害者参加制度，少年審判では被害者傍聴制度など，犯罪被害者の権利保障が充実してきた。しかし，刑事裁判以外の支援には未だ不十分であり，その拡充は今後も求められる（→第16章）。

〔後藤　弘子〕

Ⅳ　社会法の基本

（1）社会法とは何か

社会法とは，資本制社会における社会的・経済的「弱者」の具体的・実質的不平等，不自由を是正し，その者を保護することを原理とする法のことをいう（井上茂＝矢崎光圀編『演習法律学概論』（青林書院，1973）292頁［宮本安美］）。**労働法**（→第8章）と**社会保障法**（→第9章）に加え，独占禁止法などの**経済法**も社会法に属する。ただし，近代市民法の修正を図る点では共通しているものの，これらは独自の法理論を展開しており理論的な共通性に乏しい。

（2）労働法の定義と体系

労働法は，交渉力において劣る労働者の，使用者との実質的平等を保障する法規整であり，労働市場，個別的労働関係，集団的労使関係，労働紛争解決制度に関する法である（神尾真知子ほか『フロンティア労働法（第2版）』（法律文化社，2014）4頁［神尾真知子］）。労働法は諸立法の総称であり，形式的・統一的な法典は存在しない。労働法の諸立法は，次の4領域に体系化することができる（同）。

①**労働市場法**：労働市場体制の整備と雇用の保障を内容とし，労働契約締結以前と終了後を主に対象とする法，②**個別的労働関係法**：労働契約そのものおよび労働契約締結後の，個々の労働者と使用者・事業主の労働関係を対象とする法，③**集団的労使関係法**：労働力の集団的取引を行うことを目的とする労働組合と使用者・使用者団体の労使関係を対象とする法，④**労働紛争解決制度法**：個別的労働関係および集団的労使関係から発生する様々な労働紛争を解決する紛争処理の創設，組織，手続を対象とする法，である。

（3）労働法の基本的な仕組み

労働市場と法

労働市場でマッチングされた求職者と求人者は，労働契約を結び，労働者（被用者）と使用者の関係になる。この労働市場体制の整備と雇用の保障を行う**労働市場法**の根拠となるのが，**勤労権**（憲法27条1項）である。

雇用政策全般の基本法となる，労働施策の総合的な推進並びに労働者の雇用の安定及び職業生活の充実等に関する法律（労働施策総合推進法）は，国は「労働市場の機能が適切に発揮され，労働者の多様な事情に応じた雇用の安定及び職業生活の充実並びに労働生産性の向上」を促進して，「労働者がその有する能力を発揮することができる」よう，必要な施策を総合的に講じなくてはならないとする（労施1条）。国が講じる施策に，職業紹介，職能開発，失業防止・

失業等給付，障害者・高齢者・青少年の雇用促進などがある。

交渉力の格差の存在

労働契約に関する一般法となるのが**民法**である（623条以下「雇用」だけではなく，民法の諸原則や債権債務関係に関する規定を含む)。ところが，この民法のルールのみに基づき労働契約の内容を決定すると，**契約の自由**の原則の下，労働者は劣悪な労働条件であっても合意せざるをえなくなる。労働者と使用者との間には，解消し難い交渉力の格差があるためである（例えば，民法には賃金額や休憩・休日に関する規定がないことから，他に容易に仕事が見つからない状況では，交渉の結果，「低賃金で休憩・休日なし」などの悪条件で合意に至ることもありうる）（→第０章Ⅱ）。

そこでわが国では，労働者が人たるに値する生活を営むことができるような労働条件を保障するため，次の２つの仕組みを取り入れている。(i)国が「契約の自由」に介入する仕組みの制度化と，(ii)労働組合に対する法的保障と，団体交渉を通じて集団的に労働条件を決定・変更するための自律的規範に関するルールの設定，である。

契約の自由の制限

(i)については，国が労働者と使用者の間の契約関係に法的に介入し，契約の自由を制限する仕組みが設けられている。すなわち，民法の特別法である**労働保護立法**が労働条件の最低基準を設定し，それを下回る契約を認めていない（ただし，事業場の過半数代表と使用者との書面による合意である**労使協定**があれば基準を緩和しても違法とならないものがある)。労働保護立法の実効性を担保する仕組みとして，違反者に対する罰則の規定や，行政取締りの規定・機構（労働基準監督署，労働基準監督官など）が設けられている。

この労働保護立法の中心となるのが**労働基準法**である。労働基準法は，その定める最低基準に違反する部分を無効とする効力（**強行的効力**）と，その部分を法定の基準に置き換える効力（**直律的効力**）を有する（労働基準法13条)。労働基準法に加え，**最低賃金法**や**労働安全衛生法**などの労働保護立法がある。なお，契約の形式が**請負**（民法632条）や**準委任**（同法656条）であっても，他人の指揮監督の下で労働が行われ，労働の対価として賃金が支払われている事実が認められれば，労働基準法が適用されると解されている（労働基準法９条「労働者」の解釈）。

また，労働保護立法に加え，労働契約に関わる民法の特別法に**労働契約法**がある。同法は，労働契約の基本的な理念・原則や，契約内容の決定・変更などに関する民事的ルールを定めており，もっぱら私法上の権利義務関係を規律する（罰則や行政取締の規定は設けていない）。この点において，労働者保護の観点から労働条件の最低基準を定める労働保護立法とは異なる。

交渉力の強化の支援

次に(ii)については，**労働三権（団結権，団体交渉権，団体行動権）**を保障する憲法28条の付託を受けて，**労働組合法**が労働者の交渉力の強化を支援する次の仕組みを設けている。

①法定の資格要件（労働組合法２条・５条２項）を満たす**労働組合**には，法人格の取得（同法11条），**労働委員会**への労働者委員の推薦（同法19条の３第２項），労働委員会への**不当労働行為**（使用者の労働組合や労働者に対する行為のうち，労働組合法７条が禁止するもの）の救済申立て（同法27条）が認められる。②団体交渉の結果として成立した労使間の合意のうち，一定の形式を備えたもの（**労働協約**）には，特別の法的効力が付与される。使用者が正当な理由なく団体交渉に応じない場合や，誠実に交渉に応じない場合，労働組合等の団体は行政救済や司法救済を求めることができる。③正当な**争議行為**は，(a)刑事免責・民事免責の対象となり（同法１条２項・８条），(b)**不当労働行為**制度による行政救済の対象となり（同法７条），(c)その指導や参加を理由とする懲戒処分は無効となる。④正当な**組合活動**は，(a)刑事免責の対象となり（同法１条２項。民事免責については説が分かれる），(b)**不当労働行為**制度による行政救済の対象となり（同法７条），(c)使用者によるその積極的な妨害は違法（法律行為ならば無効）となる。

合意の原則の例外

以上のように，労働条件の決定と変更は，国の後見的な介入の下，労働者と使用者の自主的な交渉による個別的な合意（**労働契約**）または集団的な合意（**労働協約**）によることが原則となる（労働契約法１条）。また，労働者と使用者の暗黙の合意の下，長期にわたり反復継続されてきた**労使慣行**も，事実たる慣習（民法92条）として労働契約の内容となることがある。

ただし，この合意の原則にも例外がある。**就業規則**（使用者が法定の手続に基づき定める，事業場の労働条件や服務規律などに関する規則（労働基準法89条以下，労働契約法９条以下））によって事業場の労働条件を集団的に決定・変更を行う場合である。この場合，就業規則が一定の要件を満たしているときには，使用者は労働者との合意を経ずに労働条件を決定・変更することができる。

労働契約上の権利義務

労働契約上の権利義務には，基本的な権利義務と付随的な義務とがある。労働契約の締結により，労働者には基本的な権利義務として労働義務と賃金債権が発生し，使用者には基本的な権利義務として労務給付請求権・業務命令権（指揮命令権）と賃金支払義務が発生する。

これに加え，信義則に基づき付随的な義務が発生する。労働者が負う付随的義務に，秘密保持義務，兼業禁止義務，競業避止義務，企業秩序遵守義務などがある。また，使用者が負う付随的義務に，安全配慮義務（労働契約法５条），職場環境配慮（整備）義務，プライバシー保護義務などがあると解されている。

（4）雇用平等

労働基準法

労働基準法は，使用者に対して労働者の国籍，信条，社会的身分を理由とする賃金，労働時間その他の労働条件の差別的取扱いを禁じる（労働基準法３条）。また，賃金について，女性であることを理由とする差別的取扱いを禁じる（同法４条）。これらに違反する法律行為は無効となる。また，事実行為を含め違反行為は，不法行為（民法709条）として損害賠償の対象となる。

男女雇用機会均等法

男女差別の禁止に関しては，労働基準法４条に加え，雇用の分野における男女の均等な機会及び待遇の確保等に関する法律（**男女雇用機会均等法**）が，次の規定を設けている（→第８章Ⅰ）。事業主は，①労働者の募集・採用について，その性別にかかわりなく均等な機会を与えなければならない（雇均法５条）。②労働者の性別を理由として，配置，昇進，降格，教育訓練，福利厚生，職種・雇用形態の変更，退職勧奨，定年，解雇・労働契約の更新について，差別的取扱いをしてはならない（同法6条)。③上記①②に関する措置で性別以外の事由を要件とするもののうち，措置の要件を満たす男性および女性の比率その他の事情を勘案して「実質的に性別を理由とする差別となるおそれがある措置」として厚生労働省令で定めるものについては，業務の遂行上特に必要である場合，雇用管理上特に必要である場合，その他の合理的な理由がある場合でなければ講じてはならない（同法7条。**間接差別**の禁止)。

男女雇用機会均等法の禁止規定に違反する法律行為は無効となる。また，行政指導や調停の対象となる（同法15条以下)。

女性活躍推進法

女性の職業生活における活躍の推進に関する法律（女性活躍推進法）は，常時雇用する労働者が301人以上の事業主に対して，一般事業主が実施する女性の職業生活における活躍の推進に関する取組に関する計画（一般事業主行動計画）の策定や，女性活躍に関する情報の公表等を義務づけている。

（5）労働紛争の解決制度

裁判所による紛争解決制度に，裁判と労働審判法に基づく**労働審判**とがある。労働審判は，労働審判官（裁判官）1人と労働審判員2人とで構成される**労働審判委員会**が，個別的労働関係の民事紛争の解決を目的として行う。原則として3回以内の期日で審理し，適宜調停を試みる。審判は裁判上の和解と同一の効力をもち，当事者から異議申立てがあった場合には訴訟に移行する。

行政による紛争解決制度に，労働委員会（中央労働委員会，地方労働委員会）によるもの（**不当労働行為**の審査・救済＝行政処分である救済命令の発出，労働争議の調整，個別労働紛争のあっせん）や，**都道府県労働局**によるもの（総合労働相談，労働局長による助言・指導，**紛争調整委員会**によるあっせん・調停）がある。

（6）社会保障法の概要

社会保障法の定義と体系

社会保障法は，①一定の目的理念に基づいて（目的理念)，②国の最終的な責任の下で社会保障管理運営機関により

(責任主体)，③すべての社会構成員に対して（権利主体)，④社会的な生活事故またはニーズの発生に際して（保障事由)，⑤個人の尊厳と自立の支援に値する給付を（給付の範囲と程度)，⑥本人および事業主による保険料拠出と公費負担を財源として（費用負担)，⑦一定の資格要件の下に権利として保障する（権利性）法制の総称である（河野正輝＝江口隆裕編『レクチャー社会保障法』(法律文化社，2010）8頁［河野])。労働法と同様，形式的・統一的な法典は存在しない。

「モザイク状」とも称される社会保障法制をどのように体系化するかについては，議論が分かれている。学説には，制度別区分説，給付別区分説，保障方法別区分説，目的別区分説がある（同)。

以下では，社会保障の機能と理念について説明した後，社会保障の主要な諸制度の概要を示す。

社会保障の機能と理念

社会保障の主な機能として次の3つがある（平成29年版厚生労働白書)。①生活安定・向上機能（社会的セーフティネット)，②所得再分配機能，③経済安定機能，である。

社会保障法は，これらの機能を有する社会保障を，一定の目的理念に基いて法制化したものである。この理念として，通説な見解は**生存権**（憲法25条）を挙げる。学説にはまた，**社会連帯**や**自由**（憲法13条）を挙げるものがある。

社会保険制度

保険とは，一般的な日常生活上のリスク（**保険事故**）を予め想定し，当該保険事故が将来発生した場合に一定の給付（**保険給付**）を行うことを前提に，保険給付を行う者（**保険者**）に対し，保険事故の発生リスクを負う者（**被保険者**）が，給付の財源となる基金の形成・維持のために必要な金銭（**保険料**）を支払うものである（本沢巳代子＝新田秀樹編著『トピック社会保障法』(不磨書房，2006）234頁［本沢])。

社会保険も保険の仕組みを用いるが，私的保険とは異なる次のような特徴を有する。①被保険者資格を法定し，該当する者に加入を義務づける（**強制加入**)，②保険事故発生の確率よりも負担能力に着目して保険料を決める，③保険料に事業主負担がある，④財源に公費が投入されている。わが国には5種類の社会保険（**年金保険**，**医療保険**，**介護保険**，**労災保険**，**雇用保険**）がある。

社会保険の保険料などに関する決定に不服がある場合，各法で定められた不

服審査機関に対して**審査請求**を行う（**不服申立前置**）。不服審査機関の裁決に不満があるときには，裁判所への行政訴訟を提起することになる。

社会手当制度

社会手当とは，資産調査によらず，緩やかな所得要件で，介護や扶養などによる特別な支出といった一定の要保障事由に対する無拠出定額の所得保障制度であると，一般に定義されているものである（山田晋「児童手当の再編に関する覚え書き」社会学・社会福祉学研究121号(2005)）。わが国の社会手当は，児童（の養育）に関する手当（**児童手当**，**児童扶養手当**など）と，障害児・者に対する手当（**特別障害者手当**など）とに大別される。費用は全額公費で賄われるものと，公費に加え事業主負担があるものとがある。手当の受給資格者は，受給資格と手当額について，都道府県知事などの**認定**を受けなくてはならない。

生活保護制度

生活保護とは，様々な事由により，あらゆる手段を尽くしても，憲法25条の保障する「健康で文化的な最低限度の生活」を維持することができない者に対し，国が（全額税財源で），そのような生活を維持しうるよう必要な給付を行うための制度である（本沢＝新田前掲172頁[脇野幸太郎]）。金銭給付やサービス給付などの包括的実施と，自立の支援を目的とするケースワークの実施という２つの機能をあわせもつ。

費用は全額公費で賄われる。社会保険とは異なり，拠出を前提とせずに給付を行う。また，社会保険や社会手当とは異なり，受給には厳格な**資産調査**を伴い，自己の資産や能力の活用がまず求められる。扶養義務者がいるときや，他の所得保障制度が利用できるときにはそちらが優先される。

社会福祉サービス制度

児童福祉・障害者福祉・高齢者福祉等の諸分野における社会福祉サービスに関する共通事項（社会福祉を目的とする事業の全分野における共通的基本事項［社福１条］）は，社会福祉法が定める。

サービスの費用は利用者による負担と公費とで賄われる。サービス提供は，従来，**措置制度**によってきた。措置制度とは，市町村等の行政庁（措置権者）が，自らの判断・決定により，在宅福祉サービスや福祉施設への入所を必要とする者に対して，それらのサービスの提供（あるいは社会福祉法人等への提供委託）を行う制度のことである（本沢＝新田前掲142頁［新田］）。

その後，介護保険制度の導入を契機に，措置制度から契約を基本とする制度へと転換されてきた。サービス利用者が，（保険者）の決定を受けて，自ら選択したサービス提供事業者・施設との間で私法上の契約（**サービス利用契約**）を締結し，その契約に基づきサービスが提供される仕組みである。ただし，措置制度は廃止されていない点に留意する必要がある。

〔増田　幸弘〕

Ｖ　国際法の基本

（１）国際社会と国際法

世界には200ほどの**国家**（国際法上の生来的主体，国際法上の権利義務の帰属する人格）が存在し，これらを基本単位とする国際社会が形成されている。**「社会あるところに法あり」**といわれるように，国際法はこの国際社会を基盤として形成される法である。国際法は，従来は国家相互の合意に基づき国家相互間の関係を規律する法であるとされたが，国際社会の緊密化に伴い，その規律領域を拡大し，**国際連合**（国連）などの国際機関や，場合によっては，**個人**やその集団の**国際民間団体**（NGO）をも直接規律の対象としてきた。ここでいう国際法は，国際的な婚姻や契約などの私人間の生活関係において，**準拠法の指定**（どの国の法を適当するかの決定）を内容とする**国際私法**とは区別される。

今日の国際法の基礎となる**近代国際法**は，16-17世紀のヨーロッパ国家体系の成立を起源とし，当初は均質なキリスト教文明国にのみ適用される**ヨーロッパ公法**であったが，19世紀に入るとその地域的妥当範囲をラテン・アメリカの国々，中国，日本およびトルコと，ヨーロッパの外に広げていった。第一次世界大戦後には体制の異なるソ連という社会主義国が，そして第二次世界大戦後には植民地から独立した多数のアジア・アフリカの国々が国際社会に参加し，**現代国際法**は近代国際法の基盤である**均一なヨーロッパ社会**とは明らかに異質な**分裂した社会**を基盤にしている。

国際社会には，国内社会に不可欠な憲法にあたる**最高法規**が存在せず，立法・司法・行政のいずれの分野においても，統一的な上位機関が欠如した**分権的性質**を特徴としている。こうした社会に適用される国際法は強制力が欠如しており，国内法とはその性質が異なっていると指摘されるが，**合意の原則**（パクト・スント・セルバンダ，合意は守られなければならないという原則）に基礎づけられた法的拘束力を有している。

実際，国家は，軍事力・経済力・領域の広さなど様々な点で均一ではないが，国際法は国家として一般的に認められる権利や義務を設定している。国際法上，国家は一般的に，権利として，**主権**（対外主権），**平等権**（主権平等原則）および**外交的保護権**（在外自国民保護権），さらに義務として，**国内事項不干渉義務**と**紛争の平和的解決義務・武力不行使義務**を有している（1970年友好関係宣言）。

（2）国際法の法源

法の存在する形式を**法源**と呼ぶが，国際法の主要な法源として**条約**と**慣習国際法**が挙げられる。

条約は，国際法主体間で国際法に従って締結・規律される**明示的合意**で，通常は文書に表される。日米安全保障条約のような**二国間条約**もあれば，国連憲章や国際人権規約のような多数の国が参加している**多数国間条約**もある。広義の条約は，条約，協定，規約，憲章，議定書，宣言，交換公文など様々な名称で呼ばれるが，効力に差はない。**「合意は第三者を害しも益しもしない」の原則**によって，条約は条約に参加した国（当事国・締約国）のみを拘束する。その意味で，条約は原則として特定の国家間のみ妥当する**特別国際法**である。

慣習国際法は，国際社会の構成員の間で行われてきた慣習の積み重ねによって成立した国際規則の総称であり，大部分が国際社会全体に妥当する一般国際法である。成立の要件として，①諸国家の**一般的慣行**（事実的要素）と②それを法として認める**法的信念**（心理的要素）が必要であるとされる（国際司法裁判所（ICJ）北海大陸棚事件判決，ICJ Reports 1969, p.1）。一般的慣行は諸国家の一様な行為（作為または不作為）の繰返しによって成立するが，そのために必要な国家の数と種類，およびそのための期間は一定ではない。慣習法は，不文法で内容的にも不明確な場合が多く，そのために国家間で紛争が生じる場合もあるため，**法典化**（条約化）の試みが，国連の**国際法委員会**（ILC）を中心に行われ，多くの成果を生んでいる（海洋法，外交・領事関係法，国家承継法など）。

ICJ 規程38条は，裁判基準の国際法として，条約と慣習国際法のほかに，**文明国が認めた法の一般原則**を挙げている。法の一般原則は，本来は国内法上のものだが，それが国際社会にも妥当すべきものとして国際裁判所で適用された場合には，国際法上の法の一般原則となる。このほか，法源の内容を確認し決定する際の重要な証拠となる**法則決定の補助手段**として，**判決**や**学説**，さらに国連総会などの**国際機関の決議**や**未発効の条約**や**条約草案**が挙げられる。

（3）国際法と国内法の関係

条約や慣習国際法などの国際法と憲法を頂点とする国内法とは，どのように関係するのであろうか。これについては，学説上，**二元論**（両法秩序は別個独立であって両者に真の抵触は存在しないとする）と**一元論**（両者は統一的な法秩序をなしているとする）の対立があり，後者には**国際法優位の一元論**（国際法が優位することで解決される）と**国内法優位の一元論**（国内法が優位することで解決される）の対立がある。しかし，いずれの理論でも，国際法と国内法の実定法上の関係を統一的に説明することは困難である。よって，両体系の理論的関係を一般的に論じるよりも，国家の実行に即して具体的な関係を検討すべきである。

実定法上の両者の効力関係は，国際法レベルと国内法レベルとに区別して考える必要がある。国際法レベルでは，国家は国際法上の義務を免れるために国内法を理由とすることはできない（1969年ウィーン条約法条約27条）とするのが一般的であり，国際法優位の原則が確立している。国内法レベルの効力は，各国の国内法（特に憲法）の定めるところによっている。国際社会には，**変型体制の国**（国際法に国内的効力を与えるために特別の立法，つまり法律などの国内法への変型を要求している国。イギリスやスウェーデンなど）と**一般的受容体制の国**（各国の憲法が国際法を国内法に一般的に受容しその国内的効力を認めている国。アメリカ，日本，フランスなど多くの国）がある。後者の場合には，一般にその国の国会が条約を承認するという民主的コントロールを経て公布によって国内的効力を付与される。この一般的受容体制の国の場合には，国際法は憲法や法律とどのような上下関係にあるかが問題となるが，それぞれの国によって扱いが異なる。日本の場合には，憲法規定（98条2項国際法規の遵守）からは明らかではないが，慣行上，慣習国際法と条約のいずれも，憲法より下位であるが法律より上位の効力を認めている。

（4）国際人権法と女性の権利の保障

（i）国際人権法の発展と法律上の平等

国際法におけるジェンダー法は，国際人権法の枠組みの中で発展してきた。第二次世界大戦後，国際平和の実現には，各国国内の人権保障の実現が不可欠であるとの認識が広がり，人権保障のための国際協力が国連の目的の1つに掲げられた（国連憲章1条3項。国連は，設立当初から女性問題担当部局として，経済社会理事会の下に**女性の地位委員会**を設置した）。これによって，人権保障が国際社会の国際関心事項であるとの認識が強まった。国際司法裁判所は，1970年の判決の中で，国際社会全体に対する国家の**普遍的義務**（対世的義務）として，「奴隷制および人種差別からの保護を含む人間の基本的権利に関する原則および規則」を挙げている（バルセロナ・トラクション事件（第2段階）ICJ Reports 1970, 3p）。

国連は，国際的人権保障の一般的基礎として，1948年には**世界人権宣言**と1966年には2つの**国際人権規約**（自由権規約と社会権規約）を採択した。そのほか，1965年の人種差別撤廃条約など個別的人権条約も次々に採択されて，人権保障の国際的な基準やシステムが充実していった。これら人権に関する条約や宣言，およびそれを実施するための国際的・国内的制度や手続の体系を国際人権法という。国際人権法の初期の枠組みでは，男女の法の下の平等など**法律上の平等**が求められるにとどまっていた。

（ii）女性差別撤廃条約と事実上の平等

国際法分野におけるジェンダー法の基礎は，1979年の女性差別撤廃条約（外務省の公定訳では，「**女子に対するあらゆる形態の差別の撤廃に関する条約**」）の成立を待たなければならなかった。この条約は，第二次世界大戦後の国際社会の女性差別撤廃への取り組みを規範的に集大成して，法律上の平等だけでなく**事実**

上の平等を目指したもので，今や締約国は189カ国（2020年12月末日現在）に上り，「**世界女性の憲法**」といわれている。

この条約には以下の4つの特徴がある。①1条から16条までの実体規定では自由権から社会権までの人権を幅広く規定する（また，条約は1992年の女性差別撤廃委員会（CEDAW）の一般勧告19号によって，女性に対する暴力を「女性差別」であると明示し，条約の適用範囲を広げた。一般勧告19号は，2017年に一般勧告35号（女性に対するジェンダーに基づく暴力）として更新されている。）。②締約国が撤廃すべき差別は，「いかなる個人，団体または企業によるもの」も対象になる（2条(e)）。③男女の**固定的役割分担観念**の撤廃が最終目標であるから，差別的な法律や規則に加えて，あらゆる差別的「慣習」「慣行」の撤廃が求められる（2条(f)）。④実際に男女差別が存在する場合，その解消のために，暫定的に差別を受けている女性を優遇する**暫定的特別措置**（ポジティヴ・アクション，アファーマティヴ・アクション）を容認している（4条）。

この条約の締約国には，条約の実施状況を**女性差別撤廃委員会**（CEDAW）に定期的に報告書にまとめて提出する報告義務（18条）がある（報告制度）。この制度では，女性差別撤廃条約という国際的基準によって国内の状況が審査され，締約国代表との**建設的対話**を通じて，その国の女性問題を解決していくための具体的指針である**総括所見**を勧告する。最近では，緊急に重要な項目を2年以内にCEDAWに報告する**フォローアップ制度**も開始された。また，CEDAWは，条約諸規定や各権利に関する解釈等を示し，条約の実施に重要な役割を果たす**一般勧告**を採択する（2020年12月末日現在，これまで38の一般勧告を採択）。

日本は1980年第2回**世界女性会議**（コペンハーゲン会議）の会期中に開催された署名式で署名を行い，**男女雇用機会均等法**の制定（1985年）や**国籍法**の改正（父母両系血統主義に改正。1984年）など国内法制の整備を行った後，1985年にこの条約を批准した。

日本は，2020年までに，第7次・第8次までの報告書を提出し5回の審議を行った（1988年，1994年，2003年，2009年，2016年）。これにより，日本国内の様々な問題が国連で明らかにされ（例えば，女性の政策決定への参加の低さ，夫婦別姓の非承認，女性だけの待婚期間，間接差別など)，女性の人権状況の改善に役立っている（住友電工男女賃金差別事件和解判決＝大阪高判平15・12・24労旬1575号22頁)。

（5）国連とジェンダーの主流化

1993年にウィーンで開催された世界人権会議において，**「女性の権利は人権である」**をスローガンに世界の女性が結集し，これを契機に，**女性に対する暴力撤廃宣言**が同年12月採択された。さらに，1995年に中国・北京で開催された第4回世界女性会議の最終文書である**北京宣言**（19項）と**北京行動綱領**（189項）において，国連の機構全体への**ジェンダーの主流化**が宣言された。

国連の経済社会理事会は，1997年の合意された結論（1997/2）によって「ジェンダーの主流化とは，あらゆる領域とレベルにおいて法制度・政策・プログラムを含むすべての活動について男性と女性それぞれに及ぼす影響を評価する過程」であって「その究極の目標はジェンダー平等の達成である」とした。ジェンダーの主流化は，以下の3つの分野において注目される展開をみせている。

(i) 女性に対する暴力と国際刑事裁判所の成立

国際社会では従来，戦時の性的暴力は戦争にはつきものであり，戦争遂行の手段として容認されてきた。第二次世界大戦後，1949年の**ジュネーブ条約第4文民条約**や1977年の2つの追加議定書において，強姦や強制売春などの性暴力から女性を保護しなければならないと規定されたが，これは女性の名誉に対する侵害とされ普遍的管轄権の対象となる「重大な違反行為」とは認識されていなかった。冷戦後の1990年代以降，旧ユーゴスラビアにおける**民族浄化**（エスニック・クレンジング）といった組織的強姦や強制妊娠などが，**女性に対する暴力**，特に**性暴力**に対する国際社会の関心を高めることになった。1993年**女性に対する暴力撤廃宣言**が国連総会で採択され，1996年には国連人権委員会で旧日本軍の**従軍慰安婦**問題が追及された（女性に対する暴力特別報告者ラディカ・クマラスワミ報告書)。なお，地域人権機関では，女性に対する暴力を防止・規制する条約が採択されている（例えば，米州機構の「女性に対する暴力の防止，処罰および根絶に関する米州条約（ベレン・ド・パラ条約）」（1994年），欧州評議会の「女性に対する暴力およびドメスティック・バイオレンスの防止に関する条約（イスタンブール条約）」（2011年）がある）。

民族紛争の高まりの中，第二次世界大戦後の**ニュルンベルグ・極東国際軍事裁判所**以降初めて，安保理決議によって臨時の**旧ユーゴスラビア国際刑事裁判所**（1993年）と**ルワンダ国際刑事裁判所**（1994年）が設立された。ここでは，国際法上の重大犯罪である**「ジェノサイド罪」「人道に対する罪」「戦争犯罪」**（性的犯罪を含む）を犯した個人の処罰が行われた。

こうした流れを反映して，常設的な**国際刑事裁判所**（International Criminal Court, ICC）が1998年にICC規程によって設立された。ICC規程では，条約において初めてジェンダーという語が用いられ，性暴力が**人道に対する罪・戦争犯罪**を構成することを明記し（7条1項(g)，8条2項(b)（xxii）・2項(e)(vi)），裁判手続においてもジェンダーに配慮した規定が随所にみられる（36条8項(a)(iii)・8項(b)，43条6項，68条1項・2項など）。日本も2007年この規程を批准した。

(ii)　女性差別撤廃条約選択議定書の制定

ジェンダーの主流化の流れは，それまで周縁化されてきた女性差別撤廃条約の実施過程の改善をもたらすことになった。CEDAWの機能強化（開催会期の増加と期間の延長）が行われるとともに，他の多くの人権条約が有する**個人通報制度**（条約上の権利を侵害された者がCEDAWに直接申立てができる）を備えた**女性差別撤廃条約選択議定書**が1999年に国連総会で採択された（2000年に発効。そこには**調査制度**も設けられた。2020年12月末日現在で，締約国数は114カ国。）。日本は，この選択議定書を**司法権の独立**に抵触するなどの理由でまだ批准していない。CEDAWへの個人通報は国連人権高等弁務官事務所のHPによると，155件（2020年1月28日現在）が登録されているが，これまで条約違反が認容された32件は，**ドメスティック・バイオレンス（DV）**，**リプロダクティブ・ヘルス／ライツ**（女性の性と生殖に関する健康／権利），出産手当補償保険および強姦罪における裁判官のジェンダー・バイアスに関係するものなど，多岐にわたる。CEDAWの見解では，被害者に対する金銭賠償や法改正・関係者への研修なども求められ，国内法での被害者救済の不十分さを補うものとして注目される。

(iii) 安全保障とジェンダー

ジェンダーの主流化の対応が遅れていた安全保障分野にも，2000年には，紛争予防，紛争への介入，平和維持活動（PKO），平和構築など平和と安全の維持に関するあらゆるレベルの活動にジェンダーの主流化を実現する基本文書である**女性・平和・安全保障（WPS）に関する安保理決議1325号**が採択された（WPS関連決議として，安保理決議1820号（2008年），1888号・1889号（2009年），1960号（2010年），2106号・2122号（2013年），2242号（2015年），2467号・2493号（2019年））がある）。この中では，PKO要員による女性に対する暴力が深刻なことから，PKOにおけるジェンダー視点の導入を明確化し，彼らに対する研修や加害者の処罰も各国に求めている。なお安保理決議1325号に基づき，各国は**国別行動計画（NAP）**を策定することが求められ，89カ国（2020年12月末日時点）が策定済みである。日本も第1次計画（2016年〜2018年）・第2次計画（2019年〜2022年）を策定し，安保理決議1325号とWPS関連決議の実施に取り組んでいる。

〔川眞田　嘉壽子〕

＊　　＊　　＊

以上の学習を基礎に，以下の章で示される様々な問題について考え，適切かつ論理的で統一感のある解答を示してみよう。

第1章

日本における性差別

—近現代日本の法体制に取り込まれた性差別—

◆この章で学ぶこと◆

両性の平等を明記した日本国憲法が施行されて半世紀が経過し，ほとんどの人が男女平等の教育を受けているにもかかわらず，今もなお性差別問題が残っているのは何故なのか。本章では，今もなお性差別が存在し，その解決が容易ではないことの背景を確認することを目的として，西欧近代法を継受して法体制を作り上げた明治時代以降の法体制における性差別，そして戦後改革において残された課題を検討する。

I　明治憲法体制における性差別

（1）明治初期における性差別

西欧近代法を継受しつつ近代日本の法体制の形成が行われた明治初期においては，どのような性差別をみることができるだろうか。ここではまず，家庭内における女性の地位に関連して，明治初期刑法の１つである新律綱領における**「妾」規定**，次に，国家による女性の身体に対する管理が行われ始めたことに関連して，**堕胎と間引き**，そして**公娼制度**を取り上げる。

新律綱領における「妾」規定

明治３年新律綱領は，妻妾ともに夫の配偶者としてその親族であることを明認し，妻も妾も並んで夫の二等親として位置づけられていた。ただし，妻の産んだ子は一等親であったが，妾の産んだ子は庶子として三等親に位置づけられるという点で妻と妾は区別されていた。その後，新律綱領が認めていた妾の制度については，日本の習俗であるとの理解を示しながらも，欧米諸国への配慮および明治13年太政官布告36号刑法

(「旧刑法」) が**重婚罪**を規定したことから，1881年までで消滅した。

堕胎罪制定

富国強兵を目指した明治政府は，それまで出産や堕胎・間引きに関係していた産婆に関して規制を行うとともに，堕胎を犯罪と規定することを通じて，女性の身体，特にリプロダクティブ・ライツへ介入を行うようになった。前者については，例えば1868（明治元）年に産婆による堕胎と売薬を禁止したこと，1874（明治７）年に医制を定め，産婆に免状を求めるとともに産科医との業務区別を明確化したこと，そして，明治32年勅令345号「産婆規則」により全国レベルで産婆の水準の統一が図られたことが挙げられる。また，後者については，「旧刑法」330条以下で**堕胎罪**を制定したことが挙げられる。**堕胎罪**の罰則は，後の明治40年法律45号刑法（「現行刑法」）において，「旧刑法」よりも重いものとなったが，**堕胎罪**が規定されたことによって，直ちに**堕胎**や**間引き**行為が当時の人々の認識において「犯罪」とみなされるようになったわけではない。むしろ，日露戦争から第一次世界大戦にかけて起訴人員が急増し，有罪判決を受けた者が3000人を超えていたように，堕胎の犯罪化と可罰化が行われることを通じて，**堕胎**や**間引き**行為が「犯罪」であるという認識が人々に浸透していった。

「娼妓解放令」と公娼制度

マリア・ルス号における清国人労働者の解放に関する国際裁判の場で，日本において人身売買が公然と行われていることが非難されたことを契機として，明治５年太政官達295号**「娼妓解放令」**が出され，これによって**売春**に関する人身売買は禁止された。しかしながら，その後，明治33年内務省令44号「娼妓取締規則」(1946（昭和21）年廃止）などによって公娼制度が整備され，売春は国家統制の下に組み込まれていった。公娼制度においては，人身売買的要素を排除するために，当人の自由意思を前提としながらも，売春業を行う者の登録を義務づけ，登録を行わずに売春を行う者は「私娼」として処罰の対象とした。しかしながら，公娼および私娼の区別は国家の管理下にあるか否かの相違にすぎなかった。また，公娼制度における「自由意思」に関しては，売春業に従事する者の多くが前借金を抱え，その返済のために売春を行っていることから，就業および廃業の場において，女性が真に自由意思を行使することは容易ではなかったと考えられる。

（2）明治憲法と女性

1889（明治22）年「**大日本帝国憲法**（明治憲法）」が発布された。現在とは異なり，大日本帝国憲法下において，女性には**参政権**，**公民権**，**結社の権利**が与えられていなかった。もちろん，自由民権運動においては女性参政権を許容する地域も存在しなかったわけではない。しかしながら，明治23年法律53号「集会及政社法」4条1項に「女子ハ政談集会ニ会同スルコトヲ得ス」と明記され，さらに明治33年法律36号「治安警察法」5条に規定された「左ニ掲クル者ハ政事上ノ結社ニ加入スルコトヲ得ス」とされた中に女性が含まれていたこと，そして同条2項には「女子及未成年者ハ公衆ヲ会同スル政談集会ニ会同シ若ハ其ノ発起人タルコトヲ得ス」と規定されたことなどから，女性は政治の場から排除されていった。

その後，戦前の**婦人参政権運動**は，**大正デモクラシー期**における男性普通選挙獲得運動ともに活性化し，1920年には平塚らいてう，奥むめお，市川房枝らによって，**男女同権**，**母性保護**，**女性の権利擁護**を掲げた新婦人協会が結成された。新婦人協会は，女性の政治演説会への参加を禁じる「治安警察法」5条を改正させ，1922年に同条2項が削除されたことによって，政治演説会への女性参加が認められるようになった。他方において，1921年に山川菊栄・伊藤野枝らを中心に結成された日本初の女性社会主義団体である赤爛会は，弾圧され，1年足らずで消滅した。その後，新婦人協会は，1924年に婦人参政権獲得期成同盟会となり，男性普通選挙が実現した1925年には婦選獲得同盟に改称した。婦選獲得同盟は，第1に**婦人参政権**，すなわち衆議院議員選挙法を改正して女性にも男性と同様の選挙権および被選挙権を与えること，第2に**公民権**，すなわち市制・町村制を改正して女性にも公民権を与えること，そして第3に**結社権**，すなわち「治安警察法」5条1項に列挙された政治結社に加入できない者の一覧から「女子」を削除し，女性にも政治結社に加入できることを目標として，議案提出をしてもらうために男性議員に働きかけたほか，請願署名を集めて議会に送り込むことや地方における宣伝活動を行ったが，女性が参政権，公民権を得るためには戦後改革を待たなければならなかった。

（3）明治民法と女性

1890（明治23）年に法律28号，98号として民法典が公布されたが，この民法典はフランス法の影響が強く，天賦人権説に基づくブルジョア自由主義的・個人主義的・民主主義の性格が強いと考えられていた。特に家族法の分野は，大日本国帝国憲法に沿った民法，すなわち天皇制支配の確立に奉仕する民法としては不適当であり，日本の国体に合致しないという批判を受け，民法典の修正および編纂延期を主張する延期派（代表的なものとして祖先崇拝に忠・孝を結びつけた穂積八束の「民法出テ忠孝亡フ」と題した論文がある）と，実施を主張する断行派との間に4年におよぶ論争（**法典論争**）が行われた結果，施行されなかった。その後，1893年に新たに設置された法典調査会の審議を経て，1896年に総則・物権・債権の三編が，1898年に親族・相続の二編が公布され，あわせて同年7月に施行された（前者，すなわち第1編・第2編・第3編は明治29年法律89号，後者，すなわち第4編・第5編は明治31年法律9号。このうち，家族法に関する第4編および第5編は，戦後改革期に改正作業が行われたことから，「**明治民法**」と呼ばれている）。以下では戦後改革でとりあげられた性差別を確認する目的で，明治民法における家族法を中心とした女性に関する規定を取り上げる。

戦前における家族法は，**「家」制度**と「家族」規定の二重構造をとっていた。「家」制度は，儒教的な家父長制原理に基づき，戸主を頂点として，尊卑・長幼による世代差別と，男尊女卑，つまりは性差別の双方に基づく家族イデオロギーを内包する**「家」的家父長制**である。「家」制度においては，戸主が家族構成員の婚姻に対する同意権，縁組同意権，居所指定権を有していた。他方，「家族」規定は，フランスやドイツなどの西洋近代家族法を模範としていたが，ここでは**夫権**中心の性差別が顕著であり，妻となった女性は**無能力者**として位置づけられていた。以下では家制度における性差別に関して，①**戸主**，②**夫権**，③**親権**，そして④**婚姻・離婚**を取り上げてそれぞれ検討する。

戸　主

すべての国民は**戸主**または家族としてある「家」に所属し，その「家」の氏を称することが規定された（746条）。戸主はその「家」の頂点であり，家族を身分的に統制するために，家族に対する居所指定権（749条）とそれに伴う離籍権，婚姻・養子縁組についての同意権とそれに伴う離籍権・復籍拒絶権，入家・去家についての同意権（750条）等の戸主権が与えられていた。戸主は，前戸主の一身に専属するものを除き，祖先祭祠財産を含む，前戸主のすべての権利・義務を単独で家督相続したが，相続においては嫡出子，男性，年長者が，非嫡出子，女性，年少者よりも優先されており，多くの場合においては嫡出子である長男が家督を相続し，女戸主は存在していなかったわけではないが，少数であった（970条）。

夫　権

「明治民法」は，「妻カ左ニ掲ケル行為ヲナスニハ夫ノ許可ヲ受クルコトヲ要ス」（14条）という**妻の無能力**規定を総則編に置いた。妻の無能力とは，妻が一定の法律行為を為す場合に夫の許可を必要とする制度である。妻の無能力が規定された目的は，一般的に家庭の円満を維持するためであると説明されていたが，妻が行為能力上に制限を受ける範囲は財産法上の行為に限られていることから，妻の財産に対する夫の管理収益権の保護であるとする説明もある。また，「妻又ハ入夫カ婚姻前ヨリ有セル財産及ヒ婚姻中自己ノ名ニ於テ得タル財産ハ其特有財産トス」（807条）として，妻の特有財産を認めながらも，同時に「夫ハ妻ノ財産ヲ管理ス」（801条）と規定することによって，夫が妻の特有財産を管理することを可能にした。以上の規定は，夫婦の財産を夫に集中させ，夫により統一的に管理・運用させようとするものであった。

親　権

未成年の子に対する監護教育の権利義務や財産管理権などは，戸主ではなく親権者の権利義務であった。親権については「子ハ其家ニ在ル父ノ親権ニ服ス但独立ノ生計ヲ立ツル成年者ハ此限ニ在ラス」（877条1項）・「父カ知レサルトキ，死亡シタルトキ，家ヲ去リタルトキ又ハ親権ヲ行フコト能ハサルトキハ家ニ在ル母之ヲ行フ」（877条2項）と規定されており，親権者は原則として子の父であり，母が親権者となることは例外的である。その意味において子に対する母の地位は父と同等ではなかった。

婚姻・離婚

婚姻に際しては，男女で婚姻可能年齢が異なること「男ハ満十七年女ハ満十五年ニ至ラサレハ婚姻ヲ為スコトヲ得ス」（765条），女性だけの再婚禁止期間「女ハ前婚ノ解消又ハ取消ノ日ヨリ六个月ヲ経過シタル後ニ非サレハ再婚ヲ為スコトヲ得ス」（767条）のように，近年になって多少は改善されつつある性差別規定のほかに，「明治民法」では，原則として婚姻によって妻は夫の家に入る「妻ハ婚姻ニ因リテ夫ノ家ニ入ル」（788条）ことや，多くの場合において女性は離婚とともに夫の家を去るが，その際，子が夫の家に残っていた場合は「其家ニ在ル父ノ親権ニ服ス」（877条）ことが定められていた。また，離婚後の子に対する監護は父母の協議で定めることができたが，協議がない場合は父の監護に属する（812条）とされており，後になって母が子を自分の籍に引き取ることを希望したとしても，元夫および元夫の家の戸主の同意が必要であったため，その希望が叶うことは容易ではなかった。

さらに裁判上の離婚の要件を掲げた813条には，「妻カ姦通ヲ為シタルトキ」・「夫カ姦通罪ニ因リテ刑ニ処セラレタルトキ」という項目が含まれていた。この規定は，夫婦のいずれかが姦通を行った場合，妻の場合は姦通の事実をもって直ちに離婚の要件となるにもかかわらず，夫の場合は姦通の事実ではなく，姦通罪で有罪になった場合のみが離婚の要件となったという意味において差別的な規定であった。なお，大正期には，姦通事件について，「婚姻ハ夫婦ノ共同生活ヲ目的トスルモノナレハ配偶者ハ互ニ協力シテ其ノ共同生活ノ平和安全及幸福ヲ保持セサルヘカラス然リ而シテ夫婦カ相互ニ誠実ヲ守ルコトハ其ノ共同生活ノ平和安全及幸福ヲ保ツノ必要条件ナルヲ以テ配偶者ハ婚姻契約ニ因リ互ニ誠実ヲ守ル義務ヲ負フモノト云フ可ク」「婦ハ夫ニ対シ貞操ヲ守ル義務アルハ勿論夫モ亦婦ニ対シ其義務ヲ有セサルヘカラス」（大決大15・7・20刑集5巻318頁）と，貞操義務は妻だけに求められるべきものではなく，夫もその義務を負うことを述べた判決が出されて世間の関心を集めたが，このような判決が出されることは稀であった。

（4）刑法と女性

戦前の刑事法において性差別が顕著であったものとして**姦通罪**がある。姦通行為とは配偶者の一方が配偶者以外の者と性関係に入ることであり，既存の婚姻関係を侵害する行為である。姦通行為に対しては，法的制裁を一切課さない場合，民事制裁のみで対応する場合，民事制裁および刑事制裁の両面から対応する場合がある。また，刑事制裁による対応の場合においても，夫婦を平等に処罰する場合と，夫婦で異なる処罰を行う場合があるが，日本においては姦通行為に対しては民事制裁および刑事制裁の両面から対応することを規定していた。また，現行「刑法」は，制定当初，姦通罪として「有夫ノ婦姦通シタルトキハ二年以下ノ懲役ニ處ス其相姦シタル者亦同シ前項ノ罪ハ本夫ノ告訴ヲ待テ之ヲ論ス但本夫姦通ヲ縱容シタルトキハ告訴ノ效ナシ」（183条）と規定し，「有夫ノ婦」に対する処罰規定を設けていた。

なお，「有夫ノ婦」の姦通行為を刑事制裁の対象とする理由として，日本の近代法制定に大きな影響を与えたボアソナード（ギュスターヴ・エミール・ボアソナード）は，家族の中に夫以外の血統が入ることを防ぐことと並んで「夫ノ身ニ侮辱ヲ加ヘ夫ノ権利及ヒ其品位ヲ排斥スルノ危険アリテ存スルモノナリ」という，夫権の存在を挙げている。したがって，基本的に姦通罪を犯す者は「有夫ノ者」であり，「有婦ノ者」が配偶者以外の女性と性関係に入ったとしても，それは直ちには姦通罪とはならなかった。つまり，男性が姦通罪に問われる場合は，まずその相手である女性について姦通罪が成立し，「相姦したる者」，すなわちその女性の姦通罪の結果として罰せられることがあるにすぎなかった。さらに，姦通罪の告訴権者は姦通行為を行った者の夫のみであり，その夫が姦通行為を容認していた場合は，たとえ夫が告訴した場合であっても，告訴は無効とされた。他方において姦通行為の相手方が妻帯者であったとしても，その妻には告訴権は認められていなかった。

（5）その他

教育制度　近代日本の教育制度は，富国強兵のためには国民教育が不可欠という認識の下，明治5年太政官布告214号「学制」から始まり，義務教育の要件である無償制・義務制・世俗制が規定された明治33年勅令344号「小学校令」によって日本の義務教育制度が確立した。また，1899（明治32）年には中等教育の系統的な制度化が行われ，勅令28号「中学校令」，同29号「実業学校令」，同31号「高等女学校令」が定められた。しかしながら，中学校は「男子ニ必要ナル高等普通教育」を，**高等女学校**は「女子ニ須要ナル高等普通教育」を行うことを目的としていたように，中等教育の教育課程は男女で大きく異なるものであり，女子教育には**「良妻賢母主義」**という理念を制度的に定着させた。この他，戦前において女性が受けることができた高等専門教育に関しては，明治30年勅令346号「師範教育令」に基づく女子高等師範学校，明治36年勅令61号「専門学校令」に基づく専門学校，そして大正８年勅令388号「大学令」に基づく公立・私立大学があるが，当時の男性と比べると女性が高等専門教育を受ける機会は限られていた。また，女性が帝国大学において正規の学生として学ぶことは明治期においては不可能であったが，大正期以降は，例えば，東北帝国大学では，1913（大正２）年に女子学生の入学を認め，３名の女子学生が当時の理科大学へ入学しているほか，1925（大正14）年に九州帝国大学も女性に門戸を開いた。ただし，多くの女性が，その能力に応じて自由に教育を受けることは，戦前においては容易なことではなかった。

法曹・法学研究への進出

戦前において，裁判官・検察官になるためには，判事検事登用試験第１回試験に合格，あるいは帝国大学法科大学を卒業後，試補として裁判所・検事局で３年の実地修習を経て第２回試験に合格することなどの条件があった。しかしながら，女性が帝国大学で正規の学生として学ぶことができるようになるのは大正期以降であり，また，女性が戦前において裁判官・検察官になることはなかった。他方，弁護士については，明治初期においては女性代言人（弁護士の旧称）がまったく存在しなかったわけではないが，明治26年法律７号弁護士法が，弁護士資格を「日本臣民ニシテ民法上ノ能力ヲ有スル成年以上ノ男子タルコト」（２条１項）と規定していたため，同法施行後は，女性が弁護士になることは不可能であった。しかしその後，全面改正された昭和８年法律53号「弁護士法」において，弁護士資格については「日本臣民ニシテ成人タルコト」と規定されたことによって，弁護士への門戸がようやく女性に開かれた。1928年高等文官司法科試験に初めて女性３名が合格したが，その中の１人，田中（後に中田）正子は，記者の質問に対して，「日本の法律は女性のためには非常に不利に出来てゐます。このためにも女は女の味方になつて弱い世の『母』と『妻』を護つてやらなければならないと思ひます，これが私が法律を始めた理由であります」（東京朝日新聞1928年11月２日）と答えている。

なお，昭和８年弁護士法改正審議会委員には，穂積重遠や松本重敏など，明治大学関係者が含まれていたが，当時の明治大学学長は，男性にも貞操義務があるとする大審院判決を出した横田秀雄であり，女子に法律を教える専門女子部を明治大学内に創設し，卒業生に共学の大学へ進学する門を開いた。この第１回の卒業生には，明治大学卒業後，東京大学大学院に進学して穂積や我妻栄に師事して法律を学び，『我妻・立石コンメンタール』として著名な民法学者，立石芳枝がいる。

女性の労働環境

このほか，戦前日本の労働における性差別に関しては，女性および年少者の労働状況が劣悪であったことが挙げられる。産業の中心が製糸，紡績などの軽工業であった明治初期段階においては，女性や年少者の労働力が利用されたが，彼らの多くは農村部からの出稼ぎ者であり，寄宿生活の下で長時間酷使されるなどの劣悪な労働条件によって健康を害する者が後を絶たなかった。このような状況に対して，女性および年少労働者の保護を目的とする明治41年法律46号「工場法」が制定された。「工場法」は，当初の政府案に使用者側の意見を採用したため，労働者の保護という意味においては当初の目的から後退したものとなったが，日本において労働者保護立法が初めて制定されたこと，そして女性および年少者の労働時間，深夜業，休日労働，時間外労働，危険業務の制限を設けた点は画期的であった。

Ⅱ　戦後改革

（1）日本国憲法制定と参政権

日本女性が初めて参政権を行使した1946年４月10日に行われた第22回総選挙では，女性78名を含む2770名が立候補し，39名の女性議員が誕生した。また，戦後になってようやく女性が，教育委員，調停委員，民生委員などすべての公職に就けることになった。戦前の女性参政権の活動者は，加藤シヅエが衆議院議員になったほか，山川菊栄は1947年に婦人少年局初代局長に就任，奥むめをは1948年に主婦連合会を結成，平塚らいてうは1953年に日本婦人団体連合会を組織するなどの活動を行い，性差別解消などの諸問題に取り組んだ。しかしながら，政治や行政の意思決定機関に携わる女性は今もなお多いとはいえない状況にある（→第15章）。

（2）民法における戦後改革

男女普通選挙による衆議院選挙を経た衆議院および貴族院において審議が行われた**日本国憲法**は，1946年11月３日に公布され，翌年５月３日に施行された。日本国憲法は，14条および24条において個人の尊厳と両性の本質的平等を規定したことから，家制度は廃止され，妻の無能力に関する規定は削除された。そして民法はその冒頭に，民法全体を貫く指導原理の１つとして，個人の尊厳と両性の本質平等を掲げ，結婚の自由，夫婦の平等，子に対する親権・相続の平等の内容を含み，**個人の尊厳**と平等の理念に基づいた新しい家族法が誕生した。しかしながら，1947年当時の改正作業は，保守派と進歩派の妥協の下に行われたため，不徹底な部分が残されていた。また，人々の意識の中に戦前における家制度が浸透していたことから，新しい家族法が誕生した後も，婚姻適齢，再婚禁止期間，夫婦同氏の原則などが残り，家族関係における性差別は近年多少の動きは見られるものの今なお完全には解消していない（→第５章）。

（3）刑法における戦後改革

刑法183条**姦通罪**は，基本的に「有夫ノ婦」の姦通行為のみを処罰対象としていた点において性差別を行っている規定であり，両性の本質的平等を規定した日本国憲法の理念に反するものであった。そこで，日本国憲法施行に伴う昭和22年法律124号「刑法の一部を改正する法律」により，姦通罪は削除された。姦通罪が削除された後も，刑法における性差別は，特に性犯罪の領域において存在し続けているが，2017年に刑法の一部を改正する法律が成立し，強制性交等罪の客体に男性が含まれるなどの変化が生じている（→第10章以下の章）。

(4) その他

法曹への進出

1949年4月，戦後の司法試験に合格した石渡満子は，日本の女性裁判官第1号となった。また，戦前に初めて司法試験に合格した3人のうち，三淵（後に武藤）嘉子は，戦後になって当初より志望していた裁判官に任官され，1972年には女性初の裁判所長として新潟家庭裁判所所長に着任した。このほか，1950年9月には日本婦人法律家協会が発足した。その後，法曹を目指す女性は徐々に増え，特に近年は弁護士のみならず，裁判官および検察官となる女性も増えてきている。法曹への女性の進出が，性差別問題の解消へ向けてどのような影響を及ぼすかについては，今後も注目すべきであろう（→第16章）。

女性の労働環境

女性の人権を保障した日本国憲法に基づき，昭和22年法律49号「**労働基準法**」は，4条で「男女同一賃金の原則」を定めるとともに，第6章では，労働時間・休日労働の制限（61条），深夜業の禁止（62条），危険有害業務への就業制限（63条），坑内労働の禁止（64条），産前産後休暇（65条），育児時間（66条），および生理休暇（67条）など，「女子及び年少者」に関して使用者に特別な保護を義務付け，これらの規定に違反した場合には使用者は処罰されうることとなった。また，労働基準法と並行して，女子年少労働者基準規則が同じ年に制定された。さらに，労働者保護立法の実効性を確保するための独立行政機関として，1947年5月厚生省内に労働基準局が設置され，その中に婦人児童課が設けられた。また，同年9月に労働省が発足すると，婦人少年局が設けられた。このように戦前の労働環境における女性に対する性差別は，戦後改革においてある程度解消された。しかしながら，その後半世紀が経過した現在において，男女共に，社会の対等な構成員として，自らの意思によって社会のあらゆる分野，特に労働の場における活動に参画する機会が十分に確保されたということができるかという点については，今なお検討を行う余地がある（→第8章）。

【発展課題】

明治以降のいわゆる近代日本の性差別と戦後改革の概観を検討した本章において

は，主として法律の内容について検討を行った。しかしながら，法律は，制定された後に，長い時間をかけて，法の受け手である人々の意識に影響を及ぼしていくものである。したがって，本章で取り扱った項目についてさらに考察を深めたい人は法制史や女性史にも関心をもってもらいたい。また，現行法が制定された社会的状況や，現行法はどのような変遷を経て現在の姿になったのかを検討することを通じて，歴史のどの段階かにおいて作られた「伝統」や「制度」を前にしても思考停止することなく，現在の日本の性差別問題の解決に向けて新たな視野を獲得してもらいたい。

【参考文献】

加藤千香子『近代日本の国民統合とジェンダー』（日本評論社，2014）
服部早苗＝三成美保編『ジェンダー史叢書第１巻　権力と身体』（明石書店，2011）
山中永之佑編『日本現代法史論』（法律文化社，2010）
荻野美穂『「家族計画」への道―近代日本の生殖をめぐる政治』（岩波書店，2008）
三成美保『ジェンダーの比較法史学―近代法秩序の再検討』（大阪大学出版会，2006）

〔田中　亜紀子〕

第2章

諸外国における性差別

—その歴史と現状—

◆この章で学ぶこと◆

本章では，ヨーロッパ／アメリカ，西アジア，南アジア，東アジアにおける性差別の歴史を考察し，性差別を支えるジェンダー秩序のあり方やその克服に至る努力を比較検討する。ジェンダー秩序は地域や時代，宗教などによって多様な形をとるが，決して個々無関係に形成されたものではなく，その歴史の中で互いに影響し連関しているのも事実である。日本の性差別を理解する上で，日本を取り巻く諸外国の性差別を学ぶことは有益かつ不可欠である。

I　ヨーロッパ／アメリカ

古代ギリシア・ローマにおける女性

紀元前8～6世紀のギリシアではすでに女性は禍とみなされ嫌悪の対象とされていた。古典期になると，女性は本性的に男性より弱い（プラトン『国家』）と同時に放縦である（アリストテレス『政治学』，『動物誌』）がゆえに男性による管理が必要とされ，女性は奴隷とともに民主政への参加を認められなかった。このようにギリシアでは，ポリスによる程度の差こそあれ，女性は公的空間から排除されていた。

続くローマ時代には，強力な**家父長制**が法を通じて確立した。家父長は妻や子，奴隷も含めた家族構成員ならびに財産に対して絶大な支配権をもち，子の婚姻や離婚も家父長の専決事項であった。しかし帝政期にかけて商工業が飛躍的に発展すると，農業社会での奴隷の統制を目的とした父権的家父長制は緩和され，相対的に女性の地位は向上した。家父長制的法制度はテオドシウス法典や**ユスティニアーヌス法典**の時代には弱体化し，その過程で離婚の権利や寡婦の再婚も認められ，女性に対する後見制度もみられなくなっていった。

中世のジェンダー規範

ヨーロッパのジェンダー規範に**ユダヤ教**，**キリスト教**が与えた影響は決定的である。旧約聖書や新約聖書では女性の劣性や従属性がそこかしこで説かれる（ユダヤ教社会では**一夫多婦制**がとられ妻は夫の所有財産とされるなど，女性は男性に隷属した）。これらの教義は家父長制を強化したばかりか，（非性的なマリアに対して）一般女性は男性を誘惑する性的なエバの末裔であるとの理解から，女性嫌悪や身体と性の忌避を生み出した。そのため性は教会によって管理され，厳格な**一夫一婦制**の下で性的関係は婚姻内でのみ許され，婚前交渉や姦通，買売春は禁止された。

また中世社会のジェンダー規範は**身分制**に基づく。貴族身分では婚姻は政略の道具とされ，夫婦は愛人をもち**婚外子**も存在したが，女性は財産権を認められ身分制議会代表の選出に参加するなど男性世界から排除されていたわけではなかった。都市では市民権は本来男性に限定されたが，家長から独立した**家母**と位置づけられた女性には相続権や財産の共有が認められた。農村の女性はその労働力と生殖能力に期待され，労働力確保の目的から婚外子も多かった。共同体が日常的な生活空間であり公権力に参加する場であった中世では，家もまた共同体に開かれており，親密性や愛情といった情緒的価値で結びついた空間ではなかった。

公私二元的ジェンダー秩序の誕生

啓蒙思想の普及とともに近世自然法論や社会契約論が登場し，法の前の平等や自由を謳った**フランス人権宣言**（1789年）に結実する（人権宣言は，**オランプ・ドゥ・グージュ**が批判したように，「男性／男性市民」を名宛人にしており，このような女性排除は**アメリカ独立宣言**（1776年）にも確認できる）。しかし反動が始まると女性の権利向上を目指した革命初期の法規定は骨抜きにされ，1804年の**ナポレオン法典**では夫権への妻の服従や行為無能力が定められ，革命期に廃した**姦通罪**も復活した。女性は公的領域では二流の地位に追いやられ，私的領域では無償の愛情で家族に奉仕する存在となった。この背景には，**公私二元的ジェンダー秩序**が出現し，**性別役割分業**，夫権的家父長制が打ち立てられたことがある。同様に，ヴィクトリア治世下で栄華を極めたイギリスでも，中産階級の信仰や生活様式こそが進化の過程の頂点であり，家庭を豊かにすることこそ女性の役割であるとする**ヴィクトリアニズム**的道徳律が成立した。こうして近代化とともに女性は新しい妻・母の役割を担うことになった。すなわち，家事や育児に科学が持ち込まれる一方，他方で女性は良き国民の育成という国民国家的事業を遂行する使命を負ったのである。当初は中産階級家庭をモデルに成立したこの秩序は次第に労働者階級に浸透し，性別役割分業の固定化を促すことになった。

女性解放運動とその成果

工業化社会への転換に伴い，多くの国では中産階級の女性と労働者階級の女性が解放運動に携わった。前者は教育，職業，法律における男女平等を，後者は特に労働条件の改善を訴えた。イギリスの女性労働者は早くから社会改革運動に参加し，チャーティスト運動や労働組合運動で女性の権利獲得を目指した。フランス，ドイツではシャルル・フーリエやアウグスト・ベーベル，クララ・ツェトキンらの説く**社会主義**が女性解放運動に理論的支柱を与えた。

（白人入植者にとっては）開拓の地アメリカにおける女性の地位はヨーロッパとは少し異なる。まず，女性解放が奴隷解放と影響し合って運動を推進したという特徴をもつ。次に，労働力不足，人口不足を補うために多産が奨励され，女性の「産む性」が前面に押し出された。それに対して**マーガレット・サンガー**らは避妊の自由を提唱し，次第に産児制限が認められるようになった。しかし今なおアメリカでは，**リプロダクティブ・ライツ**をめぐる攻防が，人工妊娠中絶，生殖補助医療などその領域を拡大しながら続いている。

性差別と戦争，そして戦後

男性に隷属する女性の地位を向上させたのは皮肉にも戦争であった。南北戦争や第一次世界大戦での女性の貢献は女性に様々な職業に就く機会を与え，**参政権**獲得にも弾みをつけた。アメリカの辺境にあったワイオミング準州での**女性選挙権**の実現（1869年）を皮切りに，ヨーロッパ各国で選挙権の男女平等が達成された（ロシア1917年，ドイツ1919年，アメリカ1920年，イギリス1928年，フランス1944年，イタリア1945年など）。

第二次世界大戦後，国際連合は性差別撤廃に向け大きな枠割を果たしている。1967年の女性差別撤廃宣言，1979年の女性差別撤廃条約，1975年に始まる世界女性会議はその成果である。世界の現状を明らかにするだけではなく，世界の女性を協働させ，各国政府に女性問題の解決を促している。特に男女平等，男女共同参画の分野における北欧の精力的な取り組みは注目に値する。ノルウェーは**クオータ制**（政策決定の場での男女の不平等を是正するために人数を割り当てる制度）発祥の国であり，現在では政治分野にとどまらず労働分野などでも**ポジティヴ・アクション**を採用している。スウェーデンやノルウェーの育児休業制度は，男性の育児参加意識を高め，家庭での男女共同参画を推進する先進的な一例である。

Ⅱ　西アジア

イスラーム以前の女性

古代メソポタミア地域では，都市社会，古代国家の出現の過程で**母神崇拝**の習慣は姿を消し，相続において父性原理を優先し，男性に女性を管理する権利を付与する家父長制が成立した。紀元前18世紀の**ハンムラビ法典**から**アッシリア法**へと時代が下るに従い，女性の地位は低下の一途を辿った。ただし上層身分の女性は，家父長支配に貢献する形で，男性から派生する社会的地位と経済的諸権利を行使できた。だがその後は，オリエント一帯を支配したペルシアの**一夫多婦制**，**女性隔離**という習慣が広く中東地域に定着した。

イスラームの国家と法

ムハンマドが登場する7世紀のアラビア半島では，父系の家父長制的婚姻が唯一合法的な婚姻とされていたわけではなく，女系社会も存在していた。しかし商業・交易を基盤にした社会が成立すると，財産の私的所有や商業の効率化という概念の下で父系制への移行と女性隔離が進行し，女性は経済活動の領域から排除されていった。そしてイスラームの何よりの特徴は，征服した地域の宗教や文化がもつ伝統を自らに取り込んだことであり，したがってイスラームの女性の地位はペルシアやビザンティンの影響を強く受けていた。

イスラームのジェンダー秩序を理解するにあたっては，**コーラン**の教義を解釈し実際に適用していく中で確立された**イスラーム法**に留意すべきである。この法は，法学者による法理論が裁判の慣例になり体系化される，つまり，法学者や裁判官という男性によって生成されたあるべき男女の関係が神聖化されることによって成立した。法は一夫多婦制と**妾制**を認めたが，実際には経済力のある上層身分に限られていた。婚姻は女性の後見人と男性による契約であり，男性からの**マフル**（婚資）の提供があって有効となる。後見人は，生まれる子が男性の嫡子であると証明するため，結婚まで女性の純潔を守らねばならず，これが女性隔離を引き起こした。女性は，男性と同等ではないものの相続や所有を認められる一方で，性的奉仕の義務を負った。子を教育する責任は家を管理する男性にあり，子を産む女性は家の一部として男性に管理された。

オリエンタリズムに基づく植民地支配

中世の地中海世界の覇権を掌握したイスラーム王朝オスマン帝国も17世紀末より軍事的凋落が顕著となり，18世紀後半にはヨーロッパの植民地支配を許すことになった。劣悪なムスリム女性の地位は列強による支配を正当化する大義として利用され，**オリエンタリズム**的言説を生んだ（その1つが現在まで尾を引く**ヴェール問題**である→発展課題）。自国ではヴィクトリアニズムを盾に女性を私的領域に追いやる反面，植民地ではフェミニズム理論を振りかざし非文明国に対する支配を正当化したのである。しかし中東諸国の側でも，例えばオスマン帝国の**タンズィマート**や属領エジプトの総督ムハンマド・アリーの改革のように，ヨーロッパに範をとった改革が実施され法典編纂も行われたが，一夫多婦制や一方的な離婚に制約を設けたイラク，シリア，チュニジアなどを除き，多くの国はイスラーム法的家族法を温存した。公私二元論に基づき私的領域が中産階級や新たなエリート階級にとって**科学的家政**の場となると，女性は家を科学的に管理し国家を担う子を養育する役割を負った。この結果，国民を産み育てる母を育成する女子教育の整備を求める声が高まった。だが教育問題は，下層民への教育が危険な民族感情を醸成すると危惧するイギリスとの間で摩擦を引き起こし，イギリスによる規制の強化を招くことになった。

このようなイスラーム圏にあって，1923年に成立したトルコ共和国は稀有な存在であった。**ムスタファ・ケマル・アタチュルク**の指導の下でフランスの**ライシテ**（政教分離）に倣った**ライクリッキ**が国家原則とされ，徹底した世俗主義が推し進められた。スイス民法の強い影響を受けて制定されたトルコ民法は一夫多婦制を廃止し，女性にも離婚の権利を与えた。だが近年この世俗主義もイスラーム色の強いエルドアン政権下で後退が進む。ヘッドスカーフ着用が女性の学生に続き公務員に解禁されるなど，その動向に注視が必要である。

現代イスラーム家族法とジェンダー

最後に，現代のジェンダー秩序についてみておこう。多くの国の家族法はイスラーム法に立脚している。まず，「性交から得られる快楽とマフルが対価関係に立つ一種の有償契約」とされる婚姻において性的関係は，プライバシーとして保護されるのではなく，権利義務関係を構築している。すなわち，夫はマフルを支払い妻を扶養する義務を負うとともに性交要求権をもち，妻は夫の性交要求に応じる義務を負うのである。また，妻からの離婚は法律上認められているが，実際には多くの困難が伴う。

神の法ゆえに国家の制定法より優位に立つイスラーム法は人々の日常生活を規律し，そうすることで国家から自律した市民社会を生み出すとされている。そして，この理念に基づき自律したイスラーム市民社会の復活を望む**イスラーム復興運動**の隆盛を背景に，セクシュアリティや性交，服装などは**自己決定権**の領域ではなく，法の管理下に置かれているというのが現状である。

Ⅲ　南アジア

ヒンドゥー教とカースト制度

南アジアの政治，文化，社会を古くからリードしてきた随一の大国インドを取り上げる。インドのジェンダー秩序を理解する上で，宗教，**カースト**，社会階層，地域による多様性は看過できないが，総人口の約８割が信仰する**ヒンドゥー教**が果たす役割は大きい。ヒンドゥー教の中核をなす宇宙の秩序としての**ダルマ概念**は，時代とともに，人間社会における行動規範や倫理観へと発展した。この中で女性は創造し維持する存在である同時に，生来の邪悪性，堕落性ゆえに管理の対象とされた。加えて，異民族アーリア人が持ち込んだ英雄的な男性神，父系主義的家族構造，そしてカースト（ヴァルナ（色）＝ジャーティ（生まれ））制はインドのジェンダー形成に深く関与した。カースト制では浄／不浄の程度によって価値が決定されるが，この程度は主に菜食主義，禁酒，女性の拘束を基準に測られ，上位カーストほどその制約は厳しい。カースト制は**ヴェーダ**や**『マヌ法典』**で理論化され，ヒンドゥー教とともに人々の生活に浸透していった。

カースト，階層，地域による偏差はあるものの，女性は家の中に隔離され，貞節の強制，離婚・再婚の禁止，**サティー**（寡婦焚死）などを用いて男性に従属させられた。特に婚姻は宗教的義務であると同時に女性にとっての唯一の浄法とされ，その人生において決定的な意味を有した。『マヌ法典』には，女性は父，夫，息子の支配下に入ること，婚姻によって夫の結婚財産に分類されることが記されている。そして，神に対して犠牲を払えない不浄な女児ではなく，神に犠牲を払い家父長制を維持しうる男児を産むことが要求された。「不妊の妻は8年目に，子がすべて死んでしまった妻は10年目に，女児のみを産む妻は11年目に，そして不快なことばかりを口にする妻は即座に取り替えられてしかるべき」（『マヌ法典』第9章81節）とあるように，女性にとっては不妊が**離婚事由**となる一方で，跡継ぎを得るために男性には重婚が認められていた。

ここでは，サティーと**ダウリー**（結婚持参金）の2つの慣習を取り上げる。まずサティーとは，寡婦が亡き夫の荼毘に身を投じて焚死する行為を指し，善行の極致とされる。『マヌ法典』成立以降にバラモンが作り上位カーストに強要したサティーはその後，地位の上昇を図る下位カーストにも取り入れられた。サティーには，夫が息子を残さずに死んだ場合，妻が相続権をもつことを防ぐ効果があるとの指摘もある。次に，妻が嫁資金として持参するダウリーは双方の家にとって重要な意味をもつ。妻の実家からみれば財産の流出であるダウリーは，第1に，集団内のできるだけ近い者に嫁がせる内婚の規則を発達させ，第2に，女児忌避の風潮からその殺害や中絶，虐待を惹起した。他方，婚家からみればダウリーは夫の財産となるため，婚姻の際の重要な要素であった。

イギリスによる植民地支配と女性解放運動

インドの女性解放において植民地支配は1つの画期をなす。イギリスは自らの支配を正当化するためインドの後進性を強調したが，他方でこの支配は女性解放運動や改革を覚醒した。当初イギリスは契約や売買，債権，刑罰にはイギリス法を導入し，婚姻，離婚，相続にはインド古典法の**ダルマ・シャーストラ**を適用した。裁判でイギリス人判事がシャーストラに精通するバラモン・**パンディット**（pundit 補佐人）の手を借りたことで，シャーストラは**ヒンドゥー法**の法源となり，女性を従属的な地位に置くバラモン的規範が引き継がれた。しかし，19世紀初頭よりイギリス人官吏やインド人の社会・宗教改革家による女性解放の動きが高まると，東インド会社政府は**サティー禁止法**（1829年）の制定，寡婦の再婚の合法化（1856年）など，宗教的慣習への干渉を始めた。承諾年齢法（1891年）は女性の法定婚姻年齢を10歳から12歳に引き上げ，幼児婚は1929年に禁止された。

女性解放運動は，女性の解放とインドの自由とを結合することで，民族運動と結びついた。いずれの運動の担い手も英語教育を受けた都市の中産階級であり，彼らは啓蒙思想の洗礼を受けていた。民族主義者たちは，後進国というレッテルを克服するという旗印の下で女性への参政権付与に賛同した。1931年の**インド国民会議派**カラチ大会は新憲法の原則を採択し，法の下での男女・カースト・宗教上の平等，雇用・就業における差別撤廃，普通成人選挙の実現を誓約した。しかし彼らは，1934年に**全インド女性会議**が提案した婚姻，離婚，相続などの私法分野の改革には反対した。これは，上位カースト出身の彼らに男性の優位性を克服する準備が未だ整っていなかったことを示している。

ポストコロニアルのジェンダー秩序

1950年のインド共和国憲法が宗教，人種，カースト，性，出生地などによる差別を禁じたことを受け，特別婚姻法（1954年）とヒンドゥー婚姻法（1955年）では離婚が認められ，重婚が禁止された。またヒンドゥー相続法（1956年）は女性にも相続権を与えたが，実際には家父長制の伝統の下で女性が相続することは稀である。1961年制定の**ダウリー禁止法**（度々修正がなされている）は，刑法や証拠法とともに，ダウリーを受け取った者，与えた者，そしてその親族を処罰の対象としている。1985年3月12日最高裁は，婚姻の際に妻が持参した財産は妻のものであり，夫は妻の承諾なしに処分できないとの判決を下した。しかし現在でもダウリーは根絶されず，殺人や暴力の一因になっている。このような中，女性への暴力はようやく社会問題とみなされ，2005年に**ドメスティック・バイオレンス**から女性を保護する法律が制定された。

経済成長著しいインドだが，労働における男女平等は道半ばである。妊娠・

出産にかかる保護を定めた出産手当法（1961年），均等報酬法（1976年），セクシュアル・ハラスメント防止法（2013年）などの制定に加え，近年では出産休暇の拡充，夜間就業禁止の緩和といった改革も進められている。しかし，結婚後は家庭に入るという根強い伝統や人々の意識改革の遅れが壁となり，法律や制度の実効性は乏しいという課題は残る。

一方で，一連の改革をヒンドゥー（教）の伝統の危機と捉え，上位カースト女性の謙虚さ，犠牲の精神を称える伝統主義者が台頭している。政界でもヒンドゥー原理主義を掲げる**インド人民党**が躍進するなど，フェミニズムは西欧起源の非民族主義的，エリート主義的であるとの批判にさらされている。同じ批判はイスラーム世界の男性ナショナリストたちによってもなされている。カースト，階層，地域によるジェンダーの多様性，急激な経済発展がジェンダーに与える影響の解明など，インドのジェンダー研究の進展，深化が期待される。

Ⅳ　東アジア―中国を中心に

儒教とジェンダー規範

東アジア，とりわけ中国や朝鮮における性差別は，その社会や文化に強い影響を与えてきた**儒教**思想と切り離しては考えられない。祖先崇拝を出発点とする儒教では，祖先や年長者に対する敬愛の念，「**孝**」が重視される。孝は家において親への奉仕，服従という形で現れる。そして家は国家統治のための社会秩序の基本であり，永続させることが前提とされた。この家を治めるのは男性であり，男性は祖先の祭祀を司り，家業や家産を守る役割を担った。それに対し女性は，家長を産み育てる役割を与えられ，家が活動領域とされた。このような家父長制の下で婚姻は家と家との契約であり，「父母の命，媒酌の言」と表現されるように，婚姻に関する決定権は父母あるいは家長にあった。一般的に婚姻は金銭の授受を伴う売買婚であり，妻を質入れする**典妻婚**や，将来は嫁とするという条件で幼女の段階で買い取る**童養媳**なども存在した。基本的には一夫一婦制であるが，「代宗接代」のために妾制が認められた。また，女性たちの暮らす家の中でも，年長者である母もしくは姑を頂点とするピラミッドが築かれた。

君臣，父子，夫婦の間の秩序を説く**「三綱五常」**（『文中子』）や父，夫，子に従うよう求める**「三従四徳」**（『儀礼』，『周礼』），女性の4つの徳（「婦徳」，「婦言」，「婦容」，「婦功」）もまた，社会や家における女性の行動様式や地位を規定した。そして妻，嫁，母としての女性のあり方を教えるために，『烈女伝』，『女孝経』，女四書（『女誡』，『女論語』，『内訓』，『女範捷録』）など数多くの**女訓書**が記され，これらは家庭教育の教科書として用いられた。

纏足にみる植民地主義と女性解放

中国における女性解放の波は一方では外から，他方では国内から起こった。その先駆けとなった**纏足**（てんそく）をめぐる動きをみてみよう。幼少期に女性の足を縛って成長を止め，長時間の歩行や屋外での労働を不可能にした纏足は，南唐時代に漢族の士大夫層で広まったという説が有力だが，明・清代には庶民層まで浸透した。纏足は男性の目には官能的な魅力をもつものと映ったが，女性の側でも地位の高さや花嫁の謙譲，道徳心を表現する手段と理解され，母親から娘へと引き継がれた。

清朝の歴代皇帝は**纏足禁止令**を発布したが，この禁止は漢族に対する満州族の支配を目的としたため，十分な効果を上げなかった。この状況を打破したのがキリスト教宣教師たちによる纏足廃止運動であった。彼らの目に纏足は非文明国の野蛮な風習と映り，非文明人を教化する，清を植民地化することを正当化する思潮を生み出すことになった。外部からの廃止運動に呼応したのが**康有為**や**梁啓超**ら改革派であった。彼ら清の側からは，女性の解放は人格の独立を達成するだけではなく，祖国の独立を保つための一手段と位置づけられた。ここに，欧米列強の帝国主義から祖国を救い，近代化するための改革を急ごうとする清末の時代背景が浮かび上がる。

賢妻良母教育と「新しい女性」

「男子有徳便是才，女子無才便是徳」（酔古堂劒掃・法部43）に立ち向かい，国家の発展，女性国民の育成のための女子教育の導入に尽力したのが梁啓超である。イギリス人女性による初の女子校の開校（寧波，1844年），中国女学堂の開校（上海，1898年）を受け，民間女学校の創立が相次いだ。政府は1904年，癸卯学制「奏定学堂章程」の下で近代的な教育制度の構築に着手したが，蒙養院章程および家庭教育法章程では女性の道を教える教育は家庭教育に含まれるとされた。しかし3年後には女子小学堂章程，女子師範学堂章程に基づき，官立女学校が創設された。ここでは依然として三従四徳の遵守が説かれ，日本の**良妻賢母**教育に倣った**賢妻良母**教育の導入が試みられた。同様の動きは民権開化啓蒙運動，国権回復運動期の朝鮮にもみられたが，朝鮮の**賢母良妻**主義は国家との関係をより明確に意識し，国民養成の観点から女子教育を促進した（もっとも朝鮮，台湾，満州地域の女性問題は日本の植民地政策と無関係に論じられない点には十分に留意すべきである）。

日本と異なり，新中間層の出現による主婦の誕生や女子教育の大衆化が進んでいない中国における賢妻良母教育は清朝の滅亡，中華民国の成立，五四新文化運動という激動の中で動揺する。まず，女性の経済的独立を前提としない賢妻良母教育は独立自主の人格の確立を目指す「**新しい女性**」の潮流から疎まれ，急進的な勢力は賢妻良母の裏に潜む男尊女卑を指摘した。その後，南京国民政府の訓政（1929年）や世界恐慌を契機に，**婦女回家運動**（女性を再生産活動に専念させる動き）が盛んになり，新賢妻良母主義（女子教育は求めるが経済的独立までは主張しない）の誕生，家庭での女性の役割を重視する女子教育への回帰が国民政府時代にはみられることになった。

現代中国における女性

中華人民共和国の成立とともに，女性の解放，男女平等といった**中国共産党**の理念が次々と実を結んだ。1950年の婚姻法では，婚姻の自由や（妾制を廃した）一夫一婦制が保障され，女性は封建的な家から解放された。しかし文化大革命後の1980年には婚姻法に**一人っ子政策**が盛り込まれ，男性22歳，女性20歳に法定婚姻年齢が引き上げられた。国家による家族計画は，一人っ子政策の廃止（2016年），民法典の成立（2020年）に伴い見直しが進められているが，**リプロダクティブ・ヘルス／ライツ**の観点からそのあり方が問われている。

女性労働のあり方も激変した。1960年代から70年代にかけて女性の社会進出が進んだものの，その後の**改革開放政策**は女性労働を周縁化し，婦女回家論を再登場させた。しかし激増する女性労働者からの要求を受け，政府は女職工労働保護規定（1988年），婦女権益保障法（1992年），労働法（1994年）を制定し，その後も三期（妊娠・出産・授乳）にある女性の保護，セクシュアル・ハラスメントの防止などを定めた法の整備が続いている。とはいえ，定年退職年齢や募集・採用における性差別は残存する。一人っ子政策の廃止で，妊娠・出産の可能性のある女性を雇用することに企業が消極的になったとの指摘もある。急速な経済成長，社会変化を遂げる中国において，ジェンダー規範やジェンダー秩序がどのように変容するのかは興味深い。

【発展課題】

フランスは2010年，公共の場においてブルカやニカブを着用する女性に最大150ユーロの罰金刑や公民講習の受講を，着用を強制した者に最大3万ユーロの罰金刑または1年以下の禁固刑を科す法律を制定した（憲法院は2010年10月同法を合憲と判断したが，礼拝所での着用は信仰の自由を侵害するおそれがあるとして適用除外とした）。いわゆる「ブルカ禁止法」はベルギー，オランダ，オーストリア，デンマークなどでも制定され，スイスやイタリア，ドイツのように自治体レベルで着用を規制する動きもみられる。そのような中，欧州人権裁判所はフランスやベルギーの禁止法を支持する判決を下している。

ブルカ禁止法は，とりわけ公序の維持という目的によって正当化されるが，女性の隷属・抑圧の象徴たるヴェール着用から女性を解放するという見解にも支えられている。だが『コーラン』が陰部や美しい部分を覆うよう命じるのは，本性的に性欲に弱い人間に性欲を感じさせないようにするためであるとされ，性欲は理性で統御できるという西洋の考え方とは異なる点に留意すべきである。

近年，テロの多発や難民・移民問題に揺れるヨーロッパにおいて，ヴェール着用をめぐる問題が人権やジェンダーの観点からいかなる意味をもつのかを考えてみよう。

【参考文献】

姫岡とし子ほか『近代ヨーロッパの探究11　ジェンダー』（ミネルヴァ書房，2008）
長沢栄治監修，森田豊子＝小野仁美編著『イスラーム・ジェンダー・スタディーズ1　結婚と離婚』（明石書店，2019年）
小谷汪之編『現代南アジア5　社会・文化・ジェンダー』（東京大学出版会，2003）
中国女性史研究会編『中国女性の一〇〇年―史料にみる歩み』（青木書店，2004）
ルネ・レモン（工藤庸子＝伊達聖伸訳・解説）『政教分離を問いなおす―EUとムスリムのはざまで』（青土社，2010）

〔的場　かおり〕

第3章

フェミニズム法学の展開

—源流を学び未来を探る—

◆この章で学ぶこと◆

わが国で展開されているジェンダー法学の源流であるフェミニズム法学は，女性に関わる問題だけでなく，近代法の抱える多くの問題を指摘してきた。フェミニズム法学は，フェミニズムの影響を受けながら，様々な潮流に分かれている。本章ではフェミニズム法学の前提となるフェミニズムの歴史ならびに，フェミニズムおよびフェミニズム法学の諸潮流と展開について学ぶ。

I　フェミニズムの歴史と法

（1）フェミニズムと法

現在のわが国を含め世界の国々で新たな法学の領域として広がりつつある「ジェンダー法学」は，アメリカ合衆国で1970年代に盛んになった**フェミニズム法学**（Feminist Jurisprudence）あるいは**フェミニズム法理論**（Feminist Legal Theory）を母体としている。18世紀のフェミニズムの萌芽以来，フェミニズム運動は，法と深い関わりをもってきた。従来の伝統的な法学は，女性に対する差別や抑圧の問題に対して敏感であったとはいい難い。フェミニズム法学者たちは，既存の法制度に内包されたジェンダー不平等を明らかにすることをはじめ，従来の法的人間像や近代法に見直しを迫るなど，幅広い議論を展開している。

フェミニズム法学が新たな法学の領域として誕生した背景には，1960年代のフェミニズム運動の盛り上がりがある。フェミニズムとフェミニズム法学は重なり合っており，両者の厳密な区別は難しいものの，社会学などにおけるフェミニズムと比較した場合に，フェミニズム法学においては法の役割が重視されると言えよう。また，フェミニズム法学は，1960年代のフェミニズムの高まりにいくぶん遅れてフェミニズム的思考を取り入れる形で始まったが，現在では両者はほとんど区別されることなく協働して議論を展開している。

まず，フェミニズム法学の前提となるフェミニズムの歴史についてみてみよう。フェミニズムの歴史は，**第一波フェミニズム**と**第二波フェミニズム**の２つの時期に大きく分けられる。

（2）第一波フェミニズム

世界の歴史を紐解くと，女性が男性と同じく人権の主体であるとの主張がなされ，フェミニズムが萌芽したのは，18世紀の市民革命期のことである。

フランスでは，絶対王政下の身分制度が打ち倒され，近代市民社会の誕生を告げた**フランス革命**が起こり，1789年には近代市民社会の原理を表明した「人権宣言」が採択された。「人権宣言」は，人間の自由・平等，主権在民および私有財産の不可侵を謳うものであった。しかし，**オランプ・ドゥ・グージュ**は「人権宣言」が女性の諸権利を保障していないことを問題視し，「女性および女性市民の権利宣言」（1791）を著した。

グージュの「女性および女性市民の権利宣言」は，「人権宣言」を模したものである。しかしそれは，単に「人権宣言」の条文の主語を「人」・「市民」から，「男性および女性」あるいは「男性市民と女性市民」に置き換えただけのものではなく，さらに明確に女性の権利の保障も強調し，「人権宣言」の条文に加筆・修正された条文を含んでいる。グージュの「女性および女性市民の権利宣言」は，フランス革命期のフェミニズム運動の黎明を告げる著作として位置づけられている。

フランスにおいてフェミニズム運動が登場したフランス革命期に，イギリスでは，**メアリ・ウルストンクラフト**が，フェミニズム最初の理論的著作ともいわれる『女性の権利の擁護』（1792）を著した。ウルストンクラフトは，フランス革命を支えた自然権思想を支持し，同書では，女性の参政権を主張したり，女性の労働による経済的自立を称揚したりするとともに，女子教育のあり方に主たる関心を寄せている。彼女は，**ジャン＝ジャック・ルソー**の掲げる基本的な理念を支持する反面，その女子教育観を痛烈に批判し，女性が男性と同様に，理性を育成する教育を受けたならば，知的能力が発達し，精神的にも経済的にも自立することができるだろうと主張した。

18世紀末にはウルストンクラフトの著作のような女性解放の思想がみられたものの，イギリスにおいてフェミニズム運動が本格的な盛り上がりをみせるのは，イギリスを代表する経済学者・哲学者である**ジョン・スチュアート・ミル**が『女性の隷従』(1869)(邦訳名は『女性の解放』)を著した19世紀以降のことである。

ミルは同書において，法律上，女性が男性に従属することは不正であり，人類の進歩に対する障害にすらなっていると指摘した。当時の女性たちには，私有財産や参政権が認められていなかった。ミルによれば，女性を不平等に扱う制度は，何らかの思想に基づくものではなく，過去にそのような制度があったという事実のみに基づいている。ミルは，婚姻における女性の不平等な地位を問題視し，さらに女性に職業選択の自由を認めるべきであると主張した。『女性の隷従』におけるミルの女性解放論は，後のフェミニズムに大きな影響を与えたと同時に，男女の性別役割分担を前提にしている点などについては批判も向けられてきた。

18世紀にフェミニズムの萌芽がみられたものの，20世紀に入り，ようやくフェミニズム運動が実を結び始めた。19世紀の半ばから，英米において**女性参政権運動**(suffragism)が高まり，1920年にアメリカ合衆国において，1928年にイギリスにおいて女性参政権が認められるに至った。これら19世紀半ばから20世紀半ばにかけてのフェミニズム運動は，ミルの思想やフランス人権宣言にみられる自由主義思想に支えられていたため，**リベラル・フェミニズム**と呼ばれている。第一波フェミニズムのリベラル・フェミニズムは，後に**ジョン・ロールズ**などの**現代正義論**および第二波フェミニズムの展開を踏まえ，修正を加えられた形で生き残る(→本章Ⅲ)。

また，リベラル・フェミニズムのほかに**社会主義フェミニズム**も第一波フェミニズムとして挙げられる。社会主義運動を指導したフリードリッヒ・エンゲルスは，『家族，私有財産，および国家の起源』(1884)において，女性の隷属状況の原因を私有財産制度に見出した。社会主義フェミニズムは，資本制批判とフェミニズムの思想を結びつけ，社会主義革命の成功と，女性解放の成功を同一視して，社会主義運動に力を注いだ。

（3）第二波フェミニズム

（2）の第一波フェミニズムとの呼び名は，後の第二波フェミニズムの論者によって付けられたものであり，一般的には，ミルによって『女性の隷従』が著され，「フェミニズム」という言葉が用いられるようになった19世紀末から1960年代までのフェミニズムを指して用いられている。

第一波フェミニズムは，公的領域における権利や，法の下の平等の実現などの一定の成果を得た。しかし，20世紀の半ばを過ぎても実際には，社会的・経済的な男女間の不平等は解消されないままであった。その原因は，第一波フェミニズムが中産階級の白人女性たちの立場に基づいていた点や，**公私二元論**の区分を維持して性別役割分担を問題化できなかった点などにあると考えられるようになった。

第二波フェミニズムは「**個人的なことは，政治的なことである**（The personal is political)」というスローガンを掲げ，「個人的なこと」が生じる**私的領域**（とりわけ**家庭**）もまた，政治的な支配構造の一部であることを明らかにした。

第二波フェミニズムの議論において，第一波フェミニズム期に斬り込まれなかった不平等の構造が明らかにされるにあたり，重要な役割を担った概念として，**家父長制**および**ジェンダー**の概念がある。

従来は，生物学的性差＝セックスを根拠に，女性による家庭役割の負担が自明で「自然なこと」とみなされてきた。そこでフェミニストたちは，生物学的性差＝セックスとは区別される社会的文化的性差＝ジェンダー概念を創出した。ジェンダー概念の登場は，性別役割分担——女性を私的領域に，男性を公的領域に振り分ける——がセックスではなくジェンダーに基づく差別であるとの批判を可能にしたのである。

また，社会の男女のあり方は，ジェンダーによって規定されているだけでなく，男女の間には支配・被支配の関係が存在するとして，男性による女性の支配・抑圧の構造は「**家父長制**」と呼ばれるようになった。

例えば，**ケイト・ミレットは**『性の政治学』(1970) において，ある集団が他の集団を支配するとき，両者の関係は政治的であり，男女の間には，男性による女性の支配という「家父長制」としての支配関係が存在すると主張した。**シュラミス・ファイアーストーン**もまた，家父長制を，男性による女性の再生産能力の搾取システムを核とする，男性による女性支配の形態であると分析した。ミレットやファイアーストーンの立場は**ラディカル・フェミニズム**と呼ばれ，初期の第二波フェミニズムの起爆剤となったのである。

第二波フェミニズムには，ラディカル・フェミニズムだけでなく，**マルクス主義フェミニズム**，**カルチュラル・フェミニズム**，**ポストモダン・フェミニズム**など，様々な思想潮流に影響を受けたものが含まれ，必ずしも一枚岩ではなかった。フェミニズム法学もまた，第二波フェミニズムの影響を受けて，いくつかの潮流に分かれている。次節ではそれらのフェミニズムおよびフェミニズム法学の諸潮流について，いくつかの立場を中心にみてみよう。

Ⅱ　フェミニズムおよびフェミニズム法学の諸潮流

リベラル・フェミニズム

リベラル・フェミニズムという呼び名は，第二波フェミニズムのラディカル・フェミニズムの論者たちが，自由主義思想に基盤を置く第一波フェミニズムの立場を指して用いたものであった。

1960年代以降の第二波フェミニズムは，リベラル・フェミニズムに批判的であったものの，初期のフェミニズム法学においては，第一波フェミニズムのリベラル・フェミニズムが引き継がれ，女性と男性の等しい権利や雇用における機会均等が求められた。当時のフェミニストたちは，「等しい取扱い理論 (Equal Treatment Theory)」に依拠して，とりわけ雇用や経済的な問題について，女性が男性と同等であることを強調して，様々な訴訟において勝利を収めた。つまり平等の保障の具体的内容としては，女性を男性と同じように取り扱う形式的な平等あるいは機会の平等がふさわしいと考えられたのである。

しかし，女性を男性と同じように取り扱うことは，かえって女性に不利益をもたらすため，女性の歴史的かつ現在にも続く差異を尊重しようとする主張がみられるようになった。そのような主張は，男女間の生物学上の差異に基づいた「特別な権利」の要求へと結びついた。「特別な権利」として，まず挙げられたのが，**出産**および**育児**のための有給休暇や特別な保障に対する権利である。実際に，出産および育児のための休暇をめぐって，いくつかの裁判が行われ，妊娠した女性を特別に取り扱うべきかどうかが法廷でも争われた。これらの論争は男女の同質性（sameness）に基づいた取扱いを保障すべきか，男女の差異に基づく異なる取扱いを保障すべきかをめぐり展開され，**同質性／差異論争**（sameness-difference debate）と呼ばれるようになった。

同質性／差異論争は現在でも決着がついたわけではなく，「差異か平等か」という問いとして様々な角度から議論が積み重ねられてきている。

カルチュラル・フェミニズム

同質性／差異論争の差異を強調する立場に近い議論を展開する一派が，カルチュラル・フェミニズムであり，文化派フェミニズムあるいは差異派フェミニズムとも称される。カルチュラル・フェミニズムは，男性とは異なる女性の特性を称揚する特徴を有する。

カルチュラル・フェミニズムの主張は，**キャロル・ギリガン**の『もうひとつの声』(1982) において示された**「ケア（思い遣り，世話）の倫理」**を肯定的に評価する発想に依るところが大きい。発達心理学者のギリガンは，ローレンス・コールバーグの下で道徳的発達を研究し，人々の道徳性および「他者」と「自己」の関係の語り方には，コールバーグらによって認められてきたもののほかに，無視されてきたもうひとつの様式――「ケアの倫理」の様式――があることに気づいた。コールバーグの理論において重視される点は，他者とは分離された自己が，個別化され，自律性を保つことである。また，道徳的な紛争状況は，権利の衝突によって生じるとみなされ，形式的・抽象的な思考を用いて公正性の原理を貫徹した解決方法が望ましいとされる。このようなコールバーグ理論の道徳観を，ギリガンは**「正義の倫理」**と名付けた。

他方の「ケアの倫理」の下では，他者との相互依存性やネットワークの中で維持される自己が想定される。そのような自己は，他者への「思いやり」や

「結びつき」を重視し，他者との関係の良好な維持に関心を向ける。「ケアの倫理」の下では，道徳的な紛争状況が諸責任の葛藤によって生じているとみなされ，「文脈を踏まえた物語的な思考様式」によって，責任のあり方を明確にするという解決方法が望ましいとされる。

「ケアの倫理」を肯定的に評価する，カルチュラル・フェミニズムの立場に立つフェミニズム法学者としては，**ロビン・ウェスト**が挙げられる。ウェストは，既存の法システムが女性の主張を捉え損なっており，近代以降の法理論は本質的に男性的であると主張する。男性的な法理論は，諸個人を分離された存在とみなすが，妊娠や，その潜在性を示す月経などを経験する女性たちの生(life)は，常に他の人間と結びついている。近代の男性的な法理論は，このような女性たちを包摂し損なっているとウェストは批判するのである。

カルチュラル・フェミニムズムの見解は，女性の本質を規定した上で，それを称揚しているとして，他の立場のフェミニストたちからの批判にさらされた。しかし，本章Ⅲで述べるように，「ケアの倫理」をどのように評価するかについては近年議論が再燃しており，カルチュラル・フェミニズムの提示した論点は，フェミニストにとって重要なものであり続けている。

ラディカル・フェミニズム

先に述べたように（→本章Ⅰ(3)），ラディカル・フェミニズムはジェンダーの影響の下での男女の支配・従属関係を「家父長制」と名付け，第二波フェミニズムを盛り上げた。

フェミニズム法学の領域にラディカル・フェミニズムの影響が浸透するにつれ，女性が男性と同じであるのか異なっているのかという「差異か平等か」という問いに専念するのではなく，ジェンダーの影響の下での不均衡な権力および知識に焦点を合わせる議論が盛んになった。

法学の領域でラディカル・フェミニズムの議論を強力に牽引している**キャサリン・マッキノン**は，男女間の平等に関する同質性／差異論争の両陣営に対する批判を展開した。彼女は，両陣営の議論があくまでも男性を標準としている点を指摘し，問題は男女間の権力（power）の違いに存すると主張する。マッキノンによれば，ジェンダーは階層（ヒエラルキー）であり，差異は権力によって定義されている。社会的，政治的，および経済的にあらゆる側面で，男性が支配し，女性が従属するという構造こそ問題であり，そのような構造の一端を法も担ってきたのである。

このように性的不平等の問題を支配（dominance）の問題として捉えようとするマッキノンの議論は，とりわけポルノグラフィやセクシュアル・ハラスメントなどの問題領域において，少なからぬインパクトを与えてきた。しかし，男女の力の差異を固定的にみなし，女性を単一のカテゴリーで捉える点などについて，後に述べるポストモダン・フェミニズムの陣営から批判を投げかけられている。

マルクス主義フェミニズム

マルクス主義フェミズムは，上述のラディカル・フェミニズムの問題提起を受け，家父長制と資本制の相互関係を指摘し，「再生産労働」を発見するなど，女性の抑圧構造に関する分析を深めた。再生産労働は，家事労働や育児労働などを指しており，これらは従来の「労働」の定義には含まれない「無償労働」である，とマルクス主義フェミニストたちは指摘した。マルクス主義フェミニズムの見解によれば，資本主義体制は，公私二元論に基づいて私的領域での再生産労働を無償にとどめ，生産労働と再生産労働の両方において，女性に対する二重の搾取を行っているのである。

マルクス主義フェミニズムは，マルクス主義の理論を駆使すると同時に，先述の社会主義フェミニズムとは異なり，従来のマルクス主義の男性中心主義や限界を明らかにした。わが国のフェミニストにも，マルクス主義フェミニズムは大きな影響を与えている。

ポストモダン・フェミニズム

ポストモダン・フェミニズムは，第二波フェミニズムとポストモダニズムが接合された立場である。ポストモダニズムは，**ジャック・デリダ**，**ジャック・ラカン**および**ミシェル・フーコー**などの思想と結びつくポストモダン思想に依拠した運動である。たとえば，デリダは，形而上学的言説が「自己／他者」，「同一性／差異」，「善／悪」などの**二項対立**的な概念により構築されているとして，それらの二項対立的な概念を解体する言説である「脱構築的言説」を提示する。デリダの脱構築の手法は，「女性／男性」という二項対立的な概念を解体しようとしたフェミニストによっても用いられるようになり，ポストモダン・フェミニズムの潮流が現れた。

ポストモダン・フェミニズムは，第二波フェミニズムの多くの議論について，**本質主義**（essentialism）に陥っていると厳しく批判した。本質主義は，すべての女性たちは，男性とは異なる，女性たちに共通の「本質（essence）」あるいは「本質的な」特質を有しているとみなすものである。「女性」は一枚岩的に観念できるものではなく，女性の中にも多様性がある。それにも関わらず，第二波フェミニズムは，黒人女性あるいはレズビアンなどを排除し，白人異性愛主義を前提とする本質主義に依拠してきたのではないかという疑問が投げかけられるようになった。

さらに，第二波フェミニズムによって多用されてきたジェンダー概念についても新たな議論が展開された。ジェンダー／セクシュアリティの二元論にも疑問が呈されたのである。例えば，**ジュディス・バトラー**は，「女性」というカテゴリーを自明のものとする議論を批判し，ジェンダーのみならずセックス，セクシュアリティ（性的志向性や「性をめぐる概念と欲望の集合」と定義される）もまた社会的に構築されたものであると指摘した。

ポストモダン・フェミニズムは，ジェンダーの差異のみならず，セクシュアリティ，階級，民族，人種，宗教および文化などの差異に注意を向けさせ，フェミニズムの大きな転換点を作り出した。

フェミニズム法学の領域では，ポストモダン・フェミニズムだけではなく，「ポストモダン法学」の１つとして1980年代のアメリカ合衆国で最盛期を迎えた**批判法学**（Critical Legal Studies，略称 CLS）と結びついて，リベラルな法主体像や法実践に対する批判が強まった。

批判法学から枝分れする形で展開された**批判的人種理論**（Critical Race Theory）の議論においては，従来の法学の白人中心主義や法システムに深く浸透した人種差別が明らかにされた。批判的人種理論は，差別や抑圧を受けてきたマイノリティから発せられた議論である点で，フェミニズムの議論と共通している。有色の肌の女性たちの抱える問題を分析した批判的人種理論の論者には，**アンジェラ・ハリス**や**キンバリ・クレンショウ**などが含まれる。

ポストモダン・フェミニズム法学の理論として，**ドゥルシラ・コーネル**や**フランシス・オルセン**の議論は，わが国でもしばしば紹介されてきた。オルセンは，公私二元論を含む二元主義を批判し，法が合理的，客観的，抽象的および原理的であるという見解を否定する。法における公私区分についての彼女の議論は，フェミニズムと法の関係のみならず，法と政治の関係についての分析を含んでおり，法の世界の再認識を迫るものとなっている。

コーネルは，**ラカン**の精神分析理論を批判的に再解釈して，「人格」概念の捉え直しを試みている。彼女は，人格を所与のものとは捉えず，「人格になる」段階に目を向ける。人々は，人格になる段階において「自分は誰であり，何になろうとするのか」を再想像する必要があり，そのような再想像のための心的空間を，コーネルは「**イマジナリーな領域**」と呼ぶ。彼女の理論に基づけば，「イマジナリーな領域」という新しい概念を用いることによって，人種，階級ないしナショナリティなどを含む各人のアイデンティティに関わる問題を権利の問題として掬(すく)いあげることができるようになる。

また，わが国では，コーネルの「イマジナリーな領域」の概念を用いて，医療の場面におけるインフォームド・コンセントと自己決定権の関係が説明されるなど，フェミニズムの当初の関心を超えて，フェミニズムの理論が応用される例もある（仲正昌樹『自己再想像の〈法〉』（御茶の水書房，2005）第4章参照）。

以上では，フェミニズムおよびフェミニズム法学の諸潮流およびその代表的論者について言及したが，複数の潮流にまたがるような議論を展開する論者も含まれており，様々なフェミニストたちを，必ずしもいずれか1つの立場に分類できるわけではないことも付け加えておく必要があるだろう。

Ⅲ　近時の動向と課題

ポストモダン・フェミニズム以降のフェミニズムは，第二波フェミニズムの諸前提を疑問視する傾向にある（→本章Ⅱ）。一例として，ポストモダン・フェミニズムによる**「本質主義」批判**は，フェミニズムが目指してきた「女性の解放」における「女性」の多様性という重要な事実を指摘しただけでなく，女性の連帯は可能なのかという根源的な問いをもたらした。このように，従来のフェミニズムを根底から覆すような主張も含まれることから，ポストモダン・

フェミニズム以降のフェミニズムが**第三波フェミニズム**と呼ばれたり，それにとどまらず，「フェミニズムが終わった」という意味で**ポスト・フェミニズム**という言葉が現れたりしている。

さらに，アメリカ合衆国では，1980年代から1990年代にかけてジェンダー秩序を強化するような保守的な言説が増え，わが国でも男女共同参画社会基本法の施行後に，「ジェンダーフリー」に対する激しい反対や誹謗中傷が深刻化した。こうした過激な批判および攻撃はバックラッシュと呼ばれる。その後もフェミニズム運動が高まり，ジェンダー平等のための政策が推し進められるたびにバックラッシュは活発化してきた。

こうしたポストモダン・フェミニズム後のフェミニズムの困難を打破し，バックラッシュに抗おうとする１つの動向として，リベラル・フェミニズムの再定位が挙げられる。第二波フェミニズム以降のフェミニズムは，リベラリズム批判という共通の要素をもっていた。先に確認したように（→本章Ⅰ（2）），そもそもフェミニズムはリベラリズムの思想を基盤として，様々な権利獲得運動を展開した。しかし第二波フェミニズムは，**公私二元論**を前提とした**現代リベラリズム**をその主たる論敵とみなすようになる。

ただし，同時にリベラル・フェミニズム（→本章Ⅱ）は，現代リベラリズムに修正を迫る形で展開されている。例えば，**スーザン・モラー・オーキン**は，**ジョン・ロールズ**を批判的に検討したうえで，私的領域に対するロールズの正義の原理の適用がジェンダー不平等の解消に有効であると主張した。先述のコーネルもまた，ポストモダン思想に依拠した「イマジナリーな領域」を用いた自らの理論がリベラリズムと接合可能であると主張する。

リベラル・フェミニズムの再定位が進められる一方で，他方では，リベラリズムの議論において十分には論じられてこなかった諸問題にフェミニズムは光を当てている。その１つは，依存（dependency）をめぐる問題である。**エヴァ・フェダー・キテイ**や**マーサ・A・ファインマン**は，どんな人であれ人生の一定期間は，誰かにケアされる依存的存在となり，ケアされる人だけなく，ケアする人も他者に依存せざるをえなくなる，と指摘する。キテイおよびファインマンは，ケアする／される関係を中核に現代正義論とは異なり，自律的個人を前提にせず家族制度，正義および平等を構想しようと試みている。彼女たちの試みは，ケア実践を導く倫理としての「ケアの倫理」の再評価として位置づけることもできる。

さらに，ケア関係によって生じる依存状態は，人間の身体に起因する「ヴァルネラビリティ（vulnerability）（傷つきやすさあるいは脆弱性などと訳される）」によって生じると言える。ファインマンは，ヴァルネラビリティが依存よりもさらに普遍的であることを強調し，人々のヴァルネラビリティに対して責任を果たす国家を構想するにまで及んでいる。同様に，マーサ・ヌスバウムも近年ヴァルネラビリティ論を積極的に展開している。

フェミニズムおよびフェミニズム法学は，それまで差別や抑圧をもたらすにもかかわらず，「問題はない」とされてきた事柄に名前を付けたり，新たな概念を提示したりすることを通して，問題をあぶり出し，その解決をはかってきた。さらに，新たな概念および人間像を前提にして法制度のあり方を根本から問うなど，フェミニズムおよびフェミニズム法学のそうした営みの射程はもはや，「女性」の解放にとどまらないと言えよう。

【発展課題】

本章で学んだフェミニズムおよびフェミニズム法学の諸潮流は，本書で取り上げる問題について，それぞれどのような解決の道筋を描くだろうか。とりわけ家族をめぐる問題，ポルノグラフィの問題，ならびに売買春の問題を例に検討してみよう。

【参考文献】

岡野八代『フェミニズムの政治学―ケアの倫理をグローバル社会へ』（みすず書房，2012）

ウィル・キムリッカ（千葉眞ほか訳）『新版　現代政治理論』（日本経済評論社，2005）

野崎綾子『正義・家族・法の構造変換―リベラル・フェミニズムの再定位』（勁草書房，2003）

若林翼『フェミニストの法―二元的ジェンダー構造への挑戦』（勁草書房，2008）

〔小久見　祥恵〕

第4章

教　育

—学校教育にみるジェンダー・バイアスとその克服—

◆この章で学ぶこと◆

1975（昭和50）年の国際婦人年を契機に，わが国においても男女平等社会の実現を目指した様々な取り組みが図られた。その過程で，学校が「性差別再生産装置」として機能しているとの問題が提起され，そのメカニズムの解明とともに，1980年代後半からは是正のための実践が行われてきた。本章では，教育政策や日常的な教育活動の中にみられる**ジェンダー・バイアス**とその問題点，そして，その克服法について学ぶ。

I　わが国における女子教育政策

（1）学制から終戦まで

日本の近代的国民教育制度の構築は，1872（明治5）年の学制に始まる。学制は，それ以前には身分別に設けられていた教育機関を大学・中学・小学の3種別に整備統合し，男女ともに尋常小学校8年間の就学を義務づけた。そこでは，身分や性別にかかわらず全国民が教育を受けることに主眼が置かれたため，当時の公立・私立小学校の大部分は**男女共学**校であり，学科も多くが男女共通であった。しかし，学制の就学義務は当時の一般庶民の生活実態，経済事情とあまりにかけ離れており，わずか7年後の1879年の教育令，翌80年の改正教育令によって大幅な修正がなされた。教育令では男女別学制が定められ（小学校については男女共学を妨げない旨の但書があった），小学校の女児に教える内容についても男児と同一のものではなく，女児に必要なものによって編成されるべきであるとされた。つまり，男女の性質や風習，「処世の業務」の違いを理由に，女児は，母性に伴う育児，衣食住といった女子としての生き方に必要なことを学ぶべきものとされたのである。特に，中等教育においては，女子の教育は**女学校**でという傾向が強かった。女学校では，高等学校への入学準備科目や男子の業務に関する科目は除かれ，修身，裁縫，礼節などの実用的な科目が重視された。このような女子特有の教育は上級学校進学の大きな障害となり，「家」からの自立，個としての解放を妨げた。20世紀に入ると女子の高等教育に対する要求が高まり，制度的には女子特有の高等教育という考え方に基づき**高等女学校**に高等科を設置したが，文部当局は，男子と同等の高等教育を施すことや男女共学には否定的であった。

(2) 戦　後

終戦直後の教育政策により，高等・初等教育段階における男女共学化が進められたが，中等教育については戦前の別学の方針が踏襲された。1947（昭和22）年に**教育基本法**（5条は「教育上，男女共学は認められなければならない」と定めていた。同規定は2006年施行の教育基本法で削除された）および**学校教育法**が施行され，その下での新学制の発足に伴い，**新制中学校**，**新制高等学校**の男女共学が実施されたが，これに至るまでには，男女間の風紀の乱れ，学力差の問題，両性の要求に見合った施設設備の不備等を理由とする文部当局の強い抵抗があった。義務教育ではない新制高校については共学化が各高校の自由に任されたが，実際は占領軍の対応が大きな影響を与えた。軍政部が寛大な対応をした東日本では共学化が漸進的に行われたのに対し，西日本では強硬な指示によって半強制的に実施された。公立高校の別学制がいまだに北関東などに残るのは，このような理由による。とはいえ，1960年代には男女共学は制度として定着していく。その一方で，当時の高度経済成長の下，人的能力の開発を目指した後期中等教育の多様化政策が図られた。高校に多くの学科が新設され，課程別（全日制，定時制など），学科別（普通科，商業科，工業科，農業科，秘書科，家庭科など），コース別（進学コース，就職コースなど）に教育課程が編成され，教育内容が細分化されていった。そこでは，男女の資質・進路や職業の違いによる教育目的・方針の違いを理由とした「女子特性論」教育が強調され，**性別役割**や

性別役割分業体制を維持する役割を果たした。共学校の中でも，学科（家庭科など）によっては女子しかいないこともあった。しかし，1970年代に入ると，大学進学希望者の増大などにより全国的に共学化の傾向が強まる。また，1980年代後半の高校生人口のピーク時を過ぎると，経営的理由から私立高校の共学化も増加する。

高等教育については，共学化と並行して**女子大学**の創設が行われた。戦後直後，女子の高等教育の機会拡大のために，戦前の**女子専門学校**が昇格する形で女子大学が創設されたが，そこでは性別役割分業的色彩の濃い家政学や**家政学部**の割合が高かった。1949（昭和24）年には新制大学が本格的にスタートしたが，文部省（当時）の「女子教育振興の為に，特に新制国立女子大学を東西二ヶ所に設置する」との方針の下，東京と奈良の旧制**女子高等師範学校**が昇格する形で，お茶の水女子大学と奈良女子大学として発足した。また，翌50年に発足する**短期大学**制度も女子の高等教育に大きな影響を及ぼした。短大制度は，もともとは設備その他が不十分で直ちに4年制大学に転換できない専門学校などに対する暫定措置であったが，女子の一般教養，家政科等では4年は長すぎるなど**性別役割分業**を前提とした女子教育への期待に応える側面もあった。前述した高度成長期の教育政策の下での高校の男女別学化が，女子を女子大や女子短大に進学させる要因になっていたといえる。しかし，1980年代に入ると，女子学生の共学志向を反映し，女子大の共学大学への転換が進んでいく。

以上のような経緯を経て，今日，別学校数は次のようになっている。2019（令和元）年現在，国公私立大学786校（合併・廃止・募集停止大学は含まず）中，女子校（大学院にのみ男子を受け入れている場合は女子校に含む）は73校であり，全体の約9％を占めている。国立大と公立大の女子校はいずれも2校ずつである。短大については，331校（募集停止している短大も含む）中，86校が女子校であり，全体の約26％を占める。内訳は，公立短大17校のうち2校，私立短大314校のうち84校（募集停止・閉学予定5校を含む）が女子校である。なお，今日，大学および短大に男子校は存在しない。

高校については，2019（令和元）年現在，4887校（分校含む）中女子校が291

校で全体の約６%，男子校が108校で全体の約２%を占めている（男女共学であるが，全校生徒が男子または女子である公立高校が５校ある）。女子校のうち国立が１校（お茶の水女子大学付属高校），公立が30校あり，女子校全体に占める国公立女子校の割合は約11%である。公立女子校30校のうち，20校が栃木・群馬・埼玉に集中している。また，男子校のうち国立が１校（筑波大学付属駒場高校），公立が19校あり，男子校全体に占める国公立男子校の割合は約19%である。なお，公立高校19校のうち，17校が栃木・群馬・埼玉にある。

Ⅱ　教育政策にみるジェンダー・バイアス

（１）国公立男女別学校の合憲性

従来，わが国の憲法学では，この問題についてあまり議論されてこなかった。わずかに国立女子大（お茶の水女子大学，奈良女子大学）の合憲性について議論がみられる程度である。**日本国憲法**14条１項は**法の下の平等**を保障しているが，そこでいう平等とは「等しいものは等しく，等しくないものは等しくなく取り扱う」という意味の**相対的平等**である。つまり，合理的根拠のある区別は憲法14条に違反しない。したがって，国立女子大が違憲ではないとされるためには，合理的な理由（正当化事由）が必要とされる。別学を正当化する理由としては，生物学的な差，伝統，教育効果の高さなどが主張されている。憲法学でも，「男女の一方が，他方にくらべて，不当に教育の機会を拒否されるというような結果にならない場合」（宮沢俊義『憲法Ⅱ〔新版〕』（有斐閣，1976）282頁）や「過去において，女子が高等教育をうける機会がきわめて制約されてきた実情」（伊藤正己『憲法〔第３版〕』（弘文堂，1996）251頁）を根拠に合憲と解されてきた。しかし，1990年代頃より「一種の『積極策』や実質的平等保障としての意味づけがほとんど失われた」（辻村みよ子「女性の権利と『平等』」杉原泰雄＝樋口陽一編『論争憲法学』（日本評論社，1994）210頁），「戦前の**良妻賢母教育**を現代に引き継」いでいる（金城清子『法の中の女性』（新潮社，1985）182頁）ことを問題として違憲の疑いが濃いとする主張もみられるようになった。

2019（令和元）年度の文科省「学校基本調査」によれば大学・短期大学等へ

の現役進学率は54.8%であり，うち男子が51.7%，女子が57.9%で，女子の進学率が男子を上回っている。今や，女子が教育機会をきわめて制約されているとはいえず，女子教育の振興という目的は合理性を失っている。同様に，高等学校等への進学率98.8%，うち男子98.7%，女子99.0%に照らせば，国公立高校の別学校の正当化事由も問われるべきである。戦後の男女共学制度，特に後期中等教育や高等教育においては，長い間，性別役割分業を無意識の前提とした教育政策がとられてきた。その意味では，男女の「処世の業務」の違いを理由に学ぶべきことが違うとした戦前の別学制度と基本的には変わらなかったといえる。これを踏まえ，別学校の正当化事由の合理性を再検討する必要がある。また，形式的な制度としての別学制のみならず，教育課程，教育の内容，進路指導などといった実質的な面からも別学校（この点では共学校も同様）において性差別的な取扱いが行われていないかを検討することも重要である。

（2）家庭科共修

1947（昭和22）年から1950年まで中学校の**家庭科**は職業科の1つとして位置づけられ，男女とも選択可能な教科であったが，1951年改訂実施の中学校学習指導要領で職業・家庭科という1つの教科に統合され，原則男女共通に履修させるべきものとされた。1958年に学校教育法施行規則の一部が改正され，職業・家庭科が「**技術・家庭科**」になり，同年に告示された中学校学習指導要領（実施は1962年）では「生徒の現在および将来の生活が男女によって異なる点のあることを考慮して」，技術（電気・機械等の生産技術に関する科目）は男子向き，家庭（調理・被服製作等の生活技術に関する科目）は女子向きと性別による学習領域が指定され，中学校「技術・家庭科」の別学が始まった。高校の家庭科は，1947年に民主的家庭の建設という理念の下で選択科目として始まったが，進学に不要な科目とされ選択者は少なかった。そこで，家庭科関係者の強い要望によって，1970年には高等学校学習指導要領が全面改訂され，「家庭一般」が女子のみ必修となり，1973年より実施された。「**女子特性論**」教育政策の一環である。これに対して，女性差別だとの声があがり，家庭科の男女共修を求める運動が展開され，その結果，1978年改訂の高校学指導要領では家庭科の男子の選択履修が認められた（1982年度より実施）。同じ頃，**女性差別撤廃条約**の批准にかかる国内法整備の過程で，高校家庭科の女子のみ必修や体育等の男女種目別修（格技，サッカー・ラグビーは男子のみ，ダンスは女子に好ましい種目とされていた）が問題となった。同条約第10条は，「同一の教育課程，同一の試験，同一の水準の資格を有する教育職員並びに同一の質の学校施設及び設備を享受する機会」（10条(b)項），「すべての段階及びあらゆる形態の教育における男女の役割についての定型化された概念の撤廃」（同条(c)項）等のために適当な措置をとることを締結国に命じている。これを受け，1989（平成元）年の学習指導要領の改訂で，1993年には中学校で，1994年からは高校での**家庭科共修**が実施されるに至った。

2012年度実施の中学校学習指導要領「技術・家庭」および2013年度実施の高等学校学習指導要領「家庭科」においては，いずれも，少子高齢化や家庭の機能不全という状況に対応し，家族と家庭に関する教育と子育ての理解や，家族・家庭の意義と社会との関わりについての理解が改訂のポイントの１つに挙げられ，家族・家庭の意義が強調された。長い間，家庭科は良妻賢母教育のために女子が学ぶべき科目として位置づけられてきたが，男女共修が達成されても，実際の学習において，家事・育児・介護は女性の仕事だという性別役割分業や，男女が結婚して家庭をもつ・子どもを産むのが当たり前であるといった固定化されたライフ・スタイルのすり込みが行われてはならない。男女平等のみならず，個人の尊重という視点から，学習指導要領の内容とその下で行われる教育のあり方を絶えず検証することが重要である。

（3）性　教　育

1947（昭和22）年，文部省（当時）は「純潔教育の実施について」と題する通牒を各都道府県に出し，わが国が初めて公的に**性教育**を取り上げた。そこでは，**純潔教育**とは，性教育にとどまることなく，男女間の道徳の確立，性道徳の高揚，健全な心身の発達，情操の陶冶，趣味の洗練を図ることが目的とされた。次いで，1949年には「中等学校保健計画実施要綱（試案）」を作成し，中等学校における学校保健問題についての指針を示した。そこでは，「**健康教育**」

の1つとして「成熟期への到達」と題し，人間の成熟の過程，青年期に起こる身体上の変化，子孫の永続・遺伝，健全な男女関係についての指導内容が示された。しかし，その後，学校教育においては保健体育の教科教育の中で性を扱うという考え方は定着せず，各教科や道徳，特別活動の中に分散されていった。1960年代半ば頃から「純潔」という観念には処女性尊重思想と男性従属の性道徳がまとわりついているとの批判がなされ，「純潔教育」は科学的根拠や青少年の実態に基づいた人間や人格形成を目指す「性教育」へと転換が図られた。文部省も1971年に「純潔教育」という呼称を「性に関する指導」に改めた。

1992（平成4）年に小学校においても保健と理科の中で性に関する指導が取り扱われるようになって以来（性教育元年と称された），日本の学校教育における性教育の取り組みもかなり積極的になってきたといわれる。しかし，その重要性は認識されながらも，何を目標にどのように実施するべきか，学校現場ではいまだ模索が続いている。

憲法13条は**幸福追求権**を保障し，それには**自己決定権**が含まれるとされる（→第0章Ⅰ）。「自己決定権」には，①自己の生命・身体の処分に関わる権利，②家族の形成・維持に関わる権利，③リプロダクションに関わる権利が含まれよう。結婚をする・しない自由は②と，子どもを産む・産まない自由，子どもをもつ権利は③と関連する（もっとも，憲法学においては，「自己決定権」によって保障される権利・その限界について必ずしも十分には議論がされてはいない）。性教育の内容は，憲法が保障する「自己決定権」の具体的な内容と密接な関わりをもつ。しかし他方で，性教育は性を取り扱うがゆえに性別・性差を強調しがちであり，それによって，無意識のうちに男女を二分し，違いを絶対視する性差教育に陥りがちである。**セクシュアルマイノリティ**の人々に対する偏見を生まないためにも性の多様性についての理解を促すことが重要である。また，従来の性教育が生殖の問題に偏っていたことにより，特に女性の性は子どもを産む・母親になるという文脈の中で位置づけられ，性別役割分業の肯定につながった。ここでも，各々異なる個人の尊重を基本とした対等な人間関係を育む視点が重要となろう。

Ⅲ 「隠れたカリキュラム」にみるジェンダー・バイアス

1980年代の「性差別再生産装置としての学校」の検証過程で,「**隠れたカリキュラム**」,すなわち教育する側が意図するか否かとは無関係に学校生活の中で児童生徒自らが学び取るすべての事柄(学校や学級の場のあり方や雰囲気を含む)における**ジェンダー・バイアス**が問題となった。

(1)性別カテゴリー分け

学校内では,性別を用いた**男女別カテゴリー化**がみられる。男女別男子先の名簿,座席や整列の男女別,男子は「くん」・女子は「さん」の男女別呼称,グループ学習・運動会競技・テストの集計や評価における男女分け,制服や体操服のデザイン指定,持ち物の色分けなどである。

名簿,座席,整列の際の男女別カテゴリー化は,戦後のベビーブームによる就学人口の増加に伴い,学校を秩序づける必要に応じたものだといわれている。しかし,男女別男子先の名簿や男子が前で女子が後ろの整列の仕方は「男子優先」「女子は男子に付き従うもの」という黙示のメッセージを含む。高校卒業までの18年間の小・中・高校で過ごす12年間は子どもたちにとって7割近い時間である。学校生活の中での名簿順行動の多さを考えると,秩序維持,指導上の便宜では正当化されないジェンダー・バイアスのすり込みといえよう。

また,男子はズボン・女子はスカートといった制服の男女別指定,男子は短パン,色は青,女子はブルマー,色は赤などという体操服の指定も,性別に関するイメージや固定観念に基づくカテゴリー化といえる(ブルマーについては,1990年代のブルセラショップ問題に伴って廃止運動へと発展した)。制服や体操服,水着を指定する必要があるにしても,なぜ女子は常にスカートを着用し,体操服になぜ男女別の形や色が必要なのか,明確な理由があるとは思われない。むしろ,男と女には違いがあり区別するのが当然とする考え方を無意識に肯定する役割を果たしてきたように思われる。これらの性別カテゴリー分けは,1980年代から始まる男女平等教育,**ジェンダー・フリー教育**の実践の中で,男女混合名簿の採用，運動会の競技を男女混合にする，靴箱やロッカーの男女混合，体操服を男女共通のデザインや色にするという形で是正されつつある。

（2）性別特性論に応じた取扱い

性別特性論に応じた取扱いとしては，例えば，児童会などの「長」は男子・「副や書記」は女子，係の分担に際して「体育や機械関係・力仕事など」は男子・「音楽や保健，細かい仕事など」は女子，運動部のマネージャーには女子がなる，学芸会の劇の配役でも「ライオンやトラなど」は男子・「ウサギや小動物」は女子が演じる，「さすが男だ」「女のくせに」などの「らしさ」を強調する指導や言葉遣い，教科書や教材の中にみられる性別役割分担のメッセージが挙げられる。また，教員の構成（低学年の担任は女性教員が多いなど）や担当教科（難しそうな勉強は男性教員が担当し，やさしそうな勉強は女性教員が担当する）なども性別特性についての一定のメッセージを含むものである。

性別特性論に応じた取扱いについては，教科書や教材，教員の構成や担当科目等の制度的に是正が可能なもののほかは，教師個人の人権感覚によるところが大きい。日常的な教育活動における言動に偏見や決めつけがないか常に確認するとともに，学校教育に携わる教職員１人ひとりが人権尊重の理解を深め，その実践に生かしていくことが重要である。なぜなら，偏見や決めつけを無意識に助長することは，教師の教育の自由では決して正当化されないからである。

Ⅳ　ジェンダー・バイアスの克服と学校教育

（1）性別役割意識と学校教育

「男性は外で働き，女性は家庭を守るべきである」「男の子と女の子は違った育て方をするべきである」「家事や育児には，男性よりも女性がむいている」などといった性別役割分業意識が形成される要因につき，「社会階層と社会移動」全国調査（**SSM 調査**（The National Survey of Social Stratification and Social Mobility）。1955年以来，社会学者によって，10年に１度実施されている社会階層，社会移動，職業，教育，社会意識などに関する社会調査である。1985年に初めて女性を対象とした社会階層に関する全国調査が行われた）に基づいて分析した研究によると，男女ともに「伝統・因習的価値志向をもつ人が，性別役割分業に肯定的である」ことが明らかにされた。さらに，女性の場合には本人の学歴と生まれた年代が決定要因となっているのに対し，男性の場合には妻の家計参入度が上昇するとそれに伴って性別役割分業を否定する形で意識変革する強い傾向が示された。別の研究は，若い女性で，学歴が高く，就業経験が豊富であるほど，また子どもの頃に母親が働いていた人ほど，性役割志向や性別役割分業を否定する傾向が強いことを指摘している。

また，女性の教育や職業**アスピレーション**（成人以前の一時点で抱いていた教育的・職業的な希望と見通し）にとって母親が及ぼす影響が非常に大きく，結婚と職業に関する意識には母親の生き方がモデルとして有意な（必ずしも肯定的とは限らないが）影響を与えているとの分析もある。

別な研究によれば，伝統的・因習的価値と権威主義は密接に結びついているが，高学歴であるほど権威主義的傾向は低下する傾向にあること，家庭において両親から伝達された権威主義的傾向は学校教育による社会化と年齢の上昇とともに低下するが，他方で，教師による授業内外の厳格な管理などによって権威主義的態度を付与されることも示されている。

このような社会学研究の知見より，性別役割意識からの脱却にとって，学校教育のもつ重要性が伺える。本人のみならず母親が受けた教育内容はもちろん，教育を受ける場である学校環境（教育方針，教職員の日常的な態度や意識など）も大きな影響力を及ぼしている。その意味でも，学校教育の中のジェンダー・バイアスを伝統や校風といった名の下で安易に正当化したり，日常的な教育活動の中のジェンダー・バイアスに無自覚でいたりすることは許されまい。

（2）ジェンダー・バイアスの克服のために

ジェンダー・バイアスの克服のためには，本章で述べたようなジェンダー・バイアスが教育政策や日常的な教育活動・学校生活の中に存在することを，まず認識しなくてはならない。その上で，一定の固定観念に基づいた性別役割意識に基づく教育政策を改善し，ジェンダーにとらわれない教育を実践していくことが必要である。その際には，以下のような視点が重要である。

日本国憲法14条1項は「性別」に基づく差別を禁止している。それは「性別」を否定するものでも，性別を理由とする異なる取扱いのすべてを禁止するものでもない。しかし，それは，単に「女性だから」という理由だけで男性と異なる取扱いを受けることを容認しない。そもそも人間は人種・性・資質・能力その他の点でまちまちであり，そのような現実の差異にもかかわらず，すべての人は個人の尊厳において平等であり，自由な人格形成という点においても平等であるべきだとするのが平等の思想である。この思想は，**男女共同参画社会基本法**が実現を目指す「性別にかかわりなく，その個性と能力を十分に発揮することができる男女共同参画社会」にもみることができる。教育に関わるジェンダー・バイアス克服の過程においては，性別・性差を強調した「男か女か」という二分法的発想も，性別を無視した同一取扱いの発想も，いずれも極端で適切さを欠いている。むしろ，1人ひとりが多様な個性をもった個人として尊重される社会が必要であり，個性と能力を適時に発展させる上で不可欠の条件である公正な平等が教育において実現されることが，ジェンダー・バイアスを克服する一助となろう。

〈付記〉

2020年4月，お茶の水女子大学と奈良女子大学は，生まれた時の性別が男性で性自認が女性であるトランスジェンダー学生の受け入れを始めた。新聞報道によれば，今後受け入れを検討している女子大は多い（朝日新聞2020年8月11日朝刊）。近年，性別の問題は，法律上の性別以外の要素（「性表現」「性自認」「性的指向」）を含んで議論されるようになってきている。学校教育におけるジェンダー・バイアスを克服するためには，性の多様性の観点からの検討も必要となろう。

【発展課題】

わが国において「ジェンダー・フリー」という言葉（もともとは「ジェンダーの存在を意識しない」という意味である）が一般的に使われるようになったのは1996（平成8）年頃からである。「ジェンダー・フリー教育」とは，男女の特性論や性別役割分業を批判的に捉えることが差別の撤廃につながるとして，社会的・文化的性別にとらわれない教育という意味で使われる。しかし，2000年前後からジェンダー・フリーに対するバックラッシュ（反発，揺り戻し）がみられるようになり，男女混合名簿をはじめジェンダー・フリー教育も批判の対象となった。例えば，東京都教育委員会は，2004年に「ジェンダー・フリー」という用語を教育現場から排除し，ジェンダー・フリー思想に基づいた男女混合名簿の作成を禁止する方針を明らかにした。このようなバックラッシュについて，そもそもジェンダー・フリー教育に対してどのような批判がなされているのか，それはなぜ生じたのか，現状をよりよいものにするためにどのような解決策があるのか考察してみよう。

【参考文献】

神谷悠一＝松岡宗嗣『LGBT とハラスメント』（集英社，2020）

田中三生『ジェンダーとジェンダーフリー・バッシング』（明文書房，2011）

盛山和夫＝原純輔監修『現代日本社会階層調査研究資料集―1995年調査報告書 4 ジェンダー・市場・家族における階層』（日本図書センター，2006）

伊藤公雄『「男女共同参画」が問いかけるもの〔増補新版〕』（インパクト出版会，2009）

三宅義子編『日本社会とジェンダー』（明石書店，2001）

吉川徹『階層・教育と社会意識の形成』（ミネルヴァ書房，1998）

伊東良徳ほか『教科書の中の男女差別』（明石書店，1991）

〔大島　佳代子〕

第5章

家族と平等

—現行法に潜む「家」的思想—

◆この章で学ぶこと◆

「家族」と最も深い関わりをもつ法律は，民法，特にその第４編親族編である。親族編には，男女の取扱いを異にする条文が散見されるが，これらの条文は，男女平等という観点からみて，本当に合憲といえるのだろうか。また，文言には男女差はないものの，運用上，男女間に偏りが生じるような規定もみられる。このような規定は，実質的にみて，平等な規定といえるのだろうか。本章では，以上の視点から，親族編における男女の平等性を検討する。

I　婚姻の成立に関わる平等性

（1）婚姻の自由

日本国憲法24条１項は，「婚姻は，**両性の合意**のみに基いて成立」すると規定する。一方，民法は，法律上の婚姻が有効に成立するには，「両性の合意」すなわち当事者間に**婚姻意思**が存在すること（民法742条１号参照）のほかに，**婚姻適齢**をはじめとする**婚姻障害事由**（民法731条以下）が存在しないこと，および，届出（民法739条）が必要であるとして，**婚姻の自由**に一定の制限を加えている。「両性の合意のみ」と規定した趣旨は，婚姻当事者以外の意思，例えば，**家制度**における戸主の意思の介入を否定する点にあり，「両性の合意」以外に何らの要件も課してはならないという意味ではないと解されているが，その制限が，合理的な根拠に基づくものでなければ，憲法24条違反の疑いが生じる。また，近年では，婚姻の自由は，家族に関する**自己決定権**の一部であると理解されるため，その意味では憲法13条との関係が，さらに，男女で異なった取扱いがなされている場合には，憲法14条１項の**平等原則**との関係が問題となる。

（2）婚姻適齢

婚姻適齢の意義

婚姻適齢とは，法律上有効な婚姻ができる最低年齢であり，男は18歳，女は16歳と定められている（民法731条）。婚姻適齢の趣旨は，精神的・肉体的に未成熟で経済的にも独立して婚姻生活を維持することが困難な年少者の婚姻を禁止することで，社会の基礎的構成単位である家族を成立させる婚姻の健全を保つためであると説明される。また，精神的・肉体的に未成熟な年少者を保護するという観点からも，婚姻適齢を設けること自体には，合理性があると考えられている。

婚姻適齢の合憲性

問題となるのは，男女間の２歳の年齢差である。この年齢差については，男性よりも女性の方が精神的・肉体的成熟が早いからであると説明される。

しかし，性別に基づく年齢差は合理的な区別とは考えられず，憲法14条１項の平等原則に違反するとの批判も強い。その根拠として，①重視すべきは精神的・肉体的成熟よりも社会的・経済的成熟であり，そこに男女差はない，②女性が男性より低い年齢で婚姻できるのは，女性は家庭に入るのだから教育や訓練を受ける必要はないという**性別役割分業**を前提としている，③**家制度**の下での男尊女卑的婚姻観に基づくものである，などが挙げられる。

一方で，わが国の高等学校等進学率は，男性98.6%，女性99.0%に達し（令和元年度学校基本調査），晩婚化も進んでおり（2019（令和元）年の平均初婚年齢は，夫31.2歳，妻29.6歳である（令和元年（2019）人口動態統計の概況）），女性の婚姻適齢を16歳にしておく必要性は薄れている。また，女性は18歳未満で性関係をもっても，婚姻をしていれば罰せられないという点で，児童に淫行をさせる行為の禁止（児童福祉法34条１項６号）や各地方自治体のいわゆる淫行条例などとの矛盾も指摘されていた。

さらに，1996（平成８）年の民法の一部を改正する法律案要綱（以下，民法改正要綱案という）では，婚姻適齢を男女ともに18歳に統一することが提案され，女性差別撤廃条約に基づく女子差別撤廃委員会による日本の第７回及び第８回合同定期報告に関する最終見解（2016（平成28）年）および児童の権利に関する条約に基づく児童の権利委員会による最終見解（2010（平成22）年）においても，わが国が立場を変え，男女ともに婚姻適齢を18歳にするように勧告されてきた（→第０章Ｖ）。

婚姻適齢（民法731条）の改正

2018（平成30）年６月，民法の成年年齢を18歳に引き下げるとともに，婚姻適齢を男女ともに18歳とする（すなわち，「婚姻は，十八歳にならなければ，することができない。」（改正後民法731条））こと等を内容とする民法の一部を改正する法律が成立し，2022（令和４）年４月１日から施行されることとなった（なお，児童の権利委員会は，日本の第４回・第５回政府報告に関する総括所見（2019（令和元）年）において，「2022年にならなければ同改正が施行されないことを遺憾に思う」とコメントしている）。

（３）再婚禁止期間

再婚禁止期間の意義

民法733条１項は，「女は，前婚の解消又は取消しの日から起算して百日を経過した後でなければ，再婚をすることができない」と規定する。この期間を**再婚禁止期間**という（以前は「待婚期間」とも呼ばれた）。

親子関係のうち，**母子関係**は女性の懐胎・出産の事実によって明らかであるが，**父子関係**は必ずしも明らかでない。そこで，民法772条２項は，「婚姻の成立の日から200日を経過した後又は婚姻の解消若しくは取消しの日から300日以内に生まれた子は，婚姻中に懐胎したものと推定」した上で，同条１項が「妻が婚姻中に懐胎した子は，夫の子と推定」する。ところが，女性に，前婚の解消あるいは取消し直後の再婚を認めてしまうと，前婚・後婚いずれの夫の子とも推定される子が生まれる可能性が生じる。この**父性推定の重複**を回避するために，再婚禁止期間が設けられている。したがって，女性が，前婚の解消または取消しの時に懐胎していなかったことを証明できる場合（民法733条２項１号）や，前婚の解消または取消しの後に出産した場合（同項２号）は，再婚禁止期間は適用されない（戸籍実務では，離婚をした夫と再婚をする場合（大元・11・25民事708号民事局長回答），夫が失踪宣告を受けた場合（民法30条以下参照），夫からの悪意の遺棄・夫の3年以上の生死不明によって離婚判決を得た場合（民法770条1項2号（昭40・3・16民事甲540号民事局長回答）・3号（大7・9・13民1735号法務局長回答，昭25・1・6民事甲2号民事局長回答）），懐胎することのできない年齢（67歳）の女性が再婚をする場合（昭39・5・27民事甲1951号民事局長回答）などにも，再婚禁止期間は適用されない）。

再婚禁止期間は，女性にのみ課される点やその期間の長さ等で批判されてきており，前述の女子差別撤廃委員会の最終見解等でも廃止が要請されている。

再婚禁止期間の合憲性

2016（平成28）年改正前733条は，再婚禁止期間を「六箇月」と規定しており，最高裁判所は，100日超過部分については，父性推定の重複を回避するために必要な期間ということはできず，合理性を欠いた過剰な制約を課すものであり，憲法14条1項および憲法24条2項に違反するとしたが，100日以内部分については，「婚姻及び家族に関する事項について国会に認められる合理的な立法裁量の範囲を超えるものでな」く，憲法14条1項にも憲法24条2項にも違反するものではないと判示した（最大判平27・12・16民集69巻8号2427頁）。

この判決に基づき，再婚禁止期間は「六箇月」から現行の「百日」へと短縮されたが，依然として本条に対する批判は根強い。

民法733条違憲説―再婚禁止期間廃止案

従前より，民法733条を（現行の100日以内部分も含めて全部）違憲とする学説が主張されている。たとえば，再婚禁止期間を設けても，婚姻前の懐胎を阻止することはできず，現実には，離婚前あるいは再婚禁止期間内の他男との性的関係で懐胎し，再婚禁止期間を無意味にしてしまう，すなわち父性推定が重複する場合もあり，そのような場合には，父を定めることを目的とする訴え（民法773条）の対象を広げ，DNA 鑑定等を利用することによって父子関係を決定すれば足りるため，民法733条は，立法目的もその目的を達成するための手段も合理性を失っているという見解である。また，民法772条を，父性推定が重複した場合には原則として後婚の夫の子と推定すると改正することで，現実に即した解決を図ることができるという見解もある。

Ⅱ　夫婦同氏の原則の平等性

（1）夫婦同氏の原則

夫婦同氏の原則の意義

民法750条は，「夫婦は，婚姻の際に定めるところに従い，夫又は妻の氏を称する」と規定する。つまり，夫婦は，婚姻届を提出する際に，夫または妻のいずれの氏を名乗るかを話合いによって選択し，婚姻中は，その選択した共通の氏を名乗り続けなければならず，いったん届け出た氏をもう一方の氏に変更することはできない。これを**夫婦同氏**（**夫婦同姓**）**の原則**という。

夫婦同氏の原則の沿革

明治政府は，西欧のような近代国家の建設を目指し，四民平等の社会を実現するために，封建的身分制度の廃止に着手した。その一環として，1870（明治3）年9月19日に太政官布告が公布され，平民にも苗字をもつことが許された。しかし，平民が積極的には苗字をもとうとしなかったため，1875（明治8）年2月13日の太政官布告によって，平民が苗字をもつことが義務づけられた。そして，翌年の1876（明治9）年3月17日の太政官指令で，「婦人ニ嫁スルモ仍ホ所生ノ氏ヲ用ユ可キ事但夫ノ家ヲ相続シタル上ハ夫家ノ氏ヲ称ス可キ事」と定めた。これは，夫婦の氏は原則として別氏とすべきであったことを示すものである。

1898（明治31）年施行の**明治民法**は，「戸主及ヒ家族ハ其家ノ氏ヲ称ス」（旧民法746条），「妻ハ婚姻ニ因リテ夫ノ家ニ入ル」（旧民法788条1項）と規定し，これにより，氏は「家」の呼称であることが明確にされ，夫婦同氏が強制されることになった。

戦後，明治民法の親族編・相続編は全面的に改正され，家制度は廃止された。しかし，「家」の呼称であった氏は，その公示方法である**戸籍**（→第6章）とともに残され，夫婦同氏の原則も民法750条に継承された。ただし，明治民法のように，妻が婚姻によって夫の「家」に入り，夫の「家」の「家族」となった結果，夫の「家」の呼称である氏を名乗るのではなく，話合いによって夫または妻のいずれの氏を名乗るかを選択する形へと改められている。

（2）夫婦同氏の原則の問題点

改氏の現状

民法750条は,「夫又は妻の氏」のいずれを選択してもよいとしており，文言上は，男女平等な規定であるといえる。しかし，現実には，夫の氏を選択する夫婦が約96-97％（2000（平成12）年96.97％，2005（平成17）年96.26％，2010（平成22）年96.33％，2015（平成27）年96.0%）を占め，**改氏**をする性別に偏りがみられる。その背景として，女性の改氏（婚姻改姓）が当然であるという風潮や,「男性は仕事，女性は家庭」という**性別役割分業**意識の下で，仕事をする夫が改氏をすることはできないという事情，男性が妻の氏を選択した場合，婿養子などと思われるのを嫌う傾向，などが指摘されている。そして，こうした状況が，女性の改氏が当然であるという意識をさらに助長させ，悪循環を生じさせることになる。

改氏に伴う手続は煩雑である。改氏をした者は，免許証，パスポート，預貯金，不動産の登記簿などの名義変更などを行わなければならない。また，女性教授が，婚姻前の氏の使用に対する妨害の排除および戸籍記載の氏を強制することの差止め（いわゆる旧姓使用）を求めた東京地判平５・11・19判時1486号21頁では，戸籍記載の氏を強制されることで「自己の業績を周知させることができず，多方面に誤解を与えてしまう」などの主張がなされており，改氏によって，これまでの職業生活や社会生活上の実績や信用が中断されてしまうリスクもうかがえる。

このような不利益を回避したい，あるいは，夫婦同氏の原則を女性差別と捉えるがゆえに，いわゆる**事実婚**を選択する者も増加しているといわれている。

夫婦同氏の原則の合憲性

氏は，もはや「家」の呼称ではない。氏の性質については，現在では，個人の呼称と解する学説が有力である。氏は，名と結合することで,「社会的にみれば，個人を他人から識別し特定する機能を有するものであるが，同時に，その個人からみれば，人が個人として尊重される基礎であり，その個人の人格の象徴であって，**人格権**の一内容を構成するもの」である（最判昭63・2・16民集42巻2号27頁)。このように，氏名を人格権の一内容と捉えるのであれば，本人の意思によらないで，氏の変更を強制することは，人格権の侵害として許されないことになるだろう。ところが，現行制度では，当事者双方が改氏を望んでいない場合であっても，いずれか一方が本人の意思に反して氏を変更しなければ，婚姻届を受理してもらえない。これは，憲法13条や憲法14条１項，憲法24条を不当に制限するものではないかという見解もある（夫婦別氏とした婚姻届の受理を求めた岐阜家審平元・6・23家月41巻9号116頁では，申立人から同様の趣旨の主張がなされたが，岐阜家庭裁判所は，「夫婦が，同じ氏を称することは，主観的には夫婦の一体感を高めるのに役立ち，客観的には利害関係を有する第三者に対し夫婦であることを示すのを容易にするものといえる」として申立てを却下した。なお，申立人男性は，女性差別に反対するため，自分が改氏をしようと考えたが，申立人女性の父や兄から「養子にきたように思われる」と強く反対されたとのことである）（→第７章Ⅱ（２））。

この点について，最大判平27・12・16民集69巻８号2586頁は，憲法13条違反の主張に対しては，「婚姻の際に「氏の変更を強制されない自由」が憲法上の権利として保障される人格権の一内容であるとはいえ」ず，憲法14条１項違反については，「夫婦同氏制それ自体に男女間の形式的な不平等が存在するわけではな」く，憲法24条違反については，主として女性が被る不利益に理解を示しつつも，「直ちに個人の尊厳と両性の本質的平等の要請に照らして合理性を欠く制度であるとは認め」られないとして，民法750条を合憲と判示し，女性が被る不利益は「氏の通称使用が広まることにより一定程度は緩和され得る」として通称使用を推している。

本判決では，女性裁判官３名全員および弁護士出身の男性裁判官２名，計５名の裁判官が民法750条を違憲としており，学説においても違憲とする見解が多くみられるようである。本判決の木内裁判官の意見や岡部裁判官の意見が指摘するように，通称使用が広まるのは，婚姻によって変動した氏では当該個人の同一性の識別に支障があることを示す証左であり，夫の氏を称することが妻の意思に基づくものであるとしても，その意思決定の過程に女性の社会や経済や家庭生活における立場の弱さや種々の事実上の圧力といった現実の不平等や力関係が作用しているのであれば，民法750条は，個人の尊厳と両性の本質的平等に立脚した制度とはいえないのではないだろうか。

(3) 改 正 案

民法改正要綱案で提案された**選択的夫婦別氏制度**（夫婦は,「夫若しくは妻の氏を称し，又は各自の婚姻前の氏を称する」）では，夫婦が別氏を選択する場合には，婚姻の際に子の氏を定めておかなければならず，子の氏の変更については，原則として，子が成年に達した後に家庭裁判所の許可を得た上で行うことができるとされている。この制度に対しては，子の氏の決定時期，複数の子がいる場合の氏の統一，子の氏の変更手続などの点で，批判も少なくない。

その後，夫婦同氏を原則として例外的に夫婦別氏を認める**例外的夫婦別氏制度**（2002（平成14）年の法務省修正案など），夫婦同氏を原則として別氏には家裁の許可を要するとする**家裁許可制夫婦別氏制度**（2002（平成14）年の自民党の一部議員による案など）などの改正案も作成されたが，いずれも国会で議論されるまでには至っていない。

現在でも,「家族の崩壊を招く」,「家族の一体感が損なわれる」,「日本の伝統に反する」などの理由で，夫婦別氏に反対する論者は少なくない。しかし，改正案はいずれも，別氏を強制するものではない。前述の女子差別撤廃委員会の最終見解では,「女性が婚姻前の姓を保持できるよう夫婦の氏の選択に関する法規定を改正すること」が「遅滞」なく行われるよう要請されている。

Ⅲ 親子関係における平等性

(1) 嫡出推定

嫡出子と非嫡出子

嫡出子とは，夫婦が婚姻中に懐胎した子・婚姻関係にある男女間に生まれた子を指す。嫡出子は，民法772条の要件との関係で，**推定される嫡出子**（民法772条の要件を充足する子）と**推定されない嫡出子**（推定を受けない嫡出子とも呼ばれる，婚姻の成立の日から200日経過する前に出生した子（婚姻前懐胎・婚姻後出生子）（大判昭15・1・23民集19巻54頁参照））とに分かれる。民法772条の推定の根拠とされるのは，夫婦間に性的関係が存在することを前提とした，**一夫一婦制**の婚姻秩序，貞操を守らなければならないという婚姻道徳である。

一方，**非嫡出子**とは，婚姻関係にない男女間に生まれた子を指す。民法779条は，「嫡出でない子は，その父又は母がこれを**認知**することができる」として，法律上の親子関係の発生を認知にかからしめている。ただし，判例は，法律上の母子関係については，原則として分娩により発生し，認知不要であると解している（最判昭37・4・27民集16巻7号1247頁）。

このような嫡出子と非嫡出子という区別は，前述の女子差別撤廃委員会においても，また，児童の権利委員会においても問題視され，その是正が要請されている（→第6章）。

推定の及ばない子

嫡出推定は，夫婦間に性的関係が存在することを前提として，夫婦には貞操義務があるから，妻が懐胎した子は夫の子である蓋然性が高いという経験則に基づいている。したがって，推定の根拠となる性的関係が存在しないことが明らかな場合には，嫡出推定は働かない。最高裁判所は，婚姻解消の日から300日以内に出生した子について，夫婦関係は，「離婚の届出に先だち約2年半以前から事実上の離婚をして爾来夫婦の実態は失われ，たんに離婚の届出がおくれていたにとどまるというのであるから，子は実質的には民法772条の推定を受けない嫡出子」というべきであると判示している（最判昭44・5・29民集23巻6号1064頁）（学説上は，**推定の及ばない子**と呼ばれている）。

父子関係の否定
—嫡出否認の訴え，親子関係不存在確認の訴え

嫡出否認の訴えとは，推定される嫡出子について，その嫡出性を覆し，その母の夫（＝戸籍上の父）との父子関係を否定する方法のことである。

否認権者は，原則として，夫のみである（民法774条）。母に否認権を認めれば，法廷で，自分が不貞を行った――姦通をした，あるいは，私通をした――という性的な不品行を主張する権利を与えることになってしまい，子に否認権を認めれば，子が母の不貞――姦通や私通――を証明しなければならないという弊害が生じる。また，第三者に否認権を認めると，家庭の問題に第三者が介入することになり，場合によっては，**家庭の平和**が崩壊し，子は嫡出子の地位や法律上の父を失い，結果として，子の利益が害されてしまう危険性が生じる。これらの理由から，否認権者は夫に限定されているのである。

ところで，否認権は，次の２つの事由により，喪失・消滅する。第１は，**夫の承認**による否認権の喪失である。夫が，子の出生後に，その嫡出であることを承認したときは，否認権を失う（民法776条）。第２は，**出訴期間の経過**による否認権の消滅である。嫡出否認の訴えは，夫が子の出生を知った時から１年以内に提起しなければならず，この期間の経過によって否認権は消滅する（同法777条）。これらの規定の立法目的として，法律上の親子関係の早期の確定，子の保護などが挙げられている。

一方，推定されない嫡出子および推定の及ばない子には，嫡出推定が働かないので，父子関係を否定するには，**親子関係不存在確認の訴え**によることになる（大判昭15・9・20民集19巻18号1596頁，人事訴訟法２条）。これは，嫡出否認の訴えとは異なり，出訴権者や出訴期間に制限がなく，利害関係人であれば誰でも，いつでも提起することができるとされている。

父子関係の決定に関わる問題点

以上のことから，推定される嫡出子については，真実は夫の子ではなくても，夫が承認するか，期間が経過することで，法律上の父子関係が確定し，夫が否認権を行使すれば，父子関係を否定することができることになる。つまり，承認するか否認するかは夫の意思次第である（DNA 鑑定で99.99％父子とは認められないという結果が出ていても，法律上の父子関係を否定されなかった例もある（最判平26・7・17民集68巻６号547頁））。一方，親子関係不存在確認の訴えが認められる場合には，母や子からの提訴も可能である。すなわち，妻は自分の不貞を主張し，子は母の不貞を立証することが認められているのである。嫡出子としての地位は，推定される嫡出子と比べると不安定とはなるものの，父子関係の真実追究への途はむしろ開かれているといってよい。

嫡出推定規定の背景にあるのは，父による家庭の維持という**父権思想**であり，否認権の最終目的は，父系による相続の確保であったともいわれている。現状で，否認権者を夫に限定することが，夫の名誉と精神的利益の保護以上の意味をもたないというのであれば，子の保護のためにも，母や子にも否認権を認めることを再検討する必要があるのではないだろうか。

（2）親権者

親　　権——共同親権と単独親権

親権とは，親が子の保護者として，子が成年に達するまで，子を監護・教育し，子の財産を管理することを内容とする親の権利義務の総称である。

嫡出子については，父母が婚姻中は，父母の**共同親権**に服する（民法818条3項本文）。ただし，父母の一方が親権を行うことができないとき，例えば，**成年後見**の開始（同法7条）や親権喪失（同法834条）などの法律上の障害がある場合や，行方不明や長期不在などの事実上の障害がある場合などは，他方が単独で**親権者**となる（同法818条3項但書）。父母の一方が死亡した場合も同様である。父母が離婚をした場合も，父母の一方の**単独親権**になる（同法819条1項・2項）。子の出生前に父母が離婚をした場合は，母が親権者となり，出生後，父母の協議で，父を親権者に定めることができる（同法819条3項）。

一方，非嫡出子については，母が親権者となる。ただし，父による認知の後であれば，父母の協議で，父を親権者に定めることができる（民法819条4項）。どちらの場合も，母または父の単独親権である。

親権者の決定に関わる問題点

以上のように，父母の共同親権となるのは，父母の婚姻中のみであり，それ以外は，単独親権である。

家庭裁判所で親権者が決定される場合は，子の利益が基準となる。具体的には，父母の側の事情として，監護能力，監護の実績，子に対する愛情，経済力，子と接する時間，保育環境，子との情緒的な結びつき，面会交流に対する寛容さなど，子の側の事情として，子の年齢，性別，心身の状況，養育環境への適応状況，子の意向などが総合的に判断されることになる。

わが国が目指す**男女共同参画社会**が実現されているのであれば，父母のいずれが親権者になるかという問題については，父母の間に大きな差は生じないはずである。しかし，実際には，離婚後に親権者となるのは，約8割が母である。「2019年国民生活基礎調査の概況」（厚労省）によると，2019（令和元）年6月6日現在におけるわが国の世帯総数約5178万5000世帯のうち，約7万6000世帯が父子世帯，約64万4000世帯が母子家庭で，母子世帯は父子世帯の約8.4倍となっている。仮に，家庭裁判所における親権者決定の背景で，**母性優先の原**

理が過度に働いているのだとすれば，それは，男女共同参画社会という目指すべき方向に逆行し，わが国の性別役割分業を一層固定化するという結果を招来することになるのではないだろうか。

【発展課題】

本章で取り上げた問題は，そのほとんどが，女子差別撤廃条約や児童の権利に関する条約に違反するものであり，各委員会から是正勧告や廃止要請を受けている。たとえば，女子差別撤廃委員会による日本の第7回及び第8回合同定期報告に関する最終見解（2016（平成28）年）では，「委員会は，既存の差別的な規定に関する委員会のこれまでの勧告への対応がなかったことを遺憾に思う」と述べ，「民法を改正し…女性が婚姻前の姓を保持できるよう夫婦の氏の選択に関する法規定を改正すること，及び女性に対する離婚後の再婚禁止期間を全て廃止すること」を要請する。これに対して，わが国も，最終見解に対する日本政府コメントで，夫婦の氏に関しては「選択的夫婦別氏制度の意義等について Q&A 方式でまとめたものを HP に掲載するなどの広報を通じ，国民的な議論が深まるよう周知に取り組んでいく」，再婚禁止期間に関しては「この法律の施行後3年を目途として，この法律による改正後の規定の施行状況などを勘案して，再婚禁止に係る制度のあり方について検討を加える」（改正法附則第2項）とコメントしている。また，法制審議会（親子法制）部会は，民法（親子法制）等の改正に関する中間試案をまとめ（2021（令和3）年2月），そこには，再婚禁止期間の見直し（削除），嫡出推定の見直し（婚姻の成立から200日以内に生まれた子も夫の子と推定する，婚姻の解消若しくは取消しの日から300日以内に生まれた子であっても妻が前夫以外の男性と再婚した後に出生した子については再婚後の夫の子と推定する等），嫡出否認の見直し（夫による嫡出否認の訴えの出訴期間を延長する，子や母にも否認権を認める等）などが盛り込まれている。このような状況を踏まえて，それぞれの問題について，改正が本当に必要なのか，必要であればどのように改正すべきかを検討してみよう。

【参考文献】

婚姻法改正を考える会編『ゼミナール婚姻法改正』（日本評論社，1995）
二宮周平『家族と法—個人化と多様化の中で』（岩波書店，2007）
民法改正を考える会編著『よくわかる民法改正—選択的夫婦別姓＆婚外子差別撤廃を求めて』（朝陽会，2010）

中田裕康編『家族法改正―婚姻・親子関係を中心に』（有斐閣，2010）
犬伏由子「再婚禁止期間のうち100日超過部分を違憲とした事例」新・判例解説Watch19号105頁
窪田充見「再婚禁止期間を定める民法733条1項についての憲法14条1項，24条2項の適合性」家庭の法と裁判6号7頁
加本牧子「最高裁判所判例解説」法曹時報69巻5号208頁
床谷文雄「夫婦同氏の原則を定める民法750条の規定は憲法13条，14条1項，24条に違反しないとされた事例」判時2308号188頁
二宮周平「夫婦同氏を強制する民法750条の憲法適合性」私法判例リマークス53（2016〈下〉）58頁
水野紀子「夫婦同氏を定める民法750条についての憲法13条，14条1項，24条の適合性」家庭の法と裁判6号15頁
畑佳秀「最高裁判所判例解説」法曹時報68巻12号213頁

〔鈴木　伸智〕

第6章

家族と自由

—家族の保護と家族法—

◆この章で学ぶこと◆

日本は，様々なカップルの中から，一定の要件・手続を経たもののみを婚姻として扱い，法的な保護を与える法律婚主義を採用しているが，このような婚姻を中心とする（特権化する）家族のあり方に問題はないのだろうか。また，家族法は**法律婚**の保護を通じて何を実現してきたのだろうか。本章では，ジェンダーの視点から，婚姻および婚姻外のカップルの法的保護に関する議論等を概観し，今後の家族法のあり方と課題について，検討を試みたい。

Ⅰ　標準的家族モデルと家族法

（1）標準的家族モデルと登録制度

戸籍制度と住民票

日本では，個人の身分関係は，家族単位で戸籍によって登録・公証されている。戦前，**戸籍制度**は，**家制度**を登録するものであった（→第1章）。戦後の改正により，家制度は廃止されたが，戸籍制度は維持された。立法者は，家制度がなくなっても同じ氏の家族が共同生活を営むことに変わりはないとして，同一の氏をもつ家族共同生活を中心に法的に構成する。それが**夫婦同氏の原則**（民法750条）や**親子同氏の原則**（民法790条）につながっていく。さらに，戸籍の編製基準を「一組の夫婦及びこれと氏を同じくする子」（戸籍法6条）とし，同一の氏をもつ夫婦と親子を，同一の戸籍に記載することとした。

このことは，戸籍制度を通じて，同じ氏をもつ婚姻をした夫婦と子どもという**婚姻家族**が家族のあり方であり，社会生活の単位であることを明らかにする。そして，この夫婦と子どもというモデルは，高度経済成長が始まり，夫が働き，妻が家事・育児に尽くすという家族像と一致する。戸籍は，この**性別役割分業**型の家族を標準的家族モデルとして浸透させる方向に機能する。

また，多くの夫婦が夫の氏を夫婦の氏としている。夫が戸籍筆頭者となり，その戸籍に妻が入籍し，子どもが生まれれば順次その戸籍に入籍する。夫婦が離婚すれば妻が除籍され，子どもが婚姻すれば子どもが除籍される。このことは，戸籍を家に見立てて，入籍・除籍を「家に入る・出る」と捉え，婚姻を家の「嫁」になることと捉える意識を存続させている（→第5章）。

さらに，住民基本台帳法では，個人単位の住民票を世帯単位で編成し，住民票には世帯主との続柄も記載される。世帯主のほとんどが夫であり，夫を主人とする意識をなお存続させる。高度経済成長期に，性別役割分業を前提とした家族像が標準的な家族モデルとして定着することになる。

（2）夫婦の形式的平等と夫婦の自治

白紙規定

戦後，家族法は**個人の尊厳**と**両性の本質的な平等**（憲法24条2項）の理念の下で改正された。夫婦の平等を前提として，家族に関する事項は，当事者の合意・協議を尊重した制度に改められ，必要な場合に，調停・審判を通じて，家庭裁判所がこれを支援する制度となった。しかし，このような夫婦の対等性を前提とする規定は，社会規範や当事者間の社会的・経済的な力関係に大きく左右されやすく，この理念はなかなか実現しなかった。

夫婦の対等性を前提とした協議・話合いを重視し，形式的に家族の自治を広く保障することから，家族法は具体的な権利義務の内容を定めていない。このような**白紙規定**であるがゆえに，権利義務を具体的に実効性をもって実現することが難しい。性別役割分業といった社会規範の影響を受けても，家族法は，そこから生ずる実質的な不平等を是正することに無力であったとの評価がある。

労働市場と性別役割分業

家庭内での性別役割分業は，労働市場での男女格差と相互に関連している。例えば，正社員として働いていた女性が，婚姻に際して，男性の労働条件や出産・子育てを考えて，**専業主婦**になることを選択するケースが多くみられる。他方男性は，長時間の**残業**や**転勤**があったとしても，性別役割を前提として職業選択し，またそうすることが当然とされる。

このような選択は，強制されるものではなく，当事者の選択の結果として正当化される。家庭内での性別役割分業が，家庭内での経済的な依存関係を生み出し，そのことが雇用の場での男女格差を維持する。そして，男女格差があるために，女性が家事・育児を担うことになる。夫婦の合意・取決めを介して，公的な労働市場での不平等につながり，格差を是正することを困難にしている。

Ⅱ 「家族」の保護が意味したこと

白紙規定である家族法をはじめとして，家族に関する法制度は，標準的家族モデルにおける妻を保障することを実現してきた。それは，①妻の経済的な不利益を補い，②性別役割分業型の婚姻を保護するために，妻の地位を保障し，③婚姻以外の関係を差別することで具体化された。その結果，性別役割分業は維持され，夫の経済的な優位性を伴いつつ，専業主婦としての妻を保護することによって，婚姻家族の安定化，優位性に結びついた。しかし，このような婚姻保護は，婚姻制度の枠組みから外れた家族へは抑圧的に働くことになる。

専業主婦の家事労働の評価

別産制（民法762条）の下では，婚姻中に夫が稼いだ収入はすべて夫の財産とされ，専業主婦である妻には何ら財産が帰属しないことになる。立法過程では，この点を指摘し，婚姻後に取得した財産を夫婦の共有とする案も主張されたが，離婚の際には**財産分与**制度（同法768条）により，また死亡の際には**配偶者相続権**（同法890条）により，妻の内助の功は評価されているとし，別産制が採用されるに至った。さらに最高裁（最判昭36・9・6民集15巻8号2047頁）も，財産分与請求権，配偶者相続権ないし扶養請求権の権利を行使することにより，夫婦相互の協力，寄与に対して夫婦間の実質上の不平等が生じないように立法上の配慮がなされているとしている。これにより，婚姻解消の際の妻の財産権の保障を図った。

実務では，財産分与の法的性質として，婚姻中に夫婦が協力して取得した財産を離婚に際して清算するという「夫婦財産の清算」を中核に置き，清算の対象を拡大して，寄与割合を2分の1に近づけ，妻の取得額を増やすことが志向された。さらに，財産分与の法的性質には，離婚後生活に困る配偶者を扶養する離婚後扶養が確認されてきた。

配偶者相続権

戦後の民法改正によって，生存配偶者は常に相続人になるとされた（民法890条）。議論経過の中で，立法者は，妻の内助の功は，財産分与および夫婦の一方の死亡による配偶者相続権によって考慮することが示されていることから，配偶者に相続権が認められる根拠（または契機）は，相続財産における生存配偶者の潜在的持分の顕在化もしくは清算取得と生存配偶者の生活保障と説明される。

1980年には，配偶者相続分が3分の1から2分の1へ引き上げられた。配偶者の相続分を引き上げることにより，婚姻共同生活における夫婦の協力と貢献に報いるとともに，生存配偶者の生活を安定させることに重点が置かれ，実質的には夫の死亡後に経済力のない妻の生活を保障することにつながった。

有責配偶者からの離婚請求

最高裁は，いわゆる**踏んだり蹴ったり判決**（最判昭27・2・19民集6巻2号110頁）に代表されるように，**有責配偶者からの離婚請求**を否定する法理を確立した。妻に離婚を求めても，妻が納得して**協議離婚**に応じない限り，離婚は成立せず，裁判離婚を起こしても，夫が有責配偶者であれば，離婚請求は認められないこの法理は，多くの女性に歓迎された。

その後，最高裁（最大判昭62・9・2民集41巻6号1423頁）は，①夫婦の別居が夫婦の年齢および同居期間との対比において相当長期間に及ぶこと，②夫婦間に未成熟の子がいないこと，③離婚により，相手方が精神的・社会的・経済的にきわめて苛酷な状態に置かれないことを挙げ，以上3要件を充たす場合には有責配偶者の離婚請求は信義誠実の原則に反しないとして，離婚を認めた。

社会的・精神的な苛酷さは主観的なものであり金銭で償うことはできず，高額な財産分与や慰謝料などといった経済的な配慮によって判断することになる。たとえ離婚が認められるとしても，高額な金銭給付が必要であり，離婚請求の歯止めとなる。他方，夫に経済的に依存する妻からすれば，この法理を用いて，金銭給付等を増額することも可能になる。有責性を判断基準に含めることで，妻の生活を保障するための有力な道具となったといえる。

不貞の相手方への慰謝料請求　最高裁（最判昭54・3・30民集33巻2号303頁）は，夫婦の一方が**不貞行為**をした場合に，不貞行為の相手方は，夫または妻としての権利を侵害していることから，夫婦の他方が被った精神的苦痛を慰謝すべき義務があるとしている。その後，最高裁（最判平8・3・26民集50巻4号993頁）は，不貞行為が不法行為となるのは，それが夫婦の他方の「婚姻共同生活の平和の維持という権利又は法的保護に値する利益を侵害する行為」といえるからであり，婚姻がすでに破綻している場合には，原則としてこのような権利または法的保護に値する利益はないことから，不法行為責任を負わないとして，不法行為責任を限定する論理を展開した。

裁判例の事実関係をみると，その多くは夫が不倫をし，妻が相手方である女性に対して，慰謝料請求を求めるものであった。一連の裁判例により確立した法理は，夫の不貞について，法による制裁を明らかにするものである。妻からすれば，法が妻の地位を守ってくれることを示しており，婚姻の尊重は法律上の妻の座を守ることを意味している。

婚外子差別　家族法や戸籍では，妻が婚姻中に懐胎した子および妻が婚姻後に出生した子を嫡出子（**婚内子**）とし，そうでない子を非嫡出子（**婚外子**）とし，両者の取扱いに違いを設けている（→第5章）。例えば，住民票の世帯主との続柄や戸籍の父母との続柄の記載は，婚内子は「長女」「長男」「二女」「二男」と記載されるが，婚外子は，住民票では「子」，戸籍では「女」「男」と記載されていた。1980年代後半の裁判が契機となり，これらの記載は訂正されることとなった。住民票は，1995年3月から，婚内子も婚外子も「子」に統一された。戸籍は，2004年11月から，婚外子の記載については母を基準にして「長女」「長男」型で記載される改正が行われ，婚内子との記載の差別は廃止された。また，相続分について，最高裁（最大決平25・9・4民集67巻6号1320頁）は，婚外子の法定相続分を婚内子の法定相続分の2分の1とする規定（旧民法900条4号ただし書前段）を違憲と判断し，この規定は削除された。しかし，出生届の婚内子・婚外子の別を記載する欄を廃止する戸籍法の改正（戸籍法49条２項１号の削除）は実現しなかった。

戸籍や住民票は，日常生活の中でも頻繁に利用されるものであることから，これらの記載の違いは，社会に根強い婚外子や非婚の母，シングルマザーに対する偏見や差別を助長し，それらを顕在化させる機能をもつ。婚姻外での出産を嫌悪する意識を生み出し，正当な婚姻制度の中に「入る」ことを余儀なくする作用を果たしていたといえる。

Ⅲ　今後の方向性

（1）ジェンダー中立的な家族法へ

これまでの家族法による保護とは，性別役割分業型の家族を標準的な家族モデルとして，女性を婚姻制度に組み込み，離婚を思いとどまらせ，専業主婦である妻に安定的に家事・育児を担わさせることであり，女性から自由を奪い選択を強いた結果であったといえる。

しかし，女性の社会進出や家族の多様化が指摘される現在，このような家族像を標準的モデルとして，強制することは不可能である。望ましい家族像が１つしかないというのは，家族が多様化し価値観も多元化した現在の社会状況にそぐわないし，そもそも法が特定の固定的な家族像を強制する，またはそれに加担すること自体否定されるべきである。個人の**ライフ・スタイルの自由，自己決定**を重視し，１人ひとりの生き方を尊重し，それを支えることが，家族法に求められているのではないだろうか。家庭生活の多様性に着目すれば，婚姻のみを正当なものとして捉え，それを尊重することは難しい。個人の尊厳や当事者の対等性が確保されている限り，どのような家庭生活であっても，等しく尊重されるべきである。

このことは，法律上の婚姻制度を否定するものではない。婚姻を特権化することなく，多様な家庭生活・共同生活あるいは親密な関係の１つとして位置づけることである。否定すべきは，性別役割分業を前提として，婚姻家族を団体として把握し，家事・育児を担う専業主婦の保護を通じてジェンダー構造を維持することである。

（2）具体的な課題

(i) 婚姻の自由と婚姻外のカップルの保護

婚姻の選択の余地を広く認めると同時に，女性の社会進出・自立化の傾向を踏まえ，婚外子差別の撤廃等により，婚姻外のライフ・スタイルの選択を保障する必要がある。

婚姻届を出さないで事実上夫婦として生活するカップルは，**事実婚**または**内縁**と呼ばれ，日本の判例は，事実婚・内縁のもつ事実上の夫婦共同生活としての側面を重視し，その法的性質を婚姻に準ずる関係（**準婚関係**）と捉え，婚姻法上の権利義務を類推適用することで，共同生活に関する権利義務を保障してきた。この法理は，当該婚外関係が婚姻に準ずる関係と評価されれば保護されることになり，婚姻を基準にして，どれだけ婚姻に近いかによって法的保護を正当化する論理といえよう。

同性婚

明文の規定はないものの，解釈上婚姻が異性カップルの結合であることを前提とすると，同性カップルを婚姻または事実婚・内縁として保護することは困難となる。異性カップルは婚姻または事実婚・内縁として法的に保護されるが，**同性カップル**の保護はどのように実現することができるだろうか。

諸外国の同性カップルの法的保護を比較すると，2001年のオランダを始めとして，同性婚を認める国が増えている。台湾では，2019年５月に，同性カップルに関する特別法が施行され，異性カップルのみが可能である民法上の婚姻と同様の法的保護を実現している。

伝統的な家族の機能として，性的な機能についてみれば，性的関係がかならずしも夫婦だけの特権的なことでなくなったし，子どもを産むことが家族の必要条件ではなくなってきた。生産的な機能も，第一次産業中心の時代にもっていた生産の場としての機能はほぼ喪失したといえる。もはや婚姻のみに生殖・子育ての保障を求める必要はないだろう。個人の性的指向を尊重し，パートナーと親密な関係を形成し，共同生活を営むことを，個人の尊厳として保障するべきであり，婚姻の機能に，人格的な結びつきの安定化があるとすれば，そこには異性カップルと同性カップルを区別する必要はない。現在日本では，同性カップルを法的に保護する立法は実現していない。婚姻の性中立化し，同性婚を実現する民法の改正等が求められている。

他方で，同性カップルを公的に証明する取組み（パートナーシップ制度）を導入する地方自治体が増えている。同性カップルを公的に承認することは，同性愛や性的マイノリティの偏見・差別を取り除くことにつながる。

パートナー婚

「パートナー婚」が問題となった裁判例（最判平16・11・18家月57巻5号40頁）は，同居をせず，共同生活をしておらず，共有する財産を有していないこと，子育ての協力がないこと，一方が他方に無断で相手方以外の者と婚姻するなどしてパートナー関係から離脱してはならない旨の関係存続の合意がないことを理由に，婚姻およびこれに準ずるものと同様の存続の保障を認める余地はないとして，女性からの慰謝料請求を棄却した。

従来の事実婚・内縁とは異なり，夫婦となる意思も夫婦の共同生活も存在していない。また，男女ともに経済的に自立しており，一方が他方に経済的に依存する関係にもない。これまでの法理をあてはめると，最高裁が事実婚としての法的保護を与えるべきではないという結論に至るのも無理はない。しかし，そもそも婚姻，しかも専業主婦を前提とした婚姻を基準にして，婚姻とどの程度近いかによって法的保護を論ずること自体再検討する必要があるのではないだろうか。この問題は，なぜ婚姻の法的保護が必要なのか，婚姻のどの要素が法的保護にとって本質的なものなのか，また法律上の保護を与えてまで婚姻を維持する理由は何かという課題につながる。

(ii)　不貞の相手方への慰謝料請求

不貞行為は，当事者の自由な意思によって行われたものであって，強制されたものではない。自己決定として配偶者以外の人と性的関係をもつことを選択したのである。他人の性や人格を支配する権利は何人（なんぴと）にもないことから，そのような決定をした配偶者本人が責任を負うのが当然であり，不貞の相手方への法的責任は否定されるべきである。

妻の地位を確保するために認められた慰謝料請求は，女性の経済的自立が進み，婚姻に生活保障という機能が失われつつある中で，その役目を終える時期に来ていると思われる。慰謝料請求を認めれば婚姻が守られるというのであれば，それは法の役割に対する過大評価であり，法に夫婦相互の信頼や愛情を作り出す機能までは期待できない。

(iii) 有責配偶者からの離婚請求

婚姻は個人の尊厳と両性の本質的な平等を理念とした自立した対等な個人の結びつきである。したがって，婚姻関係が破綻し，夫婦としての実態が失われているのであれば，離婚を認めることが当然となる。有責配偶者からの離婚請求を条件付きで認める法理も，離婚を制限する方向に機能する。女性の社会進出が進み，まだ十分ではないものの，女性の経済的な自立が可能になっていること等から婚姻観・離婚観は変化している。また，相互に信頼や愛情を失った夫婦が，経済的理由，さらには子どもの養育のために婚姻を継続することは，特に成長過程にある子どもへの悪影響を考慮すれば，妥当ではない。

また裁判官の**ジェンダー・バイアス**の問題もある。離婚請求を行う配偶者が「有責」であるのかの判断や，３つの要件へのあてはめも，裁判官が性差別意識や性別役割分業意識を強くもっていると，それぞれの判断に裁判官の個人的価値が反映される。裁判官の個人的な婚姻観・離婚観によって結論が左右される事態を防ぐ必要がある。

これらの課題を解決するためには，一定の別居期間という客観的な条件があれば離婚を認めるとする制度（**積極的破綻主義**）にするべきである。しかし，有責性を考慮することがない積極的破綻主義を導入することにより，離婚した女性や子どもに著しい経済的な苦況をもたらすことが指摘されている。女性の社会進出が進んだとはいえ，パートや派遣といった不安定就労の大部分は女性が占めており，離婚した母子家庭の平均収入は一般家庭より著しく低い。積極的破綻主義の採用と同時に，財産分与・養育費の履行確保を実現する必要がある。

(iv) 夫婦の財産関係

財産分与の実務では，「**２分の１ルール**」が定着している。夫婦の協力によって取得された財産は平等に分けることが合理的であるとする評価の一方で，性差別・性別役割分業を助長する側面があることも指摘されている。離婚の時点での女性の経済的な脆弱さや夫婦というパートナーシップを前提とすれば，「2分の1ルール」は肯定的に評価できる。しかし，これまでの議論をみると，専業主婦の家事労働を法的に評価する議論の中で，**夫婦財産制**の枠内ではなく財産分与の中で是正しようとするものであり，専業主婦に適合した基準であるといえよう。「2分の1ルール」だけでなく，多様な婚姻形態に対応した夫婦財産の清算のルールを構築することが求められる。

財産分与の法的性質も再検討する必要がある。夫婦財産の清算の問題は，本来夫婦財産制の枠内で処理するべきものであり，財産分与や配偶者相続権の枠内で解決することには疑問が残る。離婚の際に被る不利益の補償として位置づけ，離婚後の生活の保障・自立に向けた制度として展開するべきである。

(v)　生殖補助医療

2020年12月4日に，「生殖補助医療法」（令和2年法76号）が成立した。法律婚夫婦が，第三者から提供された精子・卵子を用いた「提供型生殖補助医療」により，子を出生した場合の親子関係等を規定する。**代理懐胎**（夫の精子を妻以外の女性に人工授精して，妊娠・出産する方法，夫婦の体外受精卵を妻以外の女性の子宮に移し，妊娠・出産する方法）は，認められていない。諸外国では，代理懐胎を広く認める国，非営利の場合にのみ認める国，一切認めない国がある。死後懐胎についても父子関係を認める国や認めない国があり，立法のあり方は多様である。

この問題を考察する上で，主に2つの問題点に注意する必要がある。1つは，生殖補助医療が広く認められた場合に，女性に出産させる義務感を強化させる役割を担うのではないだろうか。子どものいない家庭も1つの形として認められてきたのにもかかわらず，他人の精子・卵子さらには子宮を利用してまで出産させ，子どもがいることが当たり前，子どものいる家庭が幸せであり，婚姻すれば出産するべきとの意識を強化することにもなりかねない。

2つ目は，女性の**自己決定権**である。女性が自由に産む権利が，女性の自己決定権を保障する性と生殖の保障の健康・権利として捉えるならば，その自己決定権を十分に尊重して，どこまで許されるのかを検討しなければならない。「生殖補助医療法」は施行日（2021年３月11日。親子関係に関する規定（９条・10条）は，2021年12月11日）から２年をめどに検討が加えられる。法律婚だけでなく，事実婚，同性カップル，シングルの女性が提供型生殖補助医療を利用することは認められないのだろうか。いずれにしても，生殖補助医療によって誕生した子どもの利益が最も重視されるべきである。子どもの出自を知る権利や精子・卵子の提供者と子どもとの交流の保障等，多くの問題が残されている。

(vi)　親権者指定・養育費

かつて実務では，特に乳幼児であるときには「母性優先の原則」により，母親を親権者とするケースが多くみられた。単純な母性優先は，性別役割分業を一層固定化することも考えられる。しかし，そもそも離婚後の単独親権が，子どもの利益・福祉に適うといえるだろうか。離婚・別居にかかわらず，子どもに対して養育の責任をもつのは子どもの親であり，離婚後の共同親権・共同監護を実現する制度に改めるべきである。子どもの養育に関する性別役割分業の固定化を解消することにもつながっていくのではないだろうか（→第５章Ⅲ（２））。

また，子どもの養育費も親としての義務であり，離婚後も支払う必要がある。しかし，男女の**賃金格差**が存在し，女性が経済的弱者となる現実は否定できない。離婚後の生活に不安を感じ，信頼も愛情も失ったまま共同生活を続けるか，離婚したとしても，経済的な理由から子どもを手放さざるをえない女性も存在する。養育費の履行を確保することの重要性は，親の義務であるからだけでなく，望まない女性を婚姻関係に拘束し，また離婚に際して経済的な理由で子どもを手放すことを防ぐことからも求められる。2019年の民事執行法改正により養育費などの支払義務を負う者の財産情報を取得できる制度が導入されたものの，多くの課題が残されている。立法論としては，協議離婚制度を見直し，養育費等の子の監護に関する合意を協議離婚届に記載させることや，司法制度とは別に行政による養育費確保制度の導入などが提案されている。

(vii)　戸籍制度の廃止

家族法には，戦後の改正当時から，家族を個人と個人の権利義務関係と捉え，個人を基礎として家族を捉えるという認識があった。しかし，戸籍制度や住民票によって，実際には家族は団体として把握され，個人の尊厳と両性の本質的平等という理念をなし崩してしまった。また，離婚・再婚の増加や事実婚カップルの増加といった家族の多様化が進行する中で，戸籍が夫婦と子どもというモデルをもつことによって，それ以外の生き方を選択する者には抑圧的に機能する。今日の家族の多様化を考えると，戸籍も，**ライフ・スタイルの選択**に対して中立的なものであるべきであり，**個人単位**の登録制度に改める必要がある。

【発展問題】

婚姻，事実婚，同性婚やパートナー婚と，これまでの議論はカップルの保護を前提としていた。ジェンダーの視点が，固定観念にとらわれない生き方やライフ・スタイルを選択する自由を保障することにあるとすると，複数の者が一定の合意・秩序の中で共同生活している場合に，彼らの共同生活を保障する必要はないだろうか。保護する必要があるとすれば，例えば，一方的に共同生活を解消した場合には，どのような保護が考えられるだろうか。裁判例（東京高判平12・11・30判タ1107号232頁）を参考に考察してみよう。

【参考文献】

浅倉むつ子＝二宮周平責任編集「ジェンダー法研究6号」（信山社，2019）
ジェンダー法学会編『講座ジェンダーと法第2巻』（日本加除出版，2012）
谷口洋幸ほか編『セクシュアリティと法』（法律文化社，2017）
辻村みよ子編『ジェンダー社会科学の可能性第1巻　かけがえのない個から』（岩波書店，2011）
二宮周平編『性のあり方の多様性』（日本評論社，2017）

〔松久　和彦〕

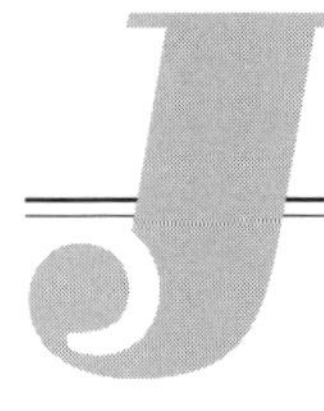

第7章

不法行為・契約

—失われたものの「値段」の男女差—

◆この章で学ぶこと◆

不仲の隣人に嫌がらせをした，運転中に前方不注意で人をはねてしまったなど，「不法な行為」によって他人に損害を与えた場合には賠償責任を負う。様々な損失に対し賠償金額をどのように算出するか，そもそも賠償の対象となる損害と認めるかについて，男女間に違いはあるだろうか。本章では，民法（財産法）に定める不法行為などをめぐる問題において，ジェンダーの視点からどのような論点があるか，実態を紹介しながらみていく。

I　失われたものの「値段」

（1）人身損害の逸失利益の男女格差

不法行為によって生じた損害は賠償の対象となる（民法709条）。不法行為には，財産という金銭に換算しやすいものに対する侵害だけでなく，「他人の身体，自由若しくは名誉」（同法710条）への侵害が含まれる。法行為によって被害者に生じた損失（**財産的損害**と**精神的損害**が含まれる）の補塡（原状回復）は金銭で行う（**金銭賠償主義**，民法417条・722条１項→第０章Ⅲ）。

損害の「値段」は，現時点で明らかな損失（積極的損害）と被害に遭わなければ得られたであろう利益（消極的損害）に分けられる。自動車にはねられたケースで，前者は被害者の持ち物の破損や怪我のための入院加療費などであり，後者は被害者が長期入院を理由に休職した場合の給与など（**逸失利益**）である。

裁判実務において逸失利益の算定は就労している者が主たる対象とされ，被害者の労働能力喪失の度合いや事故発生当時の収入と就労可能期間（**稼動年数**）を基準に，本来得られたはずの収入（得べかりし利益）が計算され賠償額が決定される。そのため，未就労の年少者，専業主婦，無職者など算定の基礎となる年収がない者の場合，**賃金センサス**による平均賃金によって計算されている（最判昭39・6・24民集18巻5号874頁は「控え目な算定方法」をとった）。

逸失利益の男女格差

年少者の逸失利益については，被害者が男児か女児かにより，男女別の平均賃金を基礎として逸失利益の算定がなされてきた。専業主婦の逸失利益についても，1970年代前半頃から下級裁判所が主婦の家事労働を金銭的に評価するようになり，最高裁も女性労働者の平均賃金を換算するに至った（最判昭49・7・19民集28巻5号872頁）。他方，稼動年数について，女性の場合は結婚するまでとする考え方もあったが，同判決で男女とも平均的労働不能年齢＝「働けなくなる年齢」に達するまでの期間と明示された。

逸失利益の算定に男女別平均賃金を用いた場合，男女間に大きな格差があるため（国税庁「民間給与実態統計調査」による2019年の全年齢の男性平均年収は540万円，女性平均年収は296万円），同年齢の男女間で損失補償の額に差が生じる。同年齢で同じ程度の被害を被っても，男女で得べかりし利益が異なるため，特に子を失った親にとってこの「差」は不合理な差別と感じられた。そこで，下級裁判所を中心に，男女別ではなく全労働者の平均賃金を基礎とすることで，逸失利益の男女差を縮小する判断が示されてきた（東京地判昭53・10・23下民集31巻9-12号958頁，東京高判平13・8・20判時1757号38頁，大阪高判平13・9・26判時1768号95頁，より新しいものとして仙台地判平20・1・17自保ジャーナル1735号18頁）。ほかにも，女性労働者の平均賃金を基礎としながら，生活費控除割合に男女差を設けて賠償額を調整（福岡高判平13・3・7判時1760号103頁），家事労働分に相当する価額を加算（東京高判昭55・11・25下民集31巻9-12号953頁），慰謝料を増額して補完（前掲・東京高判昭55・11・25）などの手段で，格差を縮小・解消しようとする事例がある。また，学説の中には，逸失利益算定に男性労働者の平均賃金を基礎とする考え方もある。12歳女子が殺害された事例で，裁判所は，男女の賃金格差が縮小傾向にあることを考慮して全労働者平均賃金の採用が妥当と判断しつつ，この考え方を否定している（京都地判平22・3・31判時2091号69頁）。一方で，交通事故で死亡した医学部3年の女子大生の逸失利益を賃金センサス医師（男性）の経験年数計の平均賃金を用いて計算した事例（京都地判平12・3・23判時1758号108頁）があり，医師という具体的な職業選択がなされていたことが考慮されている。

これに対し，最高裁は，原審で全労働者の平均賃金を採用した事件についてはその判断を維持したものの，実質的な議論に踏み込まず（上記2001年の東京高裁および大阪高裁の判決に対して，それぞれ最決平14・7・9交民35巻4号917頁，最決平14・5・31交民35巻3号607頁），同時に女性労働者の平均賃金を採用した原審を維持した判決を下して（東京高判平13・10・16判時1772号57頁に対して最決平14・7・9交民35巻4号921頁）いて，一貫性に欠ける。

外貌醜状障害の男女格差

逆に，男性に不利な例もある（→第17章Ⅰ）。労働者が業務に従事していたときに事故に遭い損害を被った場合は**労働災害**補償の対象となるが，怪我・病気で障害が残った場合，「使用者は，その障害の程度に応じて，平均賃金に別表第二に定める日数を乗じて得た金額の障害補償を行わなければならない」（**労働基準法**77条）。この別表第二には第1級（1340日分）から第14級（50日分）までの災害補償日数が示され，労基法施行規則の別表第二（同規則40条関係）には各等級に該当する身体障害の具体的な内容が列挙されているが，2011年2月1日に改正されるまで，外貌醜状障害に関して明確な男女差が設けられていた。すなわち「外貌に著しい醜状を残すもの」については，女性の第7級（補償は平均賃金の560日分）に対し男性は第12級（同140日分），「外貌に醜状を残すもの」については，女性の第12級（同140日分）に対し男性は第14級（同50日分）と，女性の外貌障害を高く評価する規定となっていた。

ところが，精錬会社勤務の男性が金属溶解作業中に大やけどを負い，上記第11級と認定された（「著しい醜状」に該当し，第12級のところ，他の症状と併合して第11級に昇級）ことは，違憲と判断された（京都地判平22・5・27判時2093号72頁）。女性なら同等級表で第5級と認定され，障害補償年金を受給できるが（第7級以上），男性は障害補償一時金の受給にとどまる（第8級以下）。裁判所は，同等級表は「年齢や職種，利き腕，知識などが障害の程度を決定する要素となっていないのに，性別だけ大きな差が設けられ」「この差を合理的に説明できる根拠は見当たらず，性別により差別的扱いをするもの」で憲法14条違反と判断，国に処分の取消しを命じた（確定）。これを受けて労基法施行規則および労災保険法施行規則の一部改正が行われ，外貌醜状障害について男女同一の等級となった（「著しい醜状」については第7級に統一。第12級および第14級の該当部分を削除し，別途「外貌に相当程度の醜状を残すもの」を第9級に新設した）。

損害を被ったことにより失われたものや損害がなければ得られたはずのものの「値段」は，たとえ同程度の損害であっても男女間で異なる現状があるが，外貌醜状障害の事例のように徐々に男女差が解消される方向に向かっている。

（2）「命の値段」に差？―保険加入における男女差

個人が自身や家族のために加入する**生命保険・がん保険**などの医療保険の保険料は，加入時の年齢によって異なる。保険料の額は性別によっても異なる傾向がみられ，同年齢の場合，男性が高く女性は低いことが多い。なぜか。

契約者（保険加入者）と保険者（保険会社など）の間で締結される保険契約は**給付・反対給付均等の原則**の下に構成されている。保険が適用される事故が発生するリスクをめぐり，事故が発生した場合に支払われる保険金（給付）と事故発生という不確実なリスクに対して支払う保険料（反対給付）とが等しくなる仕組みである。このリスクの大きさは，例えば，自動車保険であれば，一般にドライバー歴の長短や過去の交通事故の有無，自動車を使う目的や頻度などで異なる。しかし，生命保険の場合は，契約者本人の既往歴など個別の事情に加え，平均寿命の男女差に着目して年齢や性別で保険料に差を設けているものが多い。

他方，EU では2011年から性別に基づく保険料率の差が禁じられ，諸外国では男女別保険料率を設ける上で「合理的な理由」が求められる傾向にある。

また，交通事故保険金の額に関して，**自動車損害賠償保障法**においても男女別の後遺障害等級が設定され，同程度の障害でも男女間で保険金額が異なっていた。交通事故による後遺障害等級の男女格差を是認した判決（秋田地判平

22・12・14裁判所ウェブサイト）が出されたが，労災保険法改正を受けて自賠法についても2011年５月２日に改正され，2010年６月10日以降の事故については，男女同一の等級とした新等級表が適用されることになった。

障害の「値段」は男女同一となったものの，他方で，万が一死亡したときの「命の値段」については，未だ男女間で大きく差がある。（財）生命保険文化センターが実施した「生活保障に関する調査」（2019年）によると，生命保険加入金額（普通死亡保険金額）は男性で1866万円，女性で801万円となっている。死亡保険金には故人と生計を同一にしていた家族への生活保障などが含まれるから，主たる稼ぎ手の死亡保障は大きく設定され，それにより保険料も高くなる。したがって，男性が世帯の家計を支えるケースが多い現状では，死亡保障に即して保険料の男女差が生じるのは当然である。それでも，命を失ったときに実際に支払われる金額として２倍以上の差があることをどう考えればよいか。

Ⅱ　名誉毀損とプライバシーの侵害

（１）「人格」の尊厳に対する侵害

不法行為による権利侵害の中には，**人格権**に対する侵害も含まれ，**名誉毀損**，個人の人格的利益の侵害，**プライバシー**の侵害などが挙げられる。名誉毀損とはその人格的価値について社会から受ける客観的な評価を低下させる行為である（最判昭45・12・18民集24巻13号2151頁）。

ジェンダー・バイアスに関するものとして，原告女性の著作をあたかも女性の夫が書いたものと喧伝した被告の不法行為責任を認めた事例がある（東京地判平13・12・25判時1792号79頁）。裁判所は，本件の場合は一般の読者を基準とすべきであり，読み手がレトリックと解釈せずに誤信する危険性を指摘した。加えて，主にフェミニズム評論の分野で活躍する原告女性にとって，自身の活躍を「夫のもの」「真の著者は男性」と決めつけられることは，社会的信用や評価を低下させ名誉感情を著しく傷つけられ，耐え難い苦痛であるとして，その精神的苦痛に対する慰謝料を認めた。また，原状回復（原告の受けたダメージの回復）に金銭賠償だけでは不十分として，**謝罪広告**の掲載を命じている。

他方，都知事が公の場で繰り返した「女性差別発言」に対して，女性131名がその名誉その他の権利を侵害されたとして訴えた例がある。問題の「発言」が誰を指しているか，すなわち，誰に対する名誉毀損となるのかについて，裁判所は，「女性」という一般的，抽象的な存在を指していて原告女性ら個人を対象としておらず，個人の社会的評価を低下させたものではないとして名誉毀損の成立を認めなかった（東京地判平17・2・24判タ1186号175頁）。

（2）氏名をめぐる人格権の侵害

人の**氏名**は，個人を識別し特定するものにとどまらず，人格を表し，法的保護の対象として人格権を構成するとされている。人が出生してから成長し人生を送る過程において，氏名がその個人の人格と結びついているのは確かであり，判例でも，個人が他人からその氏名を正確に呼ばれることについて，不法行為上の保護を受けうるとしている（最判昭63・2・16民集42巻2号27頁）。

自分の氏名といっても，現行制度は婚姻の効果として夫もしくは妻のいずれかの氏で2人が同氏となることを規定しており（民法750条），婚姻した夫婦の約96％は夫の氏を選択しているため，改氏を経験するのはもっぱら女性の方である（→第5章）。

これについて，民法750条による改氏で自己の氏が強制されるのは憲法13条および24条1項に違反するとして夫婦が提訴した審判例（岐阜家審平元・6・23家月41巻9号116頁）で，岐阜家裁は，同氏を称することで主観的には夫婦の一体感を高め，客観的には第三者に夫婦であることを提示し，国民感情，社会的慣習から制定された民法750条には合理性があるとして，原告の訴えを退けた。また2015年には，初めての最高裁判断として注目を集めていた裁判で，家族の呼称を1つに定める夫婦同氏制には合理性があることから合憲であり，選択的夫婦別氏制については国会で判断されるべきこととされた（但し15人中5人の裁判官による違憲判断あり。最大判平27・12・16民集69巻8号2586頁）。その3年後には第二次夫婦別姓訴訟として東京や広島で事実婚夫婦による提訴がなされたが，2020年10月までの地裁及び高裁判決では先の最高裁判決が支持されたままである。

法改正に関しては1996年民法改正要綱で選択的夫婦別氏制が提案され，1996年および2010年に改正法案が作成されたものの，反対論にも配慮していずれも国会提出に至らなかった。世論調査では選択的夫婦別氏制に賛成する人が増えてきているが（内閣府による2017年の調査結果では５年前の調査から７ポイント増の42.5％が法改正を支持，2020年10月に早稲田大学の棚村研究室により実施された世論調査では賛成７割の結果が得られている），国会の現状に照らすと選択的夫婦別氏制導入の見込みは立っていない。

自分が慣れ親しんできた，人格の一部である（旧姓の）氏名を維持したいという感覚は，実際に改氏に直面した当事者でなければわからない。現在，職場等における旧姓使用は珍しくない。これについては，かつて国立大学女性教員が職場での旧姓使用を求めた裁判の影響が大きい。東京地裁は，通称でもその氏名で個人を他人と識別して特定されれば，法的保護の対象となりうるとしながらも，（旧姓通称の）氏名保持権は憲法13条によって保障されていると断定できず，また戸籍名の使用によってプライバシーが侵害されたとは言えないとして，女性の訴えを退けた（東京地判平５・11・19判時1486号21頁）。その後，2001年10月から国家公務員の旧姓使用が制度化され，地方公務員や民間においても職場における旧姓使用が広がっていった。しかしながら，自分の人格を表す氏名を維持したいという女性たちのニーズが意味するのは，旧姓使用ではなく旧姓維持である。

Ⅲ　「女人禁制」のメンバーシップ

（1）入　会　権

入会権とは，村落住民などがその村の山林原野において薪を集めたり下草を刈ったりするといった，一定の土地を共同で管理し利用する慣習上の権利である。この権利は，入会という集団の構成員（入会権者）全員で有するものであり，入会権者の範囲，入会地の利用方法などは各々の入会会則で決められる。入会権について，民法263条（共有の性質を有する入会権）・294条（共有の性質を有しない入会権）は，第一に「各地方の**慣習**に従う」こととしている。

沖縄県金武町で，入会部落の女子孫26名により，入会権者の資格要件を「一家の代表者としての世帯主」「入会権者の男子孫」に限定するなどと定めている会則は男女差別であるとの訴えが起こされた。最高裁は，この会則のうち，「原則として男子孫」に限定し，同入会部落民以外の男子と婚姻した女子孫には離婚して旧姓に復しない限りは資格を認めないとした要件については，もっぱら女子であることのみを理由として男女差別をしたもので，**公序良俗**に反して無効であると認めた（最判平18・3・17民集60巻3号773頁）。しかし，最高裁は入会権者を世帯主に限定した要件については支持したため，戸籍筆頭者同様に世帯主は多くの場合男性であり，世帯主の変更をしない限り，実質的に男子孫が会員資格を継承するシステムは変わらなかった点も見過ごせない。

高松市瀬戸内漁業組合が，組合員に配分される漁業補償金を女性の正組合員に対して配分しなかったことが不合理な男女差別にあたるとされた例（高松高判平14・2・26判タ1116号172頁）もある。女性たちは本来正組合員の資格要件を満たしているにもかかわらず，「夫の手助けとして漁業に従事しているに過ぎない」としてまず准組合員と認定され（当時，組合員資格審査委員会の内部規定には「女の人の正組合員は認めない」と明記されていた），その後正組合員となった。女性たちは漁業補償金の配分を受けないことを条件に正組合員になったのだと組合代表理事が主張したのに対し，裁判所は，有資格の女性を正組合員に認定するのは当然のことであり，仮に配分請求権の放棄または不行使約束をしたとしてもそれと引換えに正組合員にしたのであれば，水産業協同組合法の規定および不合理な性差別を禁止した憲法の趣旨に反し無効であると判示した。

農林水産省等による1980年代から近年までの農業協同組合・漁業協同組合への女性の参画状況によると，女性正組合員が占める割合は農協が9％弱から23％弱と年々増加しているが，漁協においては6％前後で推移しているという背景がある。各組合の役員（管理職）に占める女性の割合においては，農協で0.04％から8.4％，漁協で0.04％から0.5％と，いずれも男性の役員数が圧倒的である。

（2）変わりつつあるメンバーシップの男女差

主に古くからの伝統や慣習により，**歌舞伎**界のように活動の主体を男性としているもの（女性が舞台に立つことは可能）と**大相撲**の土俵などその空間に女性が立ち入ることができないもの（**女人禁制**）とがある。以前に，大相撲の優勝力士に対し，女性の内閣官房長官や知事が表彰を行うことは，社寺や霊場などと同様に土俵は神聖な場であり，旧来より男性にだけ限定されていた場であるから，認められないとされた事件があった。この騒動を契機に議論が生じ，「日本で初めて相撲をとったのは女性」の伝承や「女相撲（女子だけでとる相撲）」などを例に女人禁制に反対する主張に対し，大相撲の伝統芸能・競技という歴史的文化的側面からの反論は根強く，それは現在も変わってはいない。

富士山を含め仏教の修験道の山々（霊場）は，江戸時代後期から明治時代にかけて，女性解禁となった（比叡山は1872年，高野山は1904年から）。また，プロ野球やサッカーなどももっぱら男性のスポーツとされてきたが，日本女子プロ野球機構の設立や日本代表女子サッカーチームの世界大会優勝の成果に，同じジャンルのスポーツにおける男女別の棲み分けをみることができる。野球のマウンドもサッカーのピッチも女人禁制ではなく，相撲界の対応は突出している。

また，ゴルフ会員権や会員制のクラブなどにおいては，女性の会員資格を明示的に禁止していなくとも，加入条件に年収や社会的地位を高く設定して限定することで，実質的に女性や外国人を排除している場合があり，批判がある。

（3）「男子禁制」への反論

他方で近年は，各種娯楽施設やホテル，レストランなどで女性のみの利用に限定した女性優遇サービス（レディースプランやレディースデー）が数多くみられる。映画館で男性限定のサービス（メンズデー）を提供している例もあるが，女性客をターゲットにした商戦はより顕著である。こうした女性限定の特典は，男性を排除する**逆差別**ではないかという指摘がある。

より明らかな**男子禁制**の例に，乗客を女性に限定する電車の**女性専用車両**がある。2001年３月に東京の京王電鉄が導入し，2002年に国土交通省が実施した

「女性の視点から見た交通サービスに関するアンケート調査」により賛成派多数の意見を受けて，現在は大都市圏を中心に関東・関西の鉄道各社で広く導入されている。女性専用車両でも，身体の不自由な男性や小学生以下の男児の乗車は認められており，それ以外の男性が故意にあるいは間違って乗車しても特にペナルティを課す規定はない。戦後1947年から1973年まで旧国鉄においても，通勤ラッシュの混雑から女性や子どもを保護する目的で「婦人子供専用車」が運行されていたが，現在の女性専用車両が導入された目的の１つにも，通勤客で満員となる電車内での痴漢や迷惑行為の予防がある。

ただし，乗客が女性であるかどうかは通常「見た目」で判断するほかはないため，一見して女性か男性かわからない場合，身体の不自由な男性であるとわかりにくい場合，さらに中高生並みに大柄な男児の場合など，専用車両への「乗車資格」はどのように確認するのであろうか。また，痴漢予防目的で女性専用車両が設けられたことで，「一般車両＝男性からの痴漢行為にあうリスク付き」「男性＝痴漢行為の加害者」の図式が示され，かえって男性に対する**ジェンダー・バイアス**を促すことにつながるおそれがある。女性専用車両の是非をめぐっては同性の中でも意見が分かれるところであり，一方の性を排除する禁制は，男女共同参画社会の視点から必ずしも「合理的」とはいえないと思われる。

【発展課題】

2010（平成22）年の京都地裁判決を契機として，「顔にキズ」の補償における男女差が解消されることとなった。しかしながら，2011年の法改正が適用される以前に障害が発生した事例においては，男女差のある旧規定に基づく判断がなされている。その際，外貌醜状の後遺障害が及ぼす労働能力低下率については，障害等級で算定されるのではなく，職業，年齢，性別，後遺症の部位や程度，事故前後の稼働状況等で個別に総合的に判断されるとしている。本文中の秋田地裁の事例で「額にキズを負った銀行課長職にある52歳男性」の労働能力への影響はさほどではない，と判断されたのに対し，「顔面全体に人目につくキズを負った不動産賃貸業等で広く営業活動を行う41歳男性」の場合，10年間にわたり７％の労働力が喪失との判断がなされた（横浜地判平30・３・９自保ジャーナル2024号68頁）。後者の事例において「年齢や経験を重ねることで，外貌の醜状が労働力に与える影響も軽減」との見方が示されたが，果たしてそうであろうか。例えば自己の醜状を気にして人との接触に消極的になることに関して，性別だけでなく年齢などで線引きをしてよいだろうか。当事者の立場にたって考えてみよう。

【参考文献】

潮見佳男『不法行為法』（信山社，1999）

近江幸治『民法講義Ⅵ　事務管理・不当利得・不法行為〔第2版〕』（成文堂，2007）

内館牧子『女はなぜ土俵にあがれないのか』（幻冬舎，2006）

〔田巻　帝子〕

第8章

労　　働

—平等原則・人格権保障とワーク・ライフ・バランス—

◆この章で学ぶこと◆

女性も男性も，労働市場に進出し，育児・介護等の家族的責任を負担する現在，労働関係においては，性別および雇用形態による差別的取扱いを禁止し，人間としての尊厳と人格権が保障された就業環境を整備し，労働と妊娠・出産，家族的責任等の両立支援を行うことが，重要な課題である。

本章では，労働関係について，①**性別を理由とする差別的取扱いの禁止**，②**非典型労働契約と均等・均衡待遇原則**，③**人格権を保障された就業環境**，④労働と妊娠・出産，家族的責任等との両立支援—**ワーク・ライフ・バランス**の4つの観点から，現在の法制度と今後の課題を検討する。

Ⅰ　性別を理由とする差別的取扱いの禁止

労働関係における性別を理由とする差別的取扱いについては，労働基準法（**労基法**），および，雇用の分野における男女の均等な機会及び待遇の確保等に関する法律（**均等法**）が，募集・採用から労働契約の終了までの全過程において，これを禁止している。

(1) 賃　　金

賃金については，労基法が，「使用者は，労働者が女性であることを理由として，賃金について，男性と差別的取扱いをしてはならない」（4条）として，男女同一賃金の原則を定めている。女性であることを理由として男性よりも有利な取扱いをすることも禁止されており，同条の定める男女同一賃金の原則は，男性・女性の双方を保護対象としている。

（2）賃金以外の雇用・労働条件

（i） 募集・採用における均等な機会の付与

募集・採用については，均等法が，「事業主は，労働者の募集及び採用について，その性別にかかわりなく均等な機会を与えなければならない」（5条）と定め，均等な機会の付与を義務付けている。

(ii) 採用後の労働条件における差別的取扱いの禁止

採用後の労働条件についても，均等法は，①配置（業務の配分および権限の付与を含む）・昇進・降格・教育訓練，②福利厚生（住宅資金の貸付け，生活資金，教育資金その他労働者の福祉の増進のための資金の貸付け，労働者の福祉の増進のために定期的に行われる金銭の給付，労働者の資産形成のための金銭の給付，住宅の貸与），③職種・雇用形態の変更，④定年・退職・解雇・労働契約の更新における差別的取扱いを禁止している（6条，同法施行規則1条）。

(iii) ポジティブ・アクションの許容

均等法は，男性であることを理由とする差別的取扱いも禁止する性差別禁止法であるが，「事業主が，雇用の分野における男女の均等な機会及び待遇の確保の支障となっている事情を改善することを目的として女性労働者に関して行う措置を講ずることを妨げるものではない」（8条）と定め，男性と女性の格差を是正するための積極的措置（**ポジティブ・アクション**）を許容している。

具体的には，「労働者に対する性別を理由とする差別の禁止等に関する規定に定める事項に関し，事業主が適切に対処するための指針」は，女性労働者が男性労働者と比較して相当程度少ない（4割以下）雇用管理区分において，①募集・採用，②配置，③役職への昇進，④職務従事のための教育訓練，⑤職種変更，⑥雇用形態の変更について，女性に有利な取扱いをすることは，禁止される差別的取扱いではないとしている。

(iv) 間接差別の禁止

均等法は，「①募集・採用について，労働者の一定の身長，体重又は体力を要件とするもの，②募集・採用，昇進，職種の変更について，住居の移転を伴う配置転換に応じることができることを要件とするもの，③昇進について，勤務する事業場とは異なる事業場に配置転換された経験があることを要件とするもの」については，性別以外の事由が要件であるが，要件を満たす男性および女性の比率その他の事情を勘案すると実質的に性別を理由とする差別となるおそれがあるとして，合理的な理由がある場合を除き，「**間接差別**」として禁止している（7条，同法施行規則2条1～3号)。

(v) 婚姻・妊娠・出産等を理由とする不利益な取扱いの禁止

均等法は，事業主が，①女性労働者の婚姻・妊娠・出産を退職理由として定めること，②女性労働者の婚姻を理由として解雇すること，③妊娠・出産，産前産後休業（労基法65条）の請求・取得等を理由として，当該女性労働者に解雇その他不利益な取扱いをすることを禁止し，また，妊娠中および出産後1年を経過しない女性労働者に対する解雇は，事業主が当該解雇が妊娠・出産等を理由とする解雇でないことを証明した場合を除き，無効としている（9条)。

(vi) 実効性確保のための措置

均等法は，前記(ii)～(v)の実効性を確保するため，①厚生労働大臣による違反企業名公表制度（30条)，②都道府県労働局長による紛争解決への援助（17条1項）と援助を求めた労働者への不利益取扱いの禁止（17条2項)，③調停制度（18条～27条）と調停を申請した労働者への不利益取扱いの禁止（18条2項）等を定めている。

（3）今後の課題

法制度は整備されたが，現実には，高い職位に女性が少なく，女性の多い職種の賃金は相対的に低い傾向も指摘されている。職務分析による公正な賃金基準の設定や，女性の少ない職位・職種への女性の進出支援等が重要であろう。

Ⅱ　雇用形態（契約類型）と均等・均衡待遇原則

労働契約は，①契約期間の定めの有無により，「**期間の定めのない労働契約**」と「**期間の定めのある労働契約**（有期労働契約)」に，②労働時間の長さにより，「**フルタイム労働契約**」と「**パートタイム労働契約**」に，③労務供給の相手方により，契約の相手方に労務を供給する「通常の労働契約」と使用者以外の第三者に労務を供給する「**派遣労働契約**」に分類される。このうち，「期間の定めのない・フルタイムの・通常の労働契約」を「**典型労働契約**」，それ以外の労働契約を「**非典型労働契約**」と定義することができる。

非典型労働契約を締結している労働者の多くは女性であるが，その雇用の不安定さと共に，**典型労働契約**との間の労働条件格差（賃金，賞与，退職金，休暇，福利厚生等）が大きな問題となっている。

当該格差是正のため，短時間労働者及び有期雇用労働者の雇用管理の改善等に関する法律（**パート・有期法**）と労働者派遣事業の適正な運営の確保及び派遣労働者の保護等に関する法律（**派遣法**）は，短時間・有期雇用労働者と派遣労働者について，「通常の労働者」との**均等・均衡待遇原則**を定めている。

（1）短時間・有期雇用労働者

パート・有期法は，**短時間労働者**（一週間の所定労働時間が同じ事業主に雇用される通常の労働者に比し短い労働者：２条１項）と**有期雇用労働者**（有期労働契約を締結している労働者：２条２項）について，第１に，事業主は，その雇用する短時間・有期雇用労働者の基本給，賞与その他の待遇のそれぞれについて，当該待遇に対応する通常の労働者の待遇との間において，当該短時間・有期雇用労働者および通常の労働者の職務の内容（業務の内容及び当該業務に伴う責任の程度），当該職務の内容および配置の変更の範囲その他の事情のうち，当該待遇の性質および当該待遇を行う目的に照らして適切と認められるものを考慮して，不合理と認められる相違を設けてはならないと定めている（８条）。

第２に，「通常の労働者と同視すべき短時間・有期雇用労働者」（①職務の内容が通常の労働者と同一の短時間・有期雇用労働者で，②当該事業所における慣行その他の事情からみて，当該事業主との雇用関係が終了するまでの全期間において，その職務の内容および配置が当該通常の労働者の職務の内容および配置の変更の範囲と同一の範囲で変更されることが見込まれるもの）については，短時間・有期雇用労働者であることを理由として，基本給，賞与その他の待遇のそれぞれについて，差別的取扱いをしてはならないと定めている（9条）。

（2）派遣労働者

派遣法は，**派遣労働者**（事業主が雇用し労働者派遣の対象となる労働者：2条2号）について，第1に，派遣元事業主は，その雇用する派遣労働者の基本給，賞与その他の待遇のそれぞれについて，当該待遇に対応する派遣先に雇用される通常の労働者の待遇との間において，当該派遣労働者および通常の労働者の職務の内容，当該職務の内容および配置の変更その他の事情のうち，当該待遇の性質および当該待遇を行う目的に照らして適切と認められるものを考慮して，不合理と認められる相違を設けてはならないと定める（30条の3第1項）。

第2に，派遣元事業主が，その雇用する派遣労働者のうち，「①職務の内容が派遣先に雇用される通常の労働者と同一で，②当該派遣先における派遣就業が終了するまでの全期間において，その職務の内容及び配置が当該通常の労働者の職務の内容及び配置の変更の範囲と同一の範囲で変更されることが見込まれるもの」について，その「基本給，賞与その他の待遇のそれぞれ」に関し，「正当な理由がなく，当該待遇に対応する当該通常の労働者の待遇に比して不利なものとすること」を禁止している（30条の3第2項）。

ただし，派遣元事業主が，過半数代表（労働者の過半数で組織する労働組合がある場合はその労働組合，労働者の過半数で組織する労働組合がない場合は労働者の過半数を代表する者）との書面による協定により，派遣労働者の待遇のそれぞれにつき，派遣元事業主に雇用される通常の労働者の待遇との間に，当該派遣労働者および通常の労働者の職務の内容，当該職務の内容および配置の変更の範囲その他の事情のうち，当該待遇の性質および当該待遇を行う目的に照らして，不合理と認められる相違が生じることにならないもの等を定め，所定の要件を充足する場合は，第1および第2の規制は適用されない（30条の4）。

（3）今後の課題

短時間労働者，有期雇用労働者，派遣労働者の雇用・労働条件保障のためには，均等・均衡待遇原則の具体的な内容を明確化するとともに，最低賃金を引き上げ賃金水準全体を底上げすることが，重要な課題であろう。

Ⅲ　人格権を保障された就業環境

労働関係においては，労働者が，性別にかかわらず，ハラスメント等のない，**人格権を保障された就業環境**で働く権利を保障されることが重要である。

このため，労働施策の総合的な推進並びに労働者の雇用の安定及び職業生活の充実等に関する法律（**労働施策法**），均等法，育児休業，介護休業等育児又は家族介護を行う労働者の福祉に関する法律（**育介法**）は，様々なハラスメントの防止対策措置を定めている。

（1）ハラスメント防止対策に関する法制度

ハラスメント防止対策に関しては，第1に，国の施策として，「職場における労働者の就業環境を害する言動に起因する問題の解決を促進するために必要な施策を充実すること」が明記されている（労働施策法4条14号）。

第2に，事業主は，職場における「セクシュアル・ハラスメント」，「妊娠・出産等に関するハラスメント」，「育児休業等に関するハラスメント」，「優越的な関係を背景とするハラスメント」により労働者の就業環境が害されることのないよう，雇用管理上必要な措置を講じなければならない（均等法11条1項，11条の3第1項，育介法25条1項，労働施策法30条の2第1項）。

第3に，第2記載のハラスメントに関して労働者が相談したこと等を理由とする，事業主による不利益な取扱いは禁止され（均等法11条2項，11条の3第2項，育介法25条2項，労働施策法30条の2第2項），また，都道府県労働局長に紛争解決の援助を求めた労働者または紛争調整委員会に調停の申請をした労働者に対する，事業主による不利益な取扱いも禁止されている（均等法17条2項・18条2項，育介法52条の4第2項・52条の5第2項，労働施策法30条の5第2項・30条の6第2項）。

(2) 職場におけるセクシュアル・ハラスメントの防止対策

(i) 定　義

「職場におけるセクシュアル・ハラスメント」は,「事業主が職場における性的な言動に起因する問題に関して雇用管理上配慮すべき事項についての指針」では,「①職場において行われる性的な言動に対する労働者の対応により当該労働者がその労働条件につき不利益を受け,又は,②当該性的な言動により労働者の就業環境が害されること」であり,①は**「対価型セクシュアル・ハラスメント」**,②は**「環境型セクシュアル・ハラスメント」**と定義されている。

「対価型セクシュアル・ハラスメント」の例としては,「事業所内で事業主が労働者に対して性的な関係を要求したが,拒否されたため,当該労働者を解雇すること」等が,「環境型セクシュアル・ハラスメント」の例としては,「労働者が抗議をしているにもかかわらず,事務所内にヌードポスターを掲示しているため,当該労働者が苦痛に感じて業務に専念できないこと」等がある。

(ii) 使用者(事業主)の防止対策義務

均等法は,「事業主は,職場において行われる性的な言動に対するその雇用する労働者の対応により当該労働者がその労働条件につき不利益を受け,又は当該性的な言動により当該労働者の就業環境が害されることのないよう,当該労働者からの相談に応じ,適切に対応するために必要な体制の整備その他の雇用管理上必要な措置を講じなければならない」(11条1項)と規定し,使用者の職場におけるセクシュアル・ハラスメントの防止対策義務を定めている。派遣労働者については,派遣元と派遣先に同規定が適用される(派遣法47条の2)。

使用者および派遣先が具体的に講ずべき措置は,①職場におけるセクシュアル・ハラスメントに対する使用者の方針の明確化および労働者に対するその方針の周知・啓発,②労働者からの相談に応じ適切に対応するために必要な体制の整備,③セクシュアル・ハラスメントが生じた場合の迅速かつ適切な対応,④相談者,行為者等のプライバシー保護のために必要な措置と労働者に対するその措置の周知,⑤労働者が相談や事実確認に協力したことにより不利益な取扱いを受けないことの定めと労働者に対するその旨の周知等である。

(3) 職場におけるいじめ・嫌がらせの防止対策

(i) 定　　義

「**職場におけるいじめ・嫌がらせ**」は，「同じ職場で働く者に対して，目的又は態様の点において業務の適正な範囲を超えて，精神的・身体的苦痛を与える又は職場環境を悪化させる行為」であり，「職場における**パワーハラスメント**」は，「事業主が職場における優越的な関係を背景とした言動に起因する問題に関して雇用管理上講ずべき措置についての指針」では，「職場において行われる，①優越的な関係を背景とした言動で，②業務上必要かつ相当な範囲を超えたものにより，③労働者の就業環境が害されるもの」と定義されている。

(ii) 使用者（事業主）の防止対策義務

労働施策法は，「事業主は，職場において行われる優越的な関係を背景とした言動であって，業務上必要かつ相当な範囲を超えたものによりその雇用する労働者の就業環境が害されることのないよう，当該労働者からの相談に応じ，適切に対応するために必要な体制の整備その他の雇用管理上必要な措置を講じなければならない」（30条の2第1項）と規定し，使用者の職場におけるパワーハラスメントの防止対策義務を定めている。派遣労働者については，派遣元と派遣先に同規定が適用される（派遣法47条の4）。具体的に為すべき措置は，セクシュアル・ハラスメントの場合と同様である。

(4) 顧客・利用者等によるハラスメントの防止対策

(i) 定　　義

「**顧客・利用者等によるハラスメント**」は，「顧客・利用者等が，顧客・利用者等に接し又は応対する労働者に対し，その業務（職務）上必要かつ相当な範囲を超えて身体的・精神的苦痛を与え，労働者の尊厳や人格権を侵害する行為」と定義することができ，具体的には，過剰なサービスの強要，暴力，暴言，威嚇・脅迫，長時間の拘束，土下座の要求，ネット上での中傷行為，セクシュアル・ハラスメント等が挙げられるが，特に，外食産業，流通，介護，鉄道等のサービス業で，深刻な問題となっている。

(ii) 使用者（事業主）の防止対策義務

使用者および派遣先は，安全配慮義務（労働契約法〈**労契法**〉5条）または信義則上の義務（労契法3条4項，民法1条2項）として職場環境配慮義務（労働者が人格権を保障された職場環境で労働しうるよう配慮する義務）を負い，その一部として，顧客・利用者等によるハラスメント防止対策義務も負うと解される。

具体的に為すべき措置としては，①顧客および利用者等に対し，また，企業・事業場内において，使用者のハラスメント防止対策方針を明確化しこれを周知・啓発・実施すること，②労働者からのハラスメントの相談・通報等に対し迅速かつ適切に対応すること等が挙げられる。

（5）今後の課題

ハラスメントの防止対策のための具体的措置は，職種・職務内容等により多様であり，各企業においてその実態に応じた内容の明確化が必要であろう。

Ⅳ　妊娠・出産，家族的責任等との両立支援
—ワーク・ライフ・バランス

労働と妊娠・出産，家族的責任等との両立支援のため，労基法，均等法，育介法等は多様な制度を整備し，ワーク・ライフ・バランスの実現を図っている。

（1）母性保護と妊娠・出産の権利保障

(i) 母性保護

妊産婦（妊娠中および産後1年を経過しない女性）以外の満18歳以上の女性については，その妊娠・出産機能に有害な業務への就業は禁止されている（労基法64条の2第2号，64条の3第2・3項，女性労働基準規則3条）。

また，使用者は，生理日の就業が著しく困難な女子が休暇を請求したときは，その者を生理日に就業させてはならないと定められている（労基法68条）。

(ii) 妊産婦の保護

妊産婦については，使用者は，第1に，①妊娠，出産，哺育等に有害な業務に就業させてはならず（労基法64条の2第1号，64条の3第1・3項，女性労働基準規則2条），②妊娠中の女性が請求した場合は，他の軽易な業務に転換させなければならない（労基法65条3項）。

第2に，妊産婦が請求した場合は，労基法32条の定める法定労働時間（週40時間・1日8時間）を超える労働，労基法35条の定める法定休日（1週1休または4週4休）の労働，労基法37条4項の定める深夜労働（午後10時から午前5時までの労働）をさせてはならない（労基法66条）。

第3に，妊産婦が，保健指導・健康診査を受けるために必要な時間を確保し（均等法12条），その指導事項を遵守できるよう，勤務時間の変更，勤務の軽減等必要な措置を講じなければならない（均等法13条）。

(iii) 産前産後休業

使用者は，女性労働者に対し，①出産前6週間（多胎妊娠の場合は14週間，本人が請求した場合に与える），②出産後8週間（強制休業，ただし6週間経過後は当該女性労働者の請求により医師が支障がないと認めた業務に就かせることはできる）の休業を付与しなければならない（労基法65条1・2項）。**産前産後休業**期間中は，健康保険から，出産育児一時金の他，出産手当金（標準報酬日額の3分の2）が支払われる（健康保険法102条）。

(iv) 育児時間

生後満一歳に達しない生児を育てる女性は，1日2回，各々少なくとも30分の**育児時間**を請求することができる（労基法67条）。

（2）家族的責任を有する労働者への配慮

育児・介護等，**家族的責任を有する労働者**が，その家族的責任と労働を両立しうるよう，労契法，育介法と同法施行規則（**育介則**）等は，次のように定める。

(i) 基本原則

労契法は，「労働契約は，労働者及び使用者が仕事と生活の調和にも配慮しつつ締結し，又は変更すべきものとする」（3条3項）と定め，労働契約内容（労働条件）の決定・変更について，使用者が労働者の**仕事と生活の調和**に配慮すべきことを定めている。

(ii)　就業場所の変更と家族的責任への配慮

育介法は，「事業主は，その雇用する労働者の配置の変更で就業の場所の変更を伴うものをしようとする場合において，その就業の場所の変更により就業しつつその子の養育又は家族の介護を行うことが困難となることとなる労働者がいるときは，当該労働者の子の養育又は家族の介護の状況に配慮しなければならない」（26条）と定めている。

(iii)　労働と育児責任の両立

労働と育児責任の両立支援として，育介法は，1）1歳未満の子（または1歳6カ月未満・2歳以下の子）を養育する労働者を対象とする，**育児休業**制度（5条～10条，育介則5条～22条），2）3歳に満たない子を養育する労働者を対象とする，①所定労働時間の短縮措置（23条・23条の2，育介則73条～75条），②所定時間外労働の制限（16条の8・16条の10，育介則44条～47条），3）小学校就学の始期に達するまでの子を養育する労働者を対象とする，①法定時間外労働の制限（月24時間以内，年150時間以内）と深夜労働の制限（17条・19条，18条の2・20条の2，育介則52条～55条・60～64条），②子の看護休暇（一の年度に5労働日，小学校就学の始期に達するまでの子が2人以上の場合は10労働日）（16条の2～16条の4，育介則32条～37条）等を定めている。

1）の**育児休業**期間中は，一定の要件のもとで，雇用保険から「育児休業給付金」（180日までは賃金日額の67％，181日目からは50％）（雇用保険法61条の7）が支給される。

(iv)　労働と介護責任の両立

労働と介護責任の両立支援として，育介法は，要介護状態（負傷，疾病，身体・精神上の障害により，2週間以上常時介護を必要とする状況）にある対象家族（配偶者〈事実婚を含む〉，父母，子，同居し扶養する祖父母・兄弟姉妹・孫，配偶者の父母）を介護する労働者を対象とする，①**介護休業**制度（要介護者1人につき通算3回・93日まで）（11条～16条，育介則23条～31条），②所定労働時間の短縮措置等（23条・23条の２，育介則73条３項・75条），③所定時間外の制限（16条の９・16条の10，育介則44条・48条～51条），④法定時間外労働の制限（月24時間以内，年150時間以内）と深夜労働の制限（18条・18条の２，20条・20条の２，育介則57条～59条・65条～69条），⑤介護休暇制度（一の年度に５労働日，要介護状態にある対象家族が２人以上の場合は10労働日）（16条の５～16条の７，育介則38条～43条）等を定めている。

①の**介護休業**期間中は，一定の要件のもとで，雇用保険から「介護休業給付金」（賃金日額の67％）（雇用保険法61条の４，附則12条）が支給される。

(v)　不利益取扱いの禁止

労働者が，上記(iii)(iv)の**育児休業**等を申出あるいは取得したことを理由とする解雇その他の不利益取扱いは，禁止されている（育介法10条，16条，16条の４，16条の７，16条の10，18条の２，20条の２，23条の２）。

（３）今後の課題

労働と家族的責任等の両立のためには，すべての労働者の労働時間を短縮することが最も重要であろう。現在の労働時間規制，休日，有給休暇等の制度の再検討が必要である。

【発展課題】

労働と家族的責任等の両立のためには，保育所等の育児サービス，施設・在宅での高齢者介護サービス，育児・介護期間中の経済的支援等が，社会的に保障されていることが必要である。今の日本の法制度において，どのような点が不充分であり，今後どのような制度が整備されることが必要であろうか。

【参考文献】

川口美貴『基礎から学ぶ労働法〔第２版〕』（信山社，2020）
川口美貴『労働法〔第５版〕』（信山社，2021）
浅倉むつ子『雇用差別禁止法制の展望』（有斐閣，2016）

〔川口　美貴〕

第9章

社会保障

—家族と個人のはざまで—

◆この章で学ぶこと◆

人のライフ・サイクルの中で，ステージが切り替わる時期として挙げられるのは，結婚，出産・子育て，そして（定年）退職であろう。このステージ転換では，様々なトラブルに見舞われることもあるが，その支えとなるのが社会保障制度である。しかし，この制度は，一定の家族観（家族モデル）に基づき設計されていて，現代の個別化・多様化する個人・家族に対応できていない。本章では，ジェンダーの視点から，社会保障制度の中に潜む課題を見つけ，解決へ向けての方向性を示唆する。

I　家族（世帯）に対する社会保障

（1）対象者のモデル化

現在の社会保障制度は，**医療**，**介護**，**年金**のいずれも，夫がいて，妻がいて，子どもがいるというモデルに基づいて設計されている。このモデルは，**男性稼ぎ手モデル**や「男性パン稼ぎ人モデル（breadwinner）」（OECD）など呼ばれ，一家の稼ぎ手である夫が，**専業主婦**の妻，もしくは一家を支えるほどの収入を得ていない妻と，子どもを養う家庭を想定している。このモデルによれば，妻は，子どものケアと実父・実母，義父・義母のケア（介護）を担う，いわゆる**無償労働**をする。したがって，社会保障制度は，妻（女性）独自のニーズである，出産や医療・介護，夫の失業に対する備え，夫の死後の暮らしなどについて考慮し，制度を設計すれば足りた。

しかし，今や男性雇用者と専業主婦からなる世帯は575万世帯，**共働き世帯**

は1245万世帯である（総務省「令和元年度労働力調査」）。働く妻が増えたことで，従来の妻（嫁）の役割とは異なる制度を設計する必要がある。

実際には，年間の給与収入が一定以下（所得税法上，年103万円以下であれば**配偶者控除**の対象となる）であれば，税制上，優遇されるため，働くとはいっても，フルタイムではなく**パートタイム**の妻も多い。子どもや老親のケアについては，保育所の整備も進み，介護サービスを担う**介護事業者**も増え，ケアの外部化・社会化が図られた。さらにはケアの役割を担う労働者のために，**育児休業・介護休業**等が整備されている。しかし，社会保障制度におけるこのモデルからの脱却は，まだまだ先になりそうである。その原因の１つに，次に述べる**被扶養者**という概念がある。

（2）被扶養者

被扶養者という用語は，医療保険に関する法令（健康保険法，国民健康保険法など）や年金保険に関する法令（**国民年金法**，**厚生年金法**など），**介護保険法**のほか，地方税法，住民台帳法等の中にもみられる。被扶養者とは，**被保険者**の直系尊属，配偶者，子，孫および弟妹，あるいは，三親等内の親族以外であっても被保険者と同一世帯にある者であり，主としてその被保険者により生計を維持する者をいう。ここでの配偶者は，法律婚のみならず，**事実婚**も含む。

この被扶養者概念は，家庭の中に被保険者という稼ぎ手と，稼ぎ手に養われる人々という構図を生み出している。この構図を最もよく顕した制度が，**公的年金制度**である。公的年金制度は，大きく分けて２つの年金，①地域年金である**国民年金**と②被用者（職域）年金である**厚生年金**から成る。①は，**第１号被保険者**と呼ばれ，原則として20歳以上60歳未満のすべての国民に適用され，毎月定額の保険料を納める。②は，**第２号被保険者**と呼ばれ，原則として誰かに雇われている人（被用者）に適用され，前述の国民年金部分（定額部分）と被用者の報酬に比例した部分を年金保険料として納める。さらに，第２号被保険者の被扶養者であり，年収130万円未満で，厚生年金の適用を受けていない人を**第３号被保険者**と呼んでいる。第３号被保険者は，自分自身では年金保険料を支払っていないが，年金は受給できる。専業主婦もしくは年収130万円未満となるよう労働を抑制している主婦は，保険料を納めることなく基礎年金を受給できる。つまり，被保険者という面に焦点をあてると，公的年金制度は，ある女性が被扶養配偶者・専業主婦になるか（第3号被保険者），独身・未婚の自営業者等，もしくは自営業者と結婚し，家業を手伝うか（第1号被保険者），サラリーウーマンとなるか（第2号被保険者）で，保険料負担と年金受給額が変わる制度である。そのため，女性がどんなライフ・スタイルを選択するかによって，納める保険料と受給額が異なり，不平等ではないか，という批判が絶えない。主に年金財政上の問題から，第3号被保険者が常に議論の対象となっているが，未だ見直されていない。女性が多い（大企業の）短時間労働者は，厚生年金の対象となり，働き方の選択による不平等はやや改善されている。

共働き世帯の増加，未婚女性の増加といった社会情勢の変化から，男性稼ぎ手モデルを中心とした制度設計がそろそろ限界であることは明らかである。とりわけ，子ども・高齢者のケアと，老後の所得保障については，急速な少子高齢化進展のため，次のような見直しが図られている。

Ⅱ　家族モデルの変化と社会保障

（1）子育て・子育ち

（i）保育サービス

ケアの社会化・外部化に際し，子どもへのケアの担い手となったのは，**保育所**であった（児童福祉法7条1項）。保育所は，日々，乳幼児（0歳～未就学児）が**保育を必要とする状態**であれば入所できる（同法39条1項）。保育の必要性については，保護者の就労，妊娠・出産，疾病・障害，同居親族の介護・看護，災害復旧，求職活動，虐待やＤＶの恐れなどによって判定される（子ども・子育て支援法施行規則1条の5）。保育所の入所は，働く母親，もしくは働くことができないが何らか正当な理由があって，保育できない母親が念頭に置かれている。したがって，保育所の入所に関して，例えば専業主婦であって，自分ひとりでは子育てができないと，不安に感じており，ときには保育を誰かに替わって欲しいと思っている母親を想定していない。

また，外部化・社会化が図られたとはいっても，保育所による保育は十分に提供されているわけではない。いわゆる**待機児童問題**である。待機児童とは，入所を希望しており，入所要件に該当している場合でも保育所に入所できない児童をいい，全国で１万6772人の待機児童がいる（厚生労働省「保育所関連状況取りまとめ（平成31年４月１日）」）。待機児童の増加が顕著である地域が，共働き家庭で，保育ニーズの多い大都市圏であることも問題である。保育所の整備の有無は，とりわけ女性の働き方や出産の動機，家庭の収入等に影響を与えることから，各地方公共団体も待機児童問題の解決を急務として取り組んでいる。例えば，設置基準の緩和による民間企業の参入促進や，自宅で少人数の子どもを預かる事業である保育ママ事業などである。

(ii)　ひとり親家庭に対する経済的支援

さらに問題となっているのは，**ひとり親家庭**の増加である。2016年厚生労働省「全国ひとり親世帯等調査」によれば，**母子・父子世帯**（父または母のいない満20歳の未婚の子どもがその母または父によって養育されている世帯）は，141.9万世帯であり，うち母子世帯は86.8％を占める。夫婦が離婚した場合，子どもを引き取るのは，法律上，夫婦のいずれでもよいが，一般的に，母親が引き取り，父親が養育費を支払うというケースが多い。これは，子どもは母親の元で育てられた方がいいという価値観の存在と，養育費を支払う経済的能力が高いのは男性であるという現状によるものだろう。特に後者については，母子世帯の平均総所得が年306万円であり，全世帯の平均552.3万円の約半分にとどまっている点（厚生労働省「2019年国民生活基礎調査」），母子世帯の81.8％，父子世帯の85.4％が就業しているが，うち正規労働であるのは，母子世帯の半分，父子世帯の約７割という点（厚生労働省「平成28年度全国ひとり親世帯等調査結果報告」），という２点を挙げることができよう。

子ども・子育てへの経済的支援としては，1972年に施行された**児童手当法**に基づく**児童手当**の支給が挙げられる。2010年に，政権交代により子どものいる家庭に対する普遍的な給付である**子ども手当**に変更されたが，2012年に再度児童手当に戻った。児童手当は，子を監護し，生計同一の父または母に対して支給される（児童手当法４条）。中学校修了まで支給され，０～３歳が月額１万

5000円，３歳～小学校修了前・中学生が１万円である（児童手当法６条）。親の所得に応じて給付が制限される点で，選別的な制度といえる。

加えて，ひとり親家庭の経済的支援として，1962年に施行された児童扶養手当法に基づいて，**児童扶養手当**が支給される。父親と死別した母子家庭には，遺族年金が支給されるが，父親と生別した母子家庭には，支給されない。しかし，離婚により，父親と生別する母子が増加し，そうした母子家庭の貧困が社会問題となった。父親との別れが，死別であれ，生別であれ，母子家庭の経済的自立が困難であるという事実は変わらないからである。そこで児童扶養手当が，遺族年金を補完する制度として導入されたのである。児童扶養手当は，子ども１人であれば月額４万3160円，２人目は月額１万190円の加算，３人目以降は月額6110円が追加され支給される。この額は満額支給の場合であり，親の所得に応じて減額される。従来，児童扶養手当は，母子家庭のみを対象としていたが，昨今の長引く経済の停滞，男性の非正規労働者の増加等により，2010年に父子家庭も対象となった。

児童手当と児童扶養手当とは，本質的に何が違うのか。児童手当は「家庭における生活の安定に寄与するとともに，次代の社会をになう児童の健全な育成及び資質の向上に資すること」（児童手当法１条）と規定し，有子家庭の生活安定や，子どもの健全な成長促進という社会的な目的を有している。一方で，児童扶養手当は，「父と生計を同じくしていない児童が育成される家庭の生活の安定と自立の促進に寄与するため」（児童扶養手当法１条）と規定し，同じく家庭生活の安定を目指すものの，あくまでも母親の就労の補完であり，生活保護への依存を低めるという意味での自立促進を求めている。つまり，ひとり親のさらなる努力を求める点で大きく異なるという指摘がある。

この性質の差は，**堀木訴訟**（最大判昭57・７・７民集36巻７号1235頁）においてさらに如実に現れる。堀木訴訟は，障害のある（全盲）の母である堀木文子さんが，離婚後，児童扶養手当を申請したが，当該申請は却下され，不服申立てをしたところ，これも却下されたため，この処分は，障害のある母を差別するものであり，憲法14条等に反して違憲だとして提起された。申立て却下の理由は，児童扶養手当法に，障害福祉年金との併給を禁止する規定（以下，「**併給禁**

止規定」）が存在したからである。つまり，堀木さん自身が，すでに障害福祉年金（当時月額4000円）を受給しており，加えて年金制度の補完である児童扶養手当（当時月額2100円）を受給することは，年金保険料の拠出がなくとも受けられる２種の手当を受けられ，年金の二重取りになる。しかし，この併給禁止規定には，父がいない健常の母が子を養育している場合，あるいは，障害のある父と健常の母が子を養育している場合には，児童扶養手当が支払われるという問題があった。つまり，障害のある人が母であるがゆえに，児童扶養手当は支給されないという仕組みとなっている。

堀木さんの訴えに対し，地裁（神戸地判昭47・９・20行集23巻８＝９号711頁）は，「障害者として公的年金を受け得る者が，母であるか又は父であるかということ，若しくは母が障害者であるか健全であるかということの差異によって，いずれも前者の母に対しては手当が支給されず，後者の母に対しては手当が支給されうるという事態が……確知されうる……。そして，この場合，前者の母において受ける差別感が，かなり大なるものであろうということは，一般社会人として，容易に感得し得るところであり，……国民相互の社会連帯の理念に照らし，一部の国民が右のような被差別感に苦悩していることを放置しておいてよいか否かということが問われなければならない」とした上で，「憲法14条第１項所定の差別事由に該当する事由による差別，即ち，性別による差別，並びに障害者であるとの社会的身分類似の地位による差別という二重の意味の差別が存することが明認される」とした。

高裁（大阪高判昭50・11・10行集26巻10=11号1268頁）は，障害のある父が子を養育している場合にもまた，児童扶養手当は支給されないことを理由に，性別による差別はないと判断している。この判断については，そもそも児童扶養手当が，母子家庭を対象としているという原則を忘れ，比較すべきでない父子家庭との比較をしている点について批判がある。

続く最高裁では，併給禁止規定は，立法権に委ねられている裁量の範囲内であり，違憲ではないと判断された。なお，この併給禁止規定は，1973年に廃止されたが，その際，当時の厚生省は，社会事情の変化によるものであって，併給禁止規定自体に問題はなかったと説明している。なお現在では，親が公的年金等を受給する場合，児童扶養手当の全部または一部が支給停止となる（児童扶養手当法13条の２）。

以上のように，ひとり親世帯に対する国による経済的支援は，必ずしも十分ではない。とはいえ，ひとり親世帯の経済事情は，本来非監護親から支払われるべき**養育費**が十分に支払われていないことにも由来する。離婚時，養育費の取り決めをしているのは母子世帯で約４割，養育費の受給は24.3%となっており，より強力な養育費の確保策が求められる（厚生労働省「平成28年度全国ひとり親世帯等調査結果報告」）。一方で，近年ひとり親世帯に対する就業支援や子育て・生活支援などが充実してきている（厚生労働省子ども家庭局家庭福祉課「ひとり親家庭等の支援について（令和２年４月）」）。就業支援としては，母子世帯に特化した職業紹介やひとり親を雇用した企業に対する助成金・補助金などがある。子育て・生活支援としては，ひとり親家庭に日常家事の補助員を派遣したり，母子が共に暮らせる施設の運営のほか，ひとり親家庭の子どもの生活・学習支援などが挙げられる。特に子どもの生活・学習支援については，貧困の蓄積・連鎖を防ぐための取り組みでもある。さらに，2014年に施行された**子どもの貧困対策法**において，子どもの居場所づくり，子ども食堂なども含めて，子どもの貧困を防ぐための取り組みが進められているところである。

（２）介護の社会化

（i）　家族介護から社会的介護へ

従来，わが国においては，行政が職権により，**老人福祉施設**への入所を決定し，高齢者に対し介護サービスを実施していた。介護サービスは地方公共団体が施設と委託契約を結び，委託費を支払うことによって，利用者に介護が提供される仕組みになっていた（措置制度）。措置制度では，地方公共団体の財政負担が大きく，結果的に受給を抑制し，必要な人が必要なサービスを受けられないという弊害を生み出した。必要なサービスを受けられない人は，民法上の**引取扶養**の問題もあり，各家族において介護の体勢が整っているのかどうかにかかわらず，家族が要介護者に対する介護や経済的な拠出を引き受けた。

しかしながら，急激な**少子高齢化**によって，要介護者の増加見込み，介護の担い手であった妻（嫁）が社会に進出することによる担い手不足が生じた。このことから，介護の担い手を家族から社会へ求めるとともに，利用者が最低限の負担を引き受けつつも，必要な人に必要な介護がなされる社会が望まれるようになった。また，審判例や学説も，前記社会背景を下に，引取扶養を家族に対して強制することはできないとするものが多くなった。

これらの状勢を踏まえ，1998年の**社会福祉基礎構造改革**では，ケアのあり方，利用者負担のあり方などが話し合われた。自己決定の実現，福祉サービスを自ら選択できる利用者本位の仕組みの確立，公私の適切な役割分担，および民間活力の利用を目的として，大幅な改革がなされ，2000年に導入されたのが**介護保険制度**である。

(ii) 介護の担い手と介護休業

介護を社会が担うことになったからといって，実際に，家族が介護から解放されたわけではない。主な介護者と要介護者等との関係をみると（厚生労働省「2019年国民生活基礎調査」），同居の家族が約半数，事業者が１割程度である。同居の家族のうち，介護者の続柄をみると，配偶者と子が同じくらいの割合で，子の配偶者がその３分の１弱である。これを性別にみると，男性35.0％，女性65.0％である。この数字は，介護者は相変わらず，妻，娘，嫁，という場合が多いということを意味する。ただし，介護保険制度導入前の同じ調査では（厚生省「平成７年国民生活基礎調査」），介護者の性別は，男性14.9％，女性85.1％であり，「介護の担い手＝女性」という図式は徐々に崩れてきている。

さらに，介護保険制度の導入効果は，1999年に施行された育児・介護休業法にも現れる。同法に基づく**介護休業**は，労働者の**ワーク・ライフ・バランス**を図る目的で導入された。介護休業は，2017年改正により要介護状態にある家族（事実婚を含む配偶者，父母，子，配偶者の父母，同居かつ扶養している祖父母，兄弟姉妹，孫）をもつ男女労働者が，対象家族１人につき３回まで，通算93日まで取得できるようになった（以前は対象家族１人につき１回）（**育児・介護休業法**11条）。さらに，育児休業と同様，勤務時間短縮などの措置（同法23条３項），介護休業を理由とする解雇や不利益取扱いの禁止（同法16条）等を定める。

介護休業と**育児休業**（→第８章）の違いは，休業中の所得保障が雇用保険から行われており，取得期間により給付割合が異なること，介護の終了は，要介護者の完治か死を意味し，終了時期の見通しが立ちにくい介護について，休業日数の上限設定が難しいこと等が挙げられる。また，育児休業と介護休業の取得割合を比較すると，育児休業取得率（調査前年度１年間の出産者のうち，調査時点までに育児休業を開始した（開始予定）人の割合）は女性が83.2％，男性が5.14％であるのに対し，介護休業者がいた事業所（全体の2.0％）のうち，介護休業者の男女比は，女性57.1％，男性42.9％であり，男女の格差はほぼない（厚生労働省「平成29年度雇用均等基本調査」）。介護休業の取得がどちらかの性に偏っていないということもまた，育児休業と異なる点である。

介護の社会化と担い手に関する問題として，介護サービスの担い手が女性に偏っているという問題も挙げられる。厚生労働省「令和元年版働く女性の実情」によれば，女性雇用者（2720万人）のうち産業別で多いものから順に，医療・福祉（625万人），卸売業・小売業（519万人）となっている。特に，医療・福祉分野については，教育・学習支援業とともに，伸び率の大きい産業となっている。付言すれば，医療・福祉分野のうち，とりわけ**介護職**や保育士については，その離職率の高さと賃金の低さが問題となっている。この問題は，医療・福祉分野に女性が多く従事していることとも無関係ではないだろう。厚生労働省は，利用者に介護サービスを提供した場合，その対価として事業者に支払われる**介護報酬**（介護職員処遇改善加算）を増やすこと，また内閣府は，保育士の技能・経験に応じて賃金を改善した保育所に対して，処遇改善加算することによって，この問題を解決しようとしている。単に事業者に対して経済的援助をするだけではなく，介護労働やケア労働の性質・本質を考慮する必要があろう。

（３）老後の所得保障

（ⅰ）非正規労働者の年金加入

厚生年金の加入者である第２号被保険者（→本章Ⅰ（２））は，民間企業の**正規労働者**および短時間労働者（→第８章）である。厚生年金の加入対象となる短時間労働者とは，週の所定労働時間が20時間以上，雇用期間が１年以上の見込み，賃金の月額が8.8万円以上の学生でない，501人以上雇用される企業に勤める短時間労働者である（厚生年金保険法12条５号）。厚生年金の保険料は労使折半であるため，事業主が保険料負担を避けるために，短時間労働者に対して労働を抑制することを求めたり，労働者を派遣労働に切り替えたりすることもある。また，労働者側も保険料負担を避けるために，労働を抑制することもある。

厚生年金に加入できず，第３号被保険者にもなれない短時間労働者は，**国民年金**に加入することになる。本来国民年金は，自営業者とその家族従事者や農業・漁業従事者，学生や無職の者の加入を念頭に置いているが（第１号被保険者），第１号被保険者（約1068万人）のうち，自営業者・家族従事者の割合は23％である一方，雇用者である非正規の会社員・公務員の割合は34.3％となっている（厚生労働省「平成28年公的年金加入状況等調査結果の概要」）。第１号被保険者の雇用者化，非正規化が進んでいる。また，国民年金は所得にかかわらず，毎月１万6540円（2020年度）の保険料を支払うことになっている。厚生年金に加入できない短時間労働者にとっては少なくない額であることから，国民年金を支払うことができない者も存在する。現に，国民年金の納付率（現年度分）は，68.1％となっている（厚生労働省「平成30年度の国民年金の加入・保険料納付状況」）。保険料を支払うことができない者には，猶予・免除といった仕組みがあるが，いずれも書類をともなう手続きが必要であることから，利用が必ずしも進んでいない。年金が未納であると，将来**無年金**となり，老後，生活保護に頼らざるを得ない状況になる。実際，生活保護受給世帯のうち，最多は高齢者世帯であり，全体の半数超である（厚生労働省「被保護者調査（令和２年４月分概数）」）。わが国は，満20歳以上のすべての国民が，いずれかの年金制度に加入する**国民皆年金制度**を採用し，老後の所得保障や防貧を図ってきたが，事実上「皆」年金とは言い難く，防貧の役割も果たせていない。

(ii)　離婚時の年金分割

年金分割制度は，近年の離婚の増加に伴う第３号被保険者の無年金・低年金の問題がより深刻となり，年金保険に関する法令を改正することによって導入された。導入にあたっては，国民を巻き込んだ議論というよりもむしろ，熟年離婚の損得勘定や，夫が定年退職した後，長年夫に尽くしてきた妻が，自由に生きていくための手段として語られた。

年金分割には，①元妻が働いていたかどうかを問わず，元夫と元妻の合意により年金を分割する**合意分割制度**と，②元妻が働いていない期間（第３号被保険者期間）を考慮し，元妻の請求により強制的にお互いが２分の１ずつの分割となる**３号分割制度**がある。いずれの制度も，離婚，婚姻の取消し，事実婚の解消によって分割請求できるが，②についてのみ，離婚の届出がなくとも，事実上離婚したと同様の事情にあると認められた場合でも可能である。また，②の場合，婚姻等の期間のうち，2008年４月以降に第３号被保険者であった期間については，請求に基づき，当然に２分の１ずつの分割となる。①の場合，元夫婦間の合意がとれない場合があるが，話合いでまとまらない場合には，**家庭裁判所**に**調停**，**審判**，あるいは離婚訴訟にあわせて処分を求める**附帯処分**を申し立てる。裁判所は，「当該対象期間における保険料納付に対する当事者の寄与の程度」と「その他一切の事情」（厚生年金法78条の２第２項）を考慮し，お互いの按分割合を決定する。近年の審判例・裁判例では，保険料納付に対する婚姻期間中の夫婦の寄与は，原則同等というものが多い（直近の例では，大阪高決令元・８・21判時2443号53頁など）が，元夫と元妻の寄与について詳細に検討し，元夫の年金分割の按分割合を0.3と定めた事例（東京家審平25・10・１判時2218号69頁）や「高額な収入の基礎となる特殊な技能が，婚姻届出前の本人の個人的な努力によっても形成されて，婚姻後もその才能や労力によって多額の財産が形成されたような場合」に，こうした事情も考慮して寄与割合を加算することを認める事例（結果的にはこうした事情は認められず，按分割合は0.5となった：大阪高判平26・３・13判タ1411号177頁）なども見られる。原則となっている夫婦同等の按分という判断は，年金自体が，夫婦双方にとって，お互いの老後の所得保障としての機能を有するという社会保障的な考え方によっているものともいえる。一方で，年金の按分が，民法上の財産分与と同様，今までの夫婦生活の清算と捉えると，法に定める寄与の程度やその他の事情をもっと考慮してもよいのではないか，という考え方にもなり，例外的な事例はそれを明らかにしたものであろう。熟年女性の老後の所得が確保されたという意味では，本制度の果たす役割は大きいが，社会保障法的，民法的立場のいずれに立つかによって，その制度の位置付けや運用にも影響を与える。

Ⅲ　社会保障制度の未来

（1）家族単位から個人単位へ

そもそも，社会保障制度は，ある人の人生において何らかのステージ転換をし，支えを必要としている場合に，その必要性（ニーズ）に応えるものである。ステージ転換は，誰しも遭遇するものであることから，私たちは保険料や税という形で保障を受けるための準備として拠出をし，必要なときに，必要な支えを得られる仕組みが社会保障制度であった。従来は，**男性稼ぎ手モデル**を前提とし，上記にいう「人」を家族として捉えてきた。しかし，ここ十数年で，急激に**少子高齢化**が進み，社会保障費への支出が大幅に増える一方で，アテにしていた男性稼ぎ手モデルの保険料・税収入が，雇用の非正規化により激減した。さらに，男性稼ぎ手モデルそのものが減少し，夫婦がフルタイム同士の**共稼ぎ家庭**，子どものいない家庭，ひとり親家庭など，多様な家族形態が登場した。社会保障制度が変革を重ねているのは，従来の男性稼ぎ手モデルという固定化した家族単位の社会保障制度から，多様な家族のあり方を認める社会保障制度，あるいは個人単位とする社会保障制度への転換を図らなければ，現在抱える社会問題を解決できないからだと推測することもできる。

しかしながら，個人単位とする社会保障制度に対する懸念も少なくない。例えば，現在の公的年金制度を個人単位とした場合，第３号被保険者は保険料の負担能力がないので第２号被保険者に頼らざるをえず，結果として世帯として把握するしかないこと，年金給付においても，夫婦が同居し，生活を共にしている場合には，夫婦２人世帯の給付水準が高くなり，不公平感が生じる可能性があること，などが指摘されている。

これらの指摘は，現在の社会保障制度を離れることなく，世帯単位から個人単位に転換することによって生じる矛盾に対する懸念であるが，制度自体を大幅に変革することもまた容易ではない。例えば，年金制度は加入期間が40年間にわたる長期的な制度であり，今変えても，その制度変更に応じた年金給付が実施されるのはずいぶん先になり，世代間の不均衡も招いてしまう。

（2）個人の自由と権利

とはいえ，現在の社会保障制度が必ずしも望ましいものでないことは，誰の目から見ても明らかである。また，今生じている社会問題を場当たり的に解決しようとしても，一貫性に欠ける理念のない制度となってしまう。そうならないために，今必要なこととは何だろうか。その1つは，社会保障制度の根幹にある理念を今一度見直すことにある。

社会保障制度は，憲法25条に基づく**生存権**を基底として形作られてきた。憲法25条1項は，国民に生存権が保障されていること，2項は，国が生存権の具体化について努力する責務を有することを定める。この規定に基づき，児童福祉法や児童手当法などの社会福祉関連法や，国民年金法，厚生年金法などの社会保険関連法が制定され，現在の社会保障制度が形作られた。この制度の問題点は，1項で最低限度の生活と規定したことで，25条に基づいて制定された諸法の水準が，社会保障の水準と理解される可能性があること，そして2項に国の責務を規定したことで，国家は国民を護り，国民は国家に護られるという意識をもたらすことである。とりわけ，後者の構図は，稼ぎ手が家族を護り，家族は護られるもという男性稼ぎ手モデルにも通じる。

しかしながら，この考え方が現代に合わないことは，繰り返し述べてきた。そこで登場したのが，憲法13条に基づく**自己決定権**を基底とした社会保障制度である。この社会保障制度では，生活水準を人間の尊厳に相応しいものとし，個人の幸福追求のために，生活水準を憲法25条に定める最低限度の生活よりも高い水準とすること，個人が自立した存在として，主体的に自らの生き方を追求していけるよう，条件整備をすることを目指す。この理念に基づけば，様々な家族形態や個々人の人生の選択に適った制度になる可能性がある。

もちろん，これら2つの理念は，相反するものではない。私たちが貧困に陥ったときには，その貧困から救われる最低基準も必要である。また，日常生活で貧困に陥る不安を取り除き，個人として尊重され，自分らしく生活をすることもまた必要だからである。この2つの理念を同時に追求していく制度こそ，今真に求められている社会保障制度なのかもしれない。

【発展課題】

夫婦2人，4歳と6歳の子どもがいる日本の家族を想定してほしい。この家族は，平均収入の133％を稼ぐことができる。この家族は，国・地方公共団体に対して社会保障関係費を総収入の13.6％分支払っている（OECD 報告書）。13.6％という割合は，実は，夫婦2人の収入割合が1人目130％・2人目0％であっても（男性稼ぎ手モデル），1人目100％・2人目33％であっても（フルタイム＆パートタイム），1人目67％・2人目67％であっても（フルタイム同士），同じである。つまり，妻が専業主婦であれ，パートタイムであれ，フルタイムであれ，実際の社会保障負担は変わらないというデータである。個人（妻）の選択がいかなるものであっても，社会保障負担が変わらないという点で，一見中立で公平な制度であるようにもみえるが，本当にそういえるだろうか。

【参考文献】

堀勝洋ほか『離婚時の年金分割と法』（日本加除出版，2008）
岩村正彦＝大村敦志『融ける境 超える法1　個を支えるもの』（東京大学出版会，2005）
嵩さやか＝田中重人編『雇用・社会保障とジェンダー』（東北大学出版会，2007）
日本社会保障法学会『講座社会保障法第1巻　21世紀の社会保障法』（法律文化社，2001）
OECD 編『国際比較：仕事と家族生活の両立　OECD ベイビー＆ボス総合報告書』（明石書店，2009）
生駒俊英「離婚時年金分割制度における『合意分割』に関する一考察」吉備国際大学研究紀要第20号（2010年）1-12頁
新田秀樹＝本沢巳代子『トピック社会保障法2020〔第14版〕』（信山社／不磨書房，2020年）

〔三輪　まどか〕

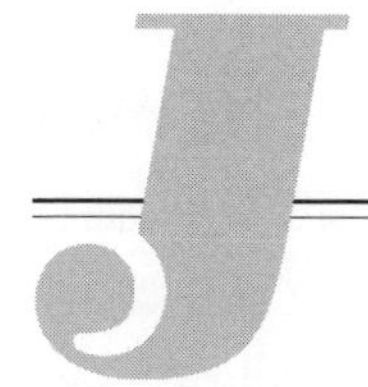

第10章

レイプ・強制わいせつ

―110年ぶりの刑法改正と先進国の趨勢―

◆この章で学ぶこと◆

本章で取り扱うレイプ（強制性交等）・強制わいせつなどの性犯罪に対する理解と対処法には，その国や国民のジェンダー・レベル（性差別の度合い）が如実に表れる。諸外国が従来の強姦法制から新しい性暴力法制へと変遷を遂げ，さらにここ数年「不同意性交等罪」の相次ぐ立法にみられるように，世界は確実に進化している。日本も2017年に110年ぶりに性犯罪を改正したが，積み残された課題は多かった。国際水準に遅れをとった刑法・刑事訴訟法による処罰が，性暴力被害者の保護となるどころか，逆に差別・人権侵害となりうることを学び，より良い法制度に変えてゆくための基礎的知識・理解を身につける。

Ⅰ　110年ぶりに改正された日本の性犯罪規定

（1）諸外国における強姦法改革（1980年代）

日本を含む諸外国は，**レイプ**（強姦）・**強制わいせつ**をどのように捉え，処罰してきただろうか。

欧米諸国では，1970年代後半より**第二波フェミニズム**（→第3章）の影響を受けて「強姦法から性的暴行法へ」とのスローガンに集約される**強姦法改革**が行われ，より性平等主義的で被害者の保護を重視した性暴力法制へと変化を遂げた。その内容は，以下の通りである。

（i）　実体法分野の改革

①貞淑な女性が，②抵抗しても「貞操」を守りきれないほど激しい暴力によって，③姦淫（性器結合）されるという強姦法のイメージは，**女性差別**（男性

中心主義）に基づく上，現実にもそぐわないと排斥し，①被害者の性別の中立化と被害者に対する偏見の排除，②暴行等の手段要件の再構成，③行為態様の再構成が行われた。具体的には，①被害者を男女双方とし，性遍歴などは問わないよう，手続法が整備された。②「普通」の性交でも男性による暴行はつきものだ，女性が本気で抵抗すれば強姦は防げるなど，主に男性側の主張に基づいて要求されてきた暴行の程度も，たとえ弱い暴行でも被害者が恐怖その他の理由で心理的に抵抗できないことも少なくないことから，そのような状況（加害者が被害者の保護者・監督者等である場合等）を類型化して処罰するようになった。③強姦（rape）という言葉をより中立的な「性暴力（sexual violence）」，「性的暴行（sexual asault）」などの言葉に変え，性器の結合だけでなく，それ以外の**性的侵害行為**（口や肛門などへの性器挿入や手・異物の挿入等）もすべて，性的暴行として統一的に処罰することとした。

(ii) 手続法分野の改革

手続法分野では，アメリカ・カナダなどにおいて，法廷などの場で被害者が再び裁かれる**セカンドレイプ**を防止することを目的として**強姦被害者保護法**（**レイプ・シールド法**）が導入された。これは，事件とは無関係な被害者の性的遍歴等を証拠とすることはできないという**証拠排除法則**である（傷害その他の物的証拠の主体が被告人でないことを立証する場合など一定の例外はある）。

フランスでは，性犯罪の公判審理を非公開とするかどうかの決定権は，裁判官ではなく，当然被害者にあると条文上規定されている（フランス刑事訴訟法306条）。被告人の証人審問権は保障されているものの，「裁判公開の原則」が性犯罪被害者のプライバシー保護のために制約されており，裁判官が公開・非公開の決定を行う日本よりも，被害者の権利が強い。

しかし，日本は，これらの改革に完全に立ち遅れ，21世紀に入っても110年以上前の1907（明治40）年に制定された刑法典を維持し，当時の家父長制的価値観を反映した「強姦法」を適用し続けていた。すなわち，2017年にようやく110年ぶりの改正が行われるまで，日本の強姦罪（刑法177条）は，前述の旧来の強姦法の特徴をすべて持っていたことは，初版の本章で述べた通りである。

(2) 2017年の刑法改正と残された課題

日本では，2017年に110年ぶりに刑法の性犯罪規定が改正され，同年7月13日より施行された。改正された内容は，①177条の強姦罪は強制性交等罪へ名称が変更され，②客体が女子のみから男女に変更された。③犯罪行為も，「姦淫」から「性交，肛門性交又は口腔性交（＝性交等）」に拡張され，④法定刑も3年以上の懲役から，強盗罪と同じ5年以上の懲役に引き上げられた。また，⑤18歳未満の者に対し，その者を現に監護する者であることによる影響力があることに乗じて性交等を行った者を処罰する監護者性交等罪が新設された。⑥被害者に無用の負担を課すと批判があった親告罪も廃止され，非親告罪化された。

しかし，①公訴時効の撤廃又は停止，②配偶者間強姦罪の明文化，③欧米に比べて13歳と低い性交同意年齢の引上げは見送られ，④性交類似行為は男性器の挿入という狭い範囲に留められ，⑤地位・関係性に乗じた性的行為の主体も監護者という狭い範囲に限定された。そして，被害者保護の最大の障壁である⑥暴行・脅迫要件の緩和も，全く手つかずのまま終わった。

日本では，性犯罪の手段である暴行・脅迫は，被害者の反抗を著しく困難ならしめる程度のものをいうとするのが判例（最判昭24・5・10刑集3巻6号711頁）・通説である。その背景には，あくまで異常な少数の男性による例外的な強姦と，不可罰となる合意に基づく性交とを区別する必要性が高く，合意に基づく通常の性交でもある程度の暴行は許容されるから，犯罪となる暴行は相当程度強いものに限定されるべきだという男性支配主義思想があった。また，女性（2017年まで強姦罪の被害者は女性のみ）は嫌なら強く抵抗するはずであり，本気で抵抗すれば強姦は防げるという「**強姦神話**」も背景にあると言える。しかし，強姦（現在は強制性交等）罪の成立に本質的な要件は被害者の**性的自己決定権**に反するかどうかであり，被害者の意思に反する性的行為は，暴行・脅迫の強弱に関係なく，すべて犯罪とすべきである。実際，先進諸外国は，次々と「不同意性交罪」を立法している（後述Ⅲ－(1)参照）。

なお，刑法176条の強制わいせつ罪は，もともと性中立的であったこともあり，2017年の法改正の対象とはならなかった。ただ，加害者側の主観的要件として，故意のほかに「わいせつ傾向」(「性欲を刺激興奮させまたは満足させる性的意図」) を要求し，報復目的で被害者を裸にして写真撮影した加害者を無罪とした判例（最判昭45・1・29刑集24巻1号1頁）が変更され，「今日では，強制わいせつ罪の成立要件の解釈をするに当たっては，被害者の受けた性的な被害の有無やその内容，程度にこそ目を向けるべきであって，行為者の性的意図を同罪の成立要件とする1970（昭和45）年判例の解釈は，その正当性を支える実質的な根拠を見いだすことが一層難しくなっているといわざるを得ず，もはや維持し難い」とされた（最大判平29・11・29刑集71巻9号467頁）。

先進諸外国に40余年遅れた日本の性犯罪改正は，非常に不十分なものに終わり，被害者保護は徹底されないことが予想されたが，2019年3月に相次いだ無罪判決により，その危惧は現実のものとなった。

Ⅱ　改正後の無罪判決に象徴される刑事裁判上の課題

（1）相次いだ性犯罪無罪判決（4件中3件）

1）－①　福岡地裁久留米支部平成31年3月12日判決（判例集未登載）：飲食店で行われたサークルの飲み会に初めて参加した女性（22歳）が，テキーラを一気飲みさせられるなどして泥酔し，店内のソファで眠り込んでいるところを，男性（44歳）が性行為に及び，準強制性交等罪（178条②）に問われた。判決は，女性が抵抗できない状態だったことは認めたが，女性が許容していると被告人が誤信してしまう状況にあったと判断し，無罪とした。検察側が控訴した。

1）－②　福岡高裁令和2年2月5日判決（控訴審・LEX/DB25565044）は，原判決を破棄し，実刑4年の有罪判決を言い渡した（被告人が上告）。

2）静岡地裁浜松支部平成31年3月19日判決（判時2437号107頁）：メキシコ人男性（44歳）が女性（25歳）に対する強制性交等致傷罪（181条②）に問われた。女性が「頭が真っ白になった」ために抵抗できなかったことから，「被告人が，自身の暴行が反抗を著しく困難にする程度のものだと認識していたと認めるには合理的な疑いが残る」として「故意」を認めず，無罪とした。検察側は控訴せず，無罪が確定した。

3）－①　名古屋地裁岡崎支部平成31年3月26日判決（判時2437号100頁）：長女（19歳）に以前から性的虐待をしていた父親（50歳）が，2017年8月と9月の2回の性交について，準強制性交等罪（178条②）に問われた。判決は，長女について「抵抗する意思や意欲を奪われた状態」であり，「性交は意に反するものであった」とは認めた。しかし，「被害者の人格を完全に支配し，……被告人に服従・盲従せざるを得ないような強い支配従属関係にあったとまでは認めがたい」とし，「（長女が）抗拒不能の状態にまで至っていたと断定するには，なお合理的な疑いが残る」と判断し，無罪とした。検察側が控訴した。

3）－②　名古屋高裁令和2年3月12日判決（控訴審・判時2467号137頁）は，原判決を破棄し，実刑10年の有罪判決を言い渡した。被告人（実父）側が判決を不満とし，上告した。

3）－③　最高裁令和2年11月4日決定（判例集未登載）は，被告側の上告を棄却し，実父に対する懲役10年の有罪判決が確定した。

（2）課題と解決策

1）および2）判決の問題点として，①性犯罪に「被害者の抗拒を不能とするほどの強い暴行・脅迫要件」が残されていること，②性犯罪に「過失犯」の規定が設けられていないこと，③男性が多い裁判官の「**ジェンダー・バイアス**（**性的偏見**）」が挙げられる。日本の数少ない（2016年で約25%）女性裁判官であっても，日本社会でエリート教育をうける中で男性化された内面を身につけている女性も多い。3）判決の問題点としては，父親による娘への性虐待の悪質さや，その結果として非常に弱い立場にいる娘の抵抗できない心理を多くの男性裁判官や男性化された女性裁判官が理解していないという裁判官の資質の問題が挙げられる。

解決策として，①暴行・脅迫要件の撤廃・緩和が，ぜひとも必要である。イギリスやカナダ，フランス，ドイツ，スウェーデンなどでは，レイプの本質は「被害者の意思に反する（不同意の）性交」であり，「暴行・脅迫」の有無は関係がないという考え方が大勢であり，「暴行・脅迫要件」を緩和・撤廃する国が相次いでいる。「暴行・脅迫要件」を撤廃・緩和し，不同意性交をすべて強制性交とすれば，3）-①判決のように，被害者である娘が父親との性交に同意していなかったことを認めつつ，抵抗不能だったとはいえないから無罪などという逆説的で時代錯誤な判決は出なくなるだろう。

次に，②「過失犯」の立法も必要である。性犯罪は伝統的に刑法が原則とする「故意犯」とされ，過失傷害罪や過失致死罪，失火罪などで規定されているような「過失犯」が規定されていない。強制性交等罪が故意犯とされる以上，「相手方の同意のない性交をしている」という認識が必要となるため，たとえ被害者に同意がないことが明らかな場合であっても，被告人が不注意で「同意がある」と誤信した場合は，どんなに不合理であってもすべて無罪となってしまう。1）および2）判決において，泥酔したり頭の中が真っ白になり抵抗できない状態になっている女性が同意していると軽率に信じ込んだ被告たちが無罪となった理由も，まさに性犯罪に過失犯が規定されていない法律上の不備にある。単に他人の身体をうっかり傷つけてしまっただけでも過失傷害罪（209条）が成立するのであれば，「魂の殺人」と称され，被害者に一生トラウマが残るような重大な身体的・精神的被害をもたらす強制性交等罪に過失犯がないことは論理的に誤っている。2018年にスウェーデンでは，世界に先駆けて過失強姦罪が新設された。

また，たとえ過失犯が立法されず性犯罪が故意犯のままであっても，裁判官に優れたジェンダー意識があれば，「このような状況を認識していれば，女性が同意していないことに気づくはずだし，気づくべきだ」として，故意を認定できるはずである。たとえば殺人罪の場合，いくら被告人が「殺すつもりはなかった」と主張しても，ナイフで被害者の心臓を刺していれば，客観的状況から殺意を認定するのが，現在の判例・学説であるにもかかわらず，性犯罪の故意の認定だけを狭く解釈している背景に，男性には甘く女性には厳しく接する女性差別意識が隠れていることを，裁判官は自覚すべきであろう。

したがって，③裁判官（法曹）へのジェンダー教育は，非常に重要である。法律がいくら改正されても，それを適用する裁判官が女性被害者の気持ちを理解できない男性ばかりだったり，無意識の女性差別であるジェンダー・バイアスが強かったりすれば，結局は被告人に有利な，ゆがんだ事実認定が行われ，被害者に不利な判決が量産されてしまう（上記無罪判決における故意の認定などはその典型である）。裁判官にきちんとジェンダー教育が行われ，女性裁判官が多数を占める社会になれば，1）-①判決の事案のように明らかに女性は同意していないと気付くべき状況で，強制的に性交するような被告を無罪とするような，驚くべき判決は出なくなるであろう。

（3）その他の諸問題

日本では，刑法施行110年後にようやく強姦法改革の一部が行われたものの，「暴行・脅迫要件」をそのまま残すなど不十分な改革だった。その原因の1つと考えられる社会のジェンダー不平等が未だ解消されていないため，裁判上の**セカンドレイプ**も未だ過去のものとなっていない。被害者がやっとの思いで訴えたレイプ事件の裁判が，①暴行・脅迫概念の厳格さによる加害者の不処罰化，②故意の極度に厳格な認定による加害者の不処罰化，③被害者の性的遍歴や抵抗の有無，落ち度の有無などの執拗な追及につながり，まさに「加害者ではなく被害者を裁く場」となっている。これらの理由から，旧強姦罪時代にも無罪となった判例が多くあり，一・二審で認められた強姦罪を破棄・自判し，逆転無罪を言い渡した最高裁判例（後掲最判平23・7・25）もある。

たとえば，（1）強姦罪に必要とされる暴行・脅迫が，被害者の反抗を著しく困難ならしめる程度とは言えないとして被告人を無罪とした裁判例には，①静岡地判平21・9・14判例集未登載，②東京地判平21・10・8季刊刑事弁護63号196頁，③横浜地判平22・7・15 LEX/DB25463784，④広島地判平23・3・11判例集未登載（後掲参考文献『性暴力被害の実態と刑事裁判』190頁），⑤東京高判平26・9・19判例集未登載などがあり，（2）被害者の性癖，落ち度，供述の信用性，和姦の可能性などを指摘して被告人を無罪とした裁判例は，⑥奈良地判平21・4・30判例集未登載，⑦大阪地判平27・10・16判時2316号119頁，⑧仙台高判平28・3・15判例集未登載など，（3）被害者の同意を被告人が誤信しており故意がないとして無罪とした裁判例には，⑨大阪地判平20・6・27 LEX/DB28145357，⑩鹿児島地判平26・3・27 LEX/DB25446357や，前述した⑪福岡地判平31・3・12，⑫静岡地判平31・3・19など多数に上る（（1）～（3）

が考慮されているものも多い)。

最判平23・7・25集刑304号139頁は，被告人が通行中の女性（18歳）に対して暴行，脅迫を加えてビルの階段踊り場まで連行し，強姦したとされた事件について，被害者供述の信用性を全面的に肯定した一審及び原判決の認定は経験則に照らして不合理で是認できないと破棄・自判し，逆転無罪を言い渡した。その際，被告人の供述は信用できるとしながら，被害者の供述には，「ついてこないと殺すぞ」と言われ，「恐怖で頭が真っ白になり，変に逃げたら殺されると思って逃げることができなかった」というが，その時間帯は人通りもあり，そこから近くに交番もあるにもかかわらず，叫んだり，助けを呼ぶことも逃げ出したりもしていないのは不自然であって容易には信じ難いなどと疑義をさしはさんでいる。しかし，性犯罪においては，被害者が威圧的な言動により萎縮して抵抗できなくなる場合が少なくないのが実態であり，逃げようと思えば逃げられる状況で本気で抵抗すれば強姦は防げるという，欧米先進国ではとっくに克服された「**強姦神話**」が21世紀の日本の最高裁判所判旨の中に見え隠れする事実は，非常に残念である。

「**疑わしきは被告人の利益に**」という大原則はもちろん重要であるが，同原則と性犯罪被害者の保護は二者択一ではなく，それぞれが人権尊重という意味で本来両立可能なものである。目撃者や物証の少ない性犯罪事件において両者を調和させるために，性犯罪被害者への偏見の除去や強姦神話の否定は最低限の条件である。

Ⅲ　国際水準に適合する性犯罪処罰の実現へ

(1) さらに進化する欧米先進国の性犯罪法

日本より数十年早くから性刑法改革を進めている多くの先進国が準拠するのは，欧州評議会の「女性に対する暴力及びドメスティック・バイオレンス防止条約」（いわゆる**イスタンブール条約**，2011年）である。性犯罪に関する同条約第36条は，（1）締約国は，故意に行われる次の行為が犯罪化されることを確保するため，立法上その他の必要な措置をとるとして，a）同意に基づかず，他の者の身体に対し，いずれかの身体部位または物をもって膣，肛門または口への性的性質の挿入行為を行うこと，b）人に対し，同意に基づかない他の性的性質の行為を行うこと，c）他の者をして，同意に基づかない性的性質の行為を第三者と行わせること，（2）同意は，自由意思の結果として，任意に与えられなければならない。この自由意思は，関連する状況の文脈において評価される，（3）締約国は，第1項が，国内法で認められた過去または現在の配偶者またはパートナーに対して行われた行為にも適用されることを確保するため，必要な立法上その他の措置をとること等を求めている。

2020年11月現在，暴行・脅迫のみに固執せずに「不同意レイプ罪」を立法する国は，イギリス，カナダ，ドイツ，フランス，スウェーデン，台湾，韓国など，欧米のみならずアジアの隣国にも及んでいる。日本でも，次節のように，2020年から刑法の見直しが始まっている。

（2）性犯罪規定の再改正に向けて

2020年3月に設置された法務省「性犯罪に関する刑事法検討会」では，以下のような論点が検討されている（議事録や資料は，法務省のHPで公開されている）。①暴行・脅迫や心神喪失・抗拒不能の要件の在り方，②地位・関係性を利用した犯罪類型の在り方，③いわゆる性交同意年齢の在り方，④強制性交等の罪の対象となる行為の範囲，⑤配偶者間等の性的行為に対する処罰規定の在り方，⑥公訴時効の在り方，⑦いわゆるレイプシールドの在り方等である。

3年前の刑法改正時に比べ，17人の委員中12名が女性であり，国際水準に近づこうとする姿勢が見てとれる。2021年以降の性犯罪改正への期待は大きい。

レイプ・強制わいせつをめぐるジェンダー不平等の解決には，ハード（刑法改正）・ソフト（裁判官のジェンダー教育）両面からの改善が急務である。また，性犯罪事件の裁判官・裁判員や検察官の構成も，男女比として歪まないような配慮が必要であろう。

【発展課題】

日本の性犯罪については未解決の問題が多いが，先進諸外国の中には，性犯罪を性差別に基づく犯罪と捉え，性差別だけでなく，人種差別，LGBTQ 等の性自認に対する差別などの**差別**そのものを処罰する立法例も存在する。それを受けて，**セクシュアル・ハラスメント**を犯罪として処罰したり，暴行・傷害・殺人等の通常の犯罪が差別に基づき行われた場合に加重するなど，より弱者保護やジェンダー平等の視点を取り入れた刑法典も存在する。日本の刑法が国際水準に適合しているかどうか，広い視野に立って考えてほしい。

【参考文献】

角田由紀子『性と法律—変わったこと，変えたいこと』(岩波書店，2013)
大阪弁護士会人権擁護委員会＝性暴力被害検討プロジェクトチーム編『性暴力と刑事司法』(信山社，2014)
日本弁護士連合会＝両性の平等に関する委員会編『性暴力被害の実態と刑事裁判』(信山社，2015)

〔島岡　まな〕

第11章

セクシュアル・ハラスメント

—職場，大学における性的人格権の侵害と労働環境，教育研究環境配慮義務—

◆この章で学ぶこと◆

セクシュアル・ハラスメント（セクハラ）という言葉は，この十数年で日本社会にも定着してきた。本章では，この概念の意義，国際的な動向，日本の立法，裁判動向を概観し，職場（労働環境），大学（教育・研究環境）におけるセクシュアル・ハラスメントと法をめぐる現状の到達点を確認する。

I　セクシュアル・ハラスメントとは？

（1）セクシュアル・ハラスメントの意義

セクシュアル・ハラスメント（sexual harassment）とは，職場や教育研究の場，それと関連する環境において，相手方の意に反してなされた性的言動である。この場合の性的言動とは，後述の労働省告示や人事院規則の運用指針，裁判例などを踏まえて分類すると，①直接的な性暴力（強姦，性器をもてあそぶ，無理やりキスする，抱きつく，胸や太もも，尻に触るなどの強制わいせつ行為），②強迫的・威圧的または執拗な性的要求（性交渉を要求する，性的な欲求を背景にホテルに誘う，デートに誘う，飲酒に誘うなど），③性的プライバシーの侵害行為（処女かどうかを尋ねる，交際相手の有無を尋ねる，今日は生理日かなどと聞く，異性関係のうわさを流す，盗撮行為をするなど），④相手の性的人格への侮辱・論評行為（妊娠した女性に「腹ぼて」と言う，「胸が大きくなった」などと指摘する）などである。2019年度に都道府県労働局雇用均等室に寄せられたセクシュアル・ハラスメント相談件数は7323件であった。2016年に公表された独立行政法人労働政策・研修機構の調査では，25～44歳の女性労働者の約３割が被害経験があるという。

セクシュアル・ハラスメントの特徴は，職場や学校という自らの任意の意思で容易にそこから離脱することができない場（そこで決まった時間に働かなければならない，授業やゼミを受けなければならない，研究指導を受けなければならない）において，権力的な優越関係（上司と部下，教員と学生など）や密接な社会的接触関係（同一の職場，同一のクラス，ゼミ，サークル等）を利用して，相手の意に反する性的言動が行われる点，そのことによって，各人にとって最もプライバシーな領域であるはずの性に関する自己決定権，性的人格権が侵害され，かつ，良好な環境での労働・教育・研究が破壊されてしまう点にある。

法的な問題としては，①被害者に対するセクシュアル・ハラスメントにあたる行為が違法性を帯び，加害者に不法行為責任に基づく損害賠償責任が発生する，②セクシュアル・ハラスメントの防止や発生した場合の事後の対応について使用者の職場環境配慮義務や調整義務を適切に尽くしたか否かなどの点で使用者責任や債務不履行責任が問われる，③セクシュアル・ハラスメントを理由として当該加害労働者に懲戒処分が下されるなどの際に，セクシュアル・ハラスメントの存否や程度が争点となる（冒頭に述べた①直接的な性暴力の場合は，強制わいせつ罪（刑法176条）や強姦罪（刑法177条），ストーカー行為規制法上の犯罪として刑罰の態様にもなりうる。詳細は→第10章）。

（２）セクシュアル・ハラスメントをめぐる国際的動向

セクシュアル・ハラスメントが法的責任を生じさせる問題として登場したのは，**フェミニズム運動**とも連動して裁判上も性差別が争われた1970年代のアメリカにおいてであった。被害者の勝訴判決の蓄積の上に，1980年には連邦における雇用機会均等委員会（EEOC）のガイドラインにおいて，「**対価型セクシュアル・ハラスメント**」と「**環境型セクシュアル・ハラスメント**」の双方が，公民権法第７編違反の性差別にあたるとされた。

ヨーロッパでも，1990年には閣僚理事会（the Council of Ministers）が「職場での男女の尊厳の保護に関する決議」を採択し，その中で加盟各国において使用者にセクシュアル・ハラスメントが起こらない職場環境を確保する責任があることが明記され，これを受けて，フランスでは，1992年の刑法典，労働法典の改正が，またドイツでは，1994年に職場におけるセクシュアル・ハラスメント被害者の保護に関する法律（Gesetz zum Schutz der Beschäftigte vor sexualler Belästigung am Arbeitsplatz）が制定され，また2016年の刑法改正でセクシュアル・ハラスメント罪が新設されるなどの対応がなされている。アジアでも台湾，韓国などで2000年代に入ってセクシュアル・ハラスメントの刑事規制が導入されている。

2019年にILO総会で採択されたILO条約第190号「仕事の世界における暴力とハラスメントの根絶に関する国際条約」においては，セクシュアル・ハラスメントを含むハラスメントについての包括的な規制を提起しており注目される（2021年３月現在，日本は未批准）。

（３）日本の立法動向

日本で欧米におけるセクシュアル・ハラスメントをめぐる対応状況が一般市民にも目に触れるような形で紹介されたのは，1989年に雑誌「MORE（モア）」がセクシュアル・ハラスメントの特集を組んで以来といわれている（この年，セクシュアル・ハラスメントを略した「セクハラ」という言葉は流行語大賞をとった）。翌年には，日本で初めて，女性のセクシュアル・ハラスメント被害に対する加害男性の不法行為責任に基づく損害賠償請求認容判決が出された（静岡地沼津支判平２・12・20判タ745号238頁。ただし被告は一度も出廷せず欠席判決が下された）。それ以来，公表されているものだけでも約200件近くに上る判決が蓄積され，原告（被害者）からの請求の認容率も相当程度高い。

アメリカやヨーロッパに比べて，日本での立法上の対応は遅かったが，それでも1999年には**男女雇用機会均等法**（以下，雇均法）が改正され，職場での「性的な言動」への対応による女性労働者の不利益や環境悪化を防ぐための事業主の配慮義務が規定された（21条）。その後，2007年に改正雇均法が施行され，次の点が改正された（現行法11条）。第１に，抽象的な「配慮義務」から一歩進んで，使用者は「適切に対応するために必要な体制の整備その他の雇用管理上必要な措置を講じなければならない」とする「措置義務」が定められた。

第２に，被害者を女性労働者に限定することなく「労働者」一般に拡大した（男性労働者が女性上司からのセクシュアル・ハラスメント被害を訴え，使用者の責任が認められた例として，大阪地判平16・９・３労判884号56頁。ただし，控訴審では女性上司の言動には違法性がないとして原告が逆転敗訴した。→大阪高判平17・６・７労判908号72頁）。後者の点は，雇均法の理念が「女性差別」の解消から「性別による差別」の解消に発展したことの反映である。2006年には，雇均法改正にあわせて雇均法21条とともに定められていた「セクシュアル・ハラスメントに関する均等法指針」も改訂された（平成18年10月11日厚生労働省告示615号。なお雇均法とセクシュアル・ハラスメントについては→第８章Ⅱ（１））。

公務員に関しては，1998年に**人事院規則**10-10（セクシュアル・ハラスメントの防止等）と「人事院規則10-10の運用について」が定められ，とりわけ，この運用指針は，上記の雇均法指針よりもさらに詳細に，セクシュアル・ハラスメントをなくすために職員が認識すべき事項，セクシュアル・ハラスメントに関する苦情相談に対応するにあたり留意すべき事項について定めている。

Ⅱ　労働環境におけるセクシュアル・ハラスメント

（１）労働環境における性的人格権の侵害

加害者である上司の不法行為責任（民法709条）と使用者である会社の使用者責任（民法715条）を認めた初期の判決である福岡セクシュアル・ハラスメント事件判決（福岡地判平４・４・16判時1426号49頁）では，原告の異性関係などのうわさを吹聴するなどの同僚の被告の行為につき，「本件の被侵害利益が女性としての尊厳や性的平等につながる人格権に関わるもの」であることを明示した。このようにセクシュアル・ハラスメントを性的人格権侵害として捉える見方は日本で定着し，今日に至っている。その他，被告とされた会社社長が家政婦として勤務する原告女性に性交渉を迫り，「お金をあげるから」などといっていきなり女性の下着を下げるなどの行為をした被告の行為には，原告の「**性的自由**ないし**性的自己決定権**等の人格権を侵害するものとして，違法となる」として，不法行為責任を認めた事例（名古屋高金沢支判平８・10・30判タ950号193

頁）などがある。

（2）違法性の判断基準

どのような行為がセクシュアル・ハラスメントとして違法な行為となり，不法行為責任を発生させるのだろうか。裁判例の中では，①当該女性の「意に反する」性的言動である点を強調して違法性を認める例（団体理事長が仕事で同乗した電車の座席で部下の女性の太ももに触るなどした行為につき，「原告の明確な拒絶の態度にあっていないとはいえ，その意思に反するものとして不法行為を構成することは明らか」として不法行為責任を認めた例として奈良地判平7・9・6判タ903号163頁），②相手の意に反する性的言動のすべてが違法となるのではなく，諸事情を考慮して，「社会的見地から不相当とされる程度のもの」（名古屋高金沢支判平8・10・30判タ950号193頁），「社会通念上許容される限度を超えるもの」（福岡地判平17・3・31判タ1196号106頁）が違法となるとする例が見受けられる。

ただ判断基準②であると，「相手の意に反する性的言動」であっても「社会通念上許容される」場合を法が法認するようなことにもなりかねない。この点，前掲の人事院規則の運用指針では，「性に関する言動に対する受け止め方には個人間や男女間で差があり，セクシュアル・ハラスメントに当たるか否かについては，相手の判断が重要であること」を明記している点が参照されるべきであろう（②の裁判例も，当該事案では違法性を肯定している）。

（3）使用者の責任

（i）　使用者責任（民法715条）

前掲の福岡地判平4・4・16は，原告から被害を訴えられた専務らの対応について，「職場環境を調整するよう配慮する義務を怠り，また，憲法や関係法令上雇用関係において男女を平等に取り扱うべきであるにもかかわらず，主として女性である原告の譲歩，犠牲において職場関係を調整しようとした点において不法行為性が認められるから，被告会社は，右不法行為についても，使用者責任を負うものというべきである」として，会社の使用者責任を認めた。

なお，勤務時間外の懇親会や歓迎会，その二次会などでの加害行為について，使用者責任の成立要件としての事業執行性の要件を充たすかが争点となることが多い。裁判例では，休日に開催された職員・家族の懇親会であるバーベキュー大会の際の加害行為につき，「懇親会への出席は，職務行為そのものか，職務内容と密接に関連し職務行為に付随するもの」であったとして職務執行性を肯定した例（横浜地判平16・7・8判時1865号106頁）がある。他方で，勤務時間中の加害行為であっても勤務とは関係のない個人的な卑猥な言動であるとして職務執行性を否定した例（津地判平9・11・5判時1648号125頁）もある。

(ii) 使用者の債務不履行責任（民法415条）

使用者責任は被用者の不法行為について使用者が負う責任であるが，使用者自身が**職場環境配慮義務**を怠ったことを理由に，その債務不履行責任が肯定される場合もある。京都地裁は，職場の女子トイレでの男性従業員のビデオ盗撮事件について，「被告会社は，雇用契約に付随して，原告のプライバシーが侵害されることがないように職場の環境を整える義務」，「雇用契約に付随して，原告がその意に反して退職することがないように職場の環境を整える義務がある」のにこれを怠ったとして被告会社の債務不履行責任を認めた（京都地判平9・4・17判タ951号214頁。その他，岡山地判平14・11・6労判845号73頁）。

（4）損害額の算定

職場環境におけるセクシュアル・ハラスメントでは，加害行為の悪質さが大きく被害が甚大な場合はもとより，直接の性暴力や身体的接触がない性的言動であっても，その後の会社の対応の不適切などとも相まって，職場にいづらくなり退職に至る事例が多い。この点に関連して，セクシュアル・ハラスメントにより退職を余儀なくされた原告に466万円の逸失利益を損害額として認定した事例がある（京都地判平13・3・22判時1754号125頁）。また職場での強姦未遂事件により原告がPTSD（心的外傷後ストレス障害）に罹患し，退職を余儀なくされ，今後2年間就労できない状態にあるとして，このことに被告らの責任は5割寄与しているとして，524万円余の逸失利益の賠償を認めた事例（前掲岡山地判平14・11・6）などがある。

Ⅲ　教育研究環境におけるセクシュアル・ハラスメント

（1）キャンパス・セクシュアル・ハラスメントとその特徴

近時は「職場から大学へ」といわれるように，労働現場で問題とされたセクシュアル・ハラスメントが，日本の教育・研究の場である大学でも問題にされるようになってきた。いわゆるキャンパス・セクシュアル・ハラスメントの問題である。その本質的特徴として挙げられるのが大学における権力関係の存在である。教員は，成績評価や単位の授与，修士論文や博士論文などの審査，奨学金の推薦書を書くなど様々な場面で，強い権力を有している。実態調査でも教員による被害の割合が多いのは学部学生よりも院生であり，また大学院生でも特に博士課程の方が被害者が多いことが指摘されている。これは，教員と院生との間に，より緊密な個人的指導関係が生まれ，かつ，論文指導や研究報告，就職の世話，学会デビューなどでより強い権力関係が生まれてしまうことに起因しよう。また教員と職員の関係で，上司が特に元指導教授・教官である場合にも，同様のことが妥当しよう。

こうした大学における権力構造に着目した概念として「**教育上の支配従属**」概念がある。東北大学大学院事件１審判決（仙台地判平11・５・24判時1705号135頁）は，被告教授の行為について，「教育上の支配従属関係」を利用したセクシュアル・ハラスメントによる「良好な環境の中で研究し教育を受ける利益」「性的自由」「私生活の平穏」の侵害であるとして，従来の訴訟と比べても高額の慰謝料750万円（それまでの最高額の300万円の２倍以上）を認容した（控訴審判決ではさらに加えて150万円の弁護士費用を認容した）。

（2）大学の教育研究環境配慮義務

雇用契約上の信義則と同様に，大学も在学契約上の信義則に基づき学生・院生に対して，セクシュアル・ハラスメントがないような教育研究環境に配慮する義務を負っていると解すことができよう。その嚆矢ともいえる徳島地裁判決（徳島地判平10・９・29判例集未登載）は，「学生の大学在学関係は双務無償の無名契約であると解することができるが，大学は右契約の付随義務として，学生に対し研究教育環境を整える義務を負っており，学生は良好な環境の中で研究し教育を受ける利益を有しているというべきである」「大学教授は，大学の履行補助者として学生の右利益を侵害してはならない義務を負っているから，いやしくも学生に学問教育の現場において（性的）不快感を与えるような言動をしてはならないことは当然である」とした（この１審判決は上告審でも維持されている。最判平11・11・12判例集未登載）。

（３）大学と加害教員の責任の並存

私立大学で起こったセクシュアル・ハラスメントについては，民間企業の場合と同じく，被害にあった学生は，直接の加害者である教員等と使用者である大学の使用者責任を追及することができる（ゼミ合宿での強制わいせつ行為につき大学教授個人の不法行為責任と大学の使用者責任を認めた東京地判平13・11・30判時1796号121頁など）。

ところが，国公立大学で生じたセクシュアル・ハラスメントの場合には，被害者は直接の加害者である教員等個人の不法行為責任を追求するか，あるいは，大学の責任（結局は，国または地方公共団体が賠償責任を負う）を国家賠償責任で追及するかという選択しかできないとする裁判例がある（名古屋市立大学事件・名古屋地判平15・１・29労判860号74頁など。国立大学法人に移行後も，国家賠償法が適用されることについては，名古屋高判平22・11・４LEX/DB25442911）。これは，国家賠償法１条１項（「国又は公共団体の公権力の行使に当る公務員が，その職務を行うについて，故意又は過失によって違法に他人に損害を加えたときは，国又は公共団体が，これを賠償する責に任ずる。」）を根拠とし，実質的妥当性としては，公務員個人が損害賠償責任を負うことになると職務活動に萎縮を来たすおそれがあるからだなどと説明されている。なお大学の教育環境配慮義務違反の債務不履行責任を追及しつつ，直接の加害教員の不法行為責任を追及するという法的構成も考えられるが，この両者を同時に正面から認めた例はまだない。

Ⅳ　関 連 問 題

（1）セクシュアル・ハラスメントを理由とした懲戒処分の相当性

セクシュアル・ハラスメントに対する社会的認識が広がり，法的な整備が進み，各事業所や大学等でも防止体制や相談体制，懲戒手続などの形が整えられてくるにつれて，セクシュアル・ハラスメントを理由にした懲戒処分も相当数生じるようになった。それに伴い懲戒処分を受けた者がその処分の相当性を争う事例が最近増大している。

多くの裁判例では，セクシュアル・ハラスメントを理由とした懲戒処分の相当性が肯定されているが（女性部下に日常的に卑猥な性的言動，身体的接触を繰り返していた部長の懲戒解雇を相当とした例として東京地判平17・1・31判時1891号156頁など）。なお前掲人事院規則の運用指針では，「加害者とされる者に対して十分な弁明の機会を与える」ことが指摘されている。民間企業の事案でも，「これまで原告に対して何らの指導や処分をせず，労働者にとって極刑である懲戒解雇を直ちに選択するというのは，やはり重きに失する」として解雇を無効とした事例（東京地判平21・4・24労判987号48頁）もある。

近時，最高裁はセクシュアル・ハラスメントを理由とした懲戒処分とそれに連動した降格処分の内容が厳しすぎるとして，被処分者が使用者を相手にそれらの無効を争った事案で，原告の主張を認めた原審の判断を覆し，原告らの言動は「女性従業員に対する言動として極めて不適切なものであって，その就業環境を著しく害するもの」だとして，これらの処分を有効とした判決（最判平27・2・26判時2253号107頁）を下し，注目される。

（2）パワーハラスメント（パワハラ），アカデミックハラスメント（アカハラ），マタニティハラスメント（マタハラ）

近時，パワーハラスメント，アカデミックハラスメント，マタニティハラスメントも問題にされるようになった。パワハラとは，2002年に造語された言葉で，職場などのパワーを背景に，継続的に人権と尊厳を侵害し，職場環境を悪化させるなどの行為を意味する。このような行為が大学などで行われるとアカデミックハラスメントと呼ばれる。裁判例では，職場の人前で原告の人間性を否定するような不相当な表現で叱った行為が不法行為にあたるとされた例（広島高松江支判平21・5・22労判987号29頁），医科大学の女性助手が教授からアカデミックハラスメント受けたとして教授個人と管理者たる県に賠償請求した事案で，アカデミックハラスメントにあたるとまではいえないが嫌がらせを不法行為にあたるとして県の賠償責任を一部認容した事例（大阪高判平14・1・29判タ1098号234頁）などがある。

マタハラについては，2018年の男女共同参画社会基本法の改正で，事業主はその雇用する女性労働者に対して，妊娠，出産，育児などを理由にして当該女性労働者の就業環境が害されないように必要な措置を講じなければならないことが規定された。なお2020年６月にはパワハラ防止を事業主に義務づける「改正労働施策総合推進法」が施行された。

セクシュアル・ハラスメント被害でも権力関係を背景にして，働く環境，教育研究環境が侵害される。それゆえ，これら３つのハラスメントは概念的にも相互に重なり合う部分があり，また，実際の事案でも複合型の事例がみられる（日本で初めてセクシュアル・ハラスメントについて使用者責任が認められた前掲福岡事件も，そもそもパワハラ的側面があったことが指摘されている）。職場や大学では，労働や教育研究に内在する性質としての指揮命令関係や指導関係があり，また，継続的・閉鎖的な環境で，密接な人間関係が生じる。そこに潜む権力関係の契機を人格侵害に向かわせるのではなく，いかに良き労働環境や教育研究環境の実現のために向かわせるのかという課題を，ハラスメントという課題は投げかけている。その中で，人間にとって最も根源的なものの１つである性に関わる人格権（性的人格権，性的自己決定権）の尊重という課題に，セクシュアル・ハラスメント概念は光を当てたといえよう。

【発展課題】

セクシュアル・ハラスメントが社会問題化され，一定の法的な整備や各事業場・大学等でのガイドラインの設定，相談・防止体制の進展もみられるところである。

しかし，冒頭で掲げたように現在でもセクシュアル・ハラスメントをめぐる相談件数は多く，裁判例には上司の地位を利用した露骨な性的要求，強制わいせつ行為などの認定例も後を絶たない。セクシュアル・ハラスメントを社会から根絶するためには，どのような視点，施策が必要なのだろうか。

【参考文献】

小島妙子『職場のセクハラ』（信山社，2008）

沼崎一郎『キャンパス・セクシュアル・ハラスメント対応ガイド―あなたにできること　あなたがすべきこと〔改訂増補版〕』（嵯峨野書院，2005）

松本克美「キャンパス・セクシュアル・ハラスメント訴訟と大学の教育研究環境配慮義務―大学と加害教員の責任の並存及び大学の処分の相当性をめぐって」立命館法学300号453-488頁（2006）

水谷英夫『職場のいじめ・パワハラと法対策〔第５版〕』（民事法研究会，2020）

山崎文夫『セクシュアル・ハラスメント法理の諸展開』（信山社，2013）

〔松本　克美〕

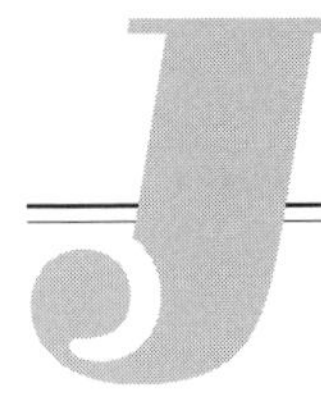

第12章 ドメスティック・バイオレンス，ストーカー

—家庭内における暴力—

◆この章で学ぶこと◆

多くの暴力行為が家庭内で起こっているが，なかでも女性が被害者である場合が多い。しかし，加害者も被害者も隠そうとするため潜在化する傾向にある。また，「家庭に法は入らず」「民事不介入」という方針の下で，警察等も家庭内の問題に対しては極力介入を控えてきた。この章では，ドメスティック・バイオレンス，児童虐待，高齢者虐待，ストーカーについて，その実態・法制度・判例などを学ぶ。

I　ドメスティック・バイオレンス

(1) 歴史的経緯と実態

ドメスティック・バイオレンス（以下，DV）の歴史は古く，古代にまでさかのぼるといわれる。女性は男性の財産と見做（みな）され，父親や夫に絶対服従を強いられてきた。1960年代の女性運動は，DVを男性の権力と女性の従属の表れと捉えて問題視し，欧米を中心として社会的関心が高まってきた。

女性差別撤廃条約（1979年）には，女性に対する暴力を直接規定した条文はない。その後，国連の「ドメスティック・バイオレンスに関する決議」（1985年），「女性に対する暴力の撤廃に関する宣言」（1993年）等が出され，女性に対する暴力が女性差別の一形態であり人権侵害であると理解されるようになってきた。北京で開催された第4回**世界女性会議**で採択された行動綱領（1995年）は，女性に対する暴力を重大問題領域の1つとして取り上げ，各国政府に対して女性に対する暴力を防止し根絶するために総合的な対策をとることを要請した。

このような国際的動向に押される形で，日本も女性に対するあらゆる暴力の根絶を重点目標とした。「男女共同参画2000年プラン」では，「公的生活で起きるか私的生活で起きるかを問わず，性別に基づく暴力行為であって，女性に対して肉体的，性的，心理的な障害や苦しみをもたらす行為やそのような行為を行うという脅迫等をいい，性犯罪，売買春，家庭内暴力，セクシャル・ハラスメントを含む極めて広範な概念」（下線，筆者による）と定義された。

家庭内における暴力については，刑法，不法行為法，家族法等，既存の法律による救済では，加害者の法的責任の明確化，被害者の救済といった点で十分ではなかった。そこで，2001年4月「**配偶者からの暴力の防止及び被害者の保護に関する法律**」（**DV防止法**）が制定された。女性に対する暴力に限定していないが，被害者の多くは女性である。「経済的自立が困難である女性に対して配偶者が暴力を加えることは，個人の尊厳を害し，男女平等の実現の妨げとなっている」とうたった（前文）。その後，2004年改正で，「配偶者からの暴力」の定義の拡大，**保護命令**制度の拡充，被害者の自立支援の明確化，市町村による相談支援センターの業務の実施等がなされた。2007年改正では，保護命令制度のさらなる拡充等が規定された。2013年には，法律名が「**配偶者からの暴力の防止及び被害者の保護等に関する法律**」（**DV防止法**）に改正された。

（2）DV防止法

配偶者

DV防止法は，配偶者からの暴力を防止し，被害者の保護を図ることを目的とする。「配偶者」は，婚姻届を出していないが，事実上婚姻関係と同様の事情にある者を含む。元配偶者についても，婚姻時（事実上含む）から暴力を受けていて，離婚後も受けている場合には含まれることになった（1条）。さらに，2013年改正で，生活の本拠を共にする交際（婚姻関係における共同生活に類する共同生活を営んでいないものを除く。事実婚と異なり，婚姻の意思はない）をする相手にも準用されることとなった（28条の2）。

DVは一般に配偶者だけでなく恋人からの暴力も含めると理解されてきたが，DV防止法では恋人は含められなかった。配偶者による暴力の場合は，恋人による場合とは異なり，経済的自立，子どもの存在等の問題から公的機関に簡単には通報できず，特別な対策が必要であり，また，恋人からの暴力の中には，前年に制定された**ストーカー規制法**で規制可能なものもあるといった理由からである。現在，**デートDV**（交際相手からの暴力）は，生活の本拠を共にしない場合には，DV防止法の保護の範囲外にあるが，支援の必要性が主張されている。

暴　力

暴力とは，「身体に対する暴力（身体に対する不法な攻撃であって生命又は身体に危害を及ぼすもの……）又はこれに準ずる心身に有害な影響を及ぼす言動」をいう（1条1項）。前文でDVを「犯罪となる行為」と宣言して問題の重大さを示すには，犯罪に該当しない行為まで含む心理的暴力・性的暴力を除く必要があったため，また，**プライバシー権**との関係からも問題があると考えられたため，制定時には身体的暴力に限定された。しかし，やはり心理的暴力・性的暴力も看過できないため，2004年改正で，「心身に有害な影響を及ぼす言動」も含められ，前文も「犯罪となる行為をも含む重大な人権侵害」とされた。なお，通報，警察による被害の防止・援助については身体的暴力のみを対象とし（6条1項），保護命令制度については，2007年改正で身体的暴力に加えて「生命等に関する脅迫」も対象とした。

相談・支援等

都道府県・市町村が設置する婦人相談所等は，配偶者暴力相談支援センターとして，配偶者からの暴力の防止および被害者の保護のために，相談，医学的・心理学的指導，一時保護，緊急の保護や自立支援へ向けた情報提供・助言・関係機関との連絡調整等の援助を行う（3条）。相談件数が増加しているため，人員・予算の面で充実させる必要があるといわれている。その他にも，警察は，加害配偶者の検挙，被害の防止，自衛の教示等の必要な援助を行い（8条，8条の2），福祉事務所は自立支援を行う（8条の3）。そして，これらの機関が相互に連携協力を図っている（9条）。

通　報

DVの発見者は，配偶者暴力相談支援センターまたは警察に通報する努力義務がある。医療関係者は被害者の意思を尊重しながら通報でき，これは法律上の守秘義務に優先する。また，医療関係者は，支援センター等の利用について，情報提供する努力義務もある（6条）。

以前，警察は，家庭内の暴力については**民事不介入**の下，介入を極力控えてきた。1999年，警察庁は，DV・ストーカー・児童虐待について従来の姿勢を見直し，「女性・子どもが被害者となる犯罪等については，……刑罰法令に抵触しない事案についても，……積極的に対策を講じる必要がある」（「女性・子どもを守る施策実施要綱」）と都道府県警察長に指示した。DV防止法にもその趣旨が取り入れられ，措置・援助を行うように規定された（8条）。

2004年改正によって，都道府県だけでなく市町村の施設も支援センターの機能を果たすことができるようになった。被害者にとっては身近な市町村で相談・支援が受けられるのは望ましいが，研修を受けた職員の配置等が必要となるため，現実には予算措置を講ずることのできる市町村に限られている。そのため，国の補助の必要性が唱えられている。

保護命令制度

配偶者から身体的暴力または生命等に対する脅迫を受けた者が，今後の暴力によって生命・身体に重大な危害を受けるおそれが大きいときは，被害者の書面による申立てにより，地方裁判所は**保護命令**を発することができる（10条）。保護命令は執行力を有しないが（15条4項），違反者には罰則が設けられているため（1年以下の懲役又は100万円以下の罰金）（29条），憲法31条に基づく**適正手続**も保障されなければならない。そこで，原則として口頭弁論または審尋を行った後でなければ命令を発することはできない（14条）。

保護命令には接近禁止命令と退去命令がある。

（i）接近禁止命令

6カ月間，被害者の住居等において被害者の身辺につきまとい，または被害者の住居・勤務先等の付近をはいかいしてはならない。制定時は被害者のみが対象であったが，2004年改正で，被害者本人への接近禁止命令が発令されている間，同居している子への接近禁止も命令できるようになり（15歳以上の場合にはその子の同意が必要），さらに，2007年改正で，親族等への接近禁止命令も規定された。また，つきまとい，はいかいだけでなく，粗野な言動や電話・FAX，メール送信等の行為も禁止対象となった。

(ii) 退去命令

2カ月間，共同の住居から退去し，住居付近のはいかいをしてはならない。2004年改正によって期間が2週間から2カ月に延長され，住居からの退去だけでなく住居付近のはいかいも禁止された。また，退去命令についても再度の申立てが認められるようになった（18条）。

保護命令申立ての負担軽減のため，保護命令期間の延長，申立手続の簡略化，および被害者保護・自立支援体制の整備等が課題として挙げられる。また，加害者更正施策の必要性も唱えられ，処遇・指導方法等について調査・研究が推進されている。

II 児童虐待

（1）歴史的経緯と実態

児童虐待も歴史的には古いが，社会問題として注目されるようになったのは比較的新しい。20世紀半ばにあらゆる国に存在する問題として意識され，国連**子どもの権利条約**にも虐待からの保護が規定された（19条）。日本では児童福祉法で児童虐待についても対処していたが，児童虐待が深刻化したため，その予防・対策を目的として，2000年に議員立法で「児童虐待の防止等に関する法律」（**児童虐待防止法**）が制定された。

児童福祉法と児童虐待防止法は一般法と特別法の関係にある。その後，2004年改正で，児童虐待の定義の拡大，通告義務範囲の拡大等がなされた。2007年改正で，立ち入り調査等の強化，保護者に対する面会・通信等の制限の強化等がなされた。2016年改正で，虐待者の指導等が追加された。

児童相談所における児童虐待の相談件数は統計をとり始めた1990年度から増加傾向にある。相談の中には，虐待しそうだという保護者からの相談（ストレス・コール）もある。虐待されている子どもは小学生以下が多く，中でも死亡事件は就学前の乳幼児の割合が高い。性的虐待を受けている子どものほとんどは女子で，小学校高学年から中高生が多い傾向が見られる。

DVの被害者・加害者が児童虐待の加害者である場合も多く，また，DVが行われている家庭で児童を養育することは，児童に対する心理的虐待にあたる（2条4号）等，DVと児童虐待は関連が深い。そのため，配偶者暴力相談支援センターと児童相談所等との連携協力の強化が図られている。

児童虐待は被虐待者が子どもであるため，DV以上に潜在化する傾向にある。また，**暴力のチェーン化現象**といわれるように，被虐待児はそうでない子に比べて，将来，いじめ・犯罪・DV等の暴力の加害者・被害者，児童虐待の加害者になる可能性が高いと指摘されている。

尊属殺重罰規定事件　刑法旧200条（1995年削除）は，自己または配偶者の直系尊属を殺害した者は死刑または無期懲役に処罰すると規定していた。被告人は14歳の時に実父に姦淫され，以後10年以上夫婦同様の生活を強いられ5人の子どもを出産した。職場で知り合った青年との結婚を望んだが，父親がこれを許さず，10日以上にわたって監禁・虐待されたため，思いあまって父親を殺害するに至った。最高裁は，被害者が尊属であることを刑の加重要件とすることは許されるが，「加重の程度が極端」で，「立法目的達成の手段として著しく均衡を失し，これを正当化しうべき根拠を見い出しえないときは，その差別は著しく不合理なもの」であるとして，刑法旧200条を199条（普通殺）の法定刑と比較して，憲法14条1項違反であると判示した。それに対して，少数意見は，尊属殺重罰規定の目的自体が違憲であると主張した（最大判昭48・4・4刑集27巻3号265頁）。学説の多数は最高裁の少数意見を支持している。殺害の原因となった虐待は，実父による児童虐待と捉えることも，また，事実上婚姻関係と同様の事情にあったためDVと捉えることも可能であろう。

（2）児童虐待防止法

定　義　親または親に代わる保護者が監護する児童（18歳未満）に対して，**身体的虐待**，**性的虐待**，**ネグレクト**，**心理的虐待**を行うことであり（2条），何人も虐待は禁止されている。身体的虐待とは「暴行を加えること」，性的虐待とは「わいせつな行為をすること」又は「わいせつな行為をさせること」，ネグレクトは著しい減食，長時間の放置，同居人による児童虐待を放置等,「保護者としての監護を著しく怠ること」, 心理的虐待とは著しい暴言又は著しく拒絶的な対応, 児童が同居する家庭における DV 等,「著しい心理的外傷を与える言動を行うこと」である。

発見・通告

児童虐待は潜在化するため, まず発見することが重要である。そこで, 学校および教職員, 児童福祉施設および施設の職員, 病院および医師, 保健師, 弁護士等, 児童虐待を発見しやすい立場にある人は, 児童虐待の早期発見に努めなければならない(5条)。しかし, 通告義務者を特定の職種に限定せず,「児童虐待を受けたと思われる児童を発見した者は」, 福祉事務所・児童相談所に**通告**しなければならないとした(6条)。これは法的義務ではなく, 義務違反に対する罰則規定もない。また, 医療関係者, 弁護士などが守秘義務に反して通告したとしても, 秘密漏示罪(刑法134条)等に処せられない。通告者に害・不利益が及ぶことを防ぐため, 児童相談所等の職員は通告者を特定させるものを漏らしてはならない(7条)。

アメリカの州法(reporting law)は, 虐待を発見する可能性が高い職業の人を通告義務者に特定し, 通告が誤りであっても故意・重大な過失がなければ免責し, 逆に通告義務違反者に対しては罰則規定を設けている。そのため通告件数が膨大になり, 調査の結果, 児童虐待でないと判明する場合も多い。潜在化を防ぐためにはいいが, 人的物的資源が調査に費やされ対応が不十分になるという批判が存する。

調査・保護・処遇

通告を受けた場合, 職員は児童の安全確認をし, 必要な場合には児童相談所への送致または一時保護を行う。児童虐待のおそれがあるときは保護者に出頭を求め調査を行うが, 保護者が応じない場合等には立入調査を行うこともできる。保護者が立入調査を拒否し, 再出頭要求等にも応じない場合には, 裁判官が発する許可状により児童の住所の臨検, 児童の捜索を行うことができる。また, 必要に応じて警察に援助要請もできる(8-10条)。警察は, 児童の生命・身体に危険な事態が発生し, やむをえないと認めるときは, 合理的な範囲で立ち入ることができる(警察官職務執行法6条)。

調査結果を踏まえて処遇方針を決定する。緊急性・程度が低いときは, 児童を保護者の下に置いたまま指導を行うが，必要な場合には施設入所等の処置をとる（11条）。児童の連れ戻し等を防ぐため，施設長は保護者と児童との面会・通信を制限することができる（12条）。さらに，家庭裁判所の審判によって，最長２年間の**親権停止**（民法834条の２），**親権喪失**（民法834条）がなされる場合もある。

Ⅲ　高齢者虐待

高齢化社会の問題は特に女性にとって深刻であるが，虐待問題もその１つである。女性の方が男性より平均寿命が長いなどの理由から，高齢者虐待の被害者の７割以上が女性である。介護疲れなどから家庭や養介護施設で高齢者を虐待する事件が多発している事態を受け，2005年に「**高齢者虐待の防止，高齢者の養護者等に対する支援等に関する法律**」（高齢者虐待防止法）が制定された。

「高齢者虐待」とは，養護者または要介護施設従事者等による65歳以上の人に対する虐待である。虐待行為として，**身体的虐待**，**ネグレクト**，**心理的虐待**，**性的虐待**，**経済的虐待**が規定されている（２条４項）。経済的虐待は，高齢者の財産を不当に処分すること等，高齢者から不当に財産上の利益を得ることである。高齢者虐待を発見した者は市町村に通報しなければならず（７条，21条），虐待を受けた高齢者が市町村に届け出ることもできる（９条，21条４項）。

「養護者による高齢者虐待」　養介護施設および施設従事者等，病院および医師，保健所および保健師，弁護士等，高齢者虐待を発見しやすい立場にある者は，虐待の早期発見等の努力義務がある（５条）。市町村は，虐待防止，被虐待者の保護のため相談・指導・助言を行い（６条），通報・届出を受けたときは，被害者の一時保護，居室の確保，立ち入り調査，面会の制限，養護者の支援などを行う（９－14条）。

「養介護施設従事者等による高齢者虐待」　養介護施設の設置者等は，従事者等による虐待防止等の措置をとる（20条）。通報・届出を受けた市町村は，施設の業務または事業の適正な運営の確保により，虐待の防止，当該高齢者の保護を図る（24条）。

Ⅳ　ストーカー

（1）歴史的経緯と実態

アメリカで社会問題となっていた**ストーカー**という言葉が1990年代後半に日本に入ってきたが，日本ではしばらくの間，それほど関心をもたれなかった。つきまとって殺傷に至る事件はあったが，つきまといの行為自体が犯罪として取り上げられることはほとんどなかった。このような行為は脅迫罪，住居侵入罪，名誉毀損罪等，刑罰法規に触れる行為が多かったが，前夫・元恋人などが復縁等を求めて行う場合が多かったので，「民事不介入」の下に警察が介入することはほとんどなかった。

1999年，埼玉県桶川市で女子大生が以前交際していた男性に殺害された。被害者は警察に被害を訴え，加害者を名誉毀損で告訴していたが，警察官は捜査をほとんど行わず，告訴を被害届に改ざんした（後に虚偽有印公文書作成・行使罪で有罪となった）。両親は被害者の殺害は警察官の捜査懈怠等の違法行為によると主張して，国家賠償法に基づいて埼玉県に対して訴訟を提起した。裁判所は，警察官が捜査活動をしていれば結果を回避できたと推論することは困難であり，また，警察官が殺害を予見または予見しえたとは認められないと判示して，捜査の懈怠と被害者の死亡との相当因果関係については否定した。しかし，警察は市民を犯罪者から保護してくれるという被害者の期待は，法的保護に値する利益であり，捜査懈怠による違法行為によってこの利益が侵害されたと認めた（**桶川女子大生殺害事件**＝さいたま地判平15・2・26判時1819号85頁）。

当該事件等を契起としてストーカーが社会問題として関心を集め，2000年に**「ストーカー行為等の規制等に関する法律」**（**ストーカー規制法**）が議員立法で制定された。その後，2013年，2016年に改正され，規制対象行為の拡大（2条），禁止命令等の制度の見直し（5条），罰則の強化（18－20条）等がなされた。

ストーカー事案の認知件数は増加傾向にあり，被害者の約9割が女性である。

（2）ストーカー規制法

つきまとい等

「特定の者に対する恋愛感情その他の好意の感情又はそれが満たされなかったことに対する怨恨の感情を充足する目的で」，その者または配偶者，直系もしくは同居の親族等に対して，①つきまとい・待ち伏せ，押しかけ，うろつき等，②監視の告知，③面会，交際等の要求，④著しく粗野または乱暴な言動，⑤無言電話，連続した電話，電子メール・SNSのメッセージ等の送信，⑥汚物等の送付，⑦名誉毀損事項の告知，⑧性的羞恥心を害する事項の告知等の行為を行うことである（2条1項)。このようなつきまとい等をして相手方に不安を覚えさせてはならない（3条)。

ストーカー行為

同一の者に対して，上記の「つきまとい等」を反復して行うことである（2条3項)。「**ストーカー行為**をした者は，1年以下の懲役又は100万円以下の罰金に処する。」(18条）親告罪とする規定が削除された。

つきまといの行政的規制

①**警告**：警察本部長等は，警告の申告を受けた場合で，つきまとい等があり，さらに反復してなすおそれがあると認めるときには警告することができる（4条)。②**禁止命令**等：都道府県公安委員会は，さらに反復してつきまとい等を行うおそれがあると認めるときは，相手方の申出又は職権で禁止命令等を出すことができる。対象者の手続的権利の保障として，事前に聴聞を行わなければならないが，緊急の場合には事後に行うことができる。禁止命令等の効力は1年であり，申出又は職権により1年ずつ更新することができる（5条)。禁止命令等に違反した者は，6月以下の懲役又は50万円以下の罰金（20条)，禁止命令等に違反してストーカー行為をした者，または，禁止命令に違反してつきまとい等をすることにより，ストーカー行為をした者は，2年以下の懲役または200万円以下の罰金に処する（19条)。禁止命令は，行政機関が特定者に対して一定の義務を課す処分であるから，行政事件訴訟法の取消訴訟の対象となる。警告や禁止命令等は警察が発するため，警察権限の強化，人権侵害のおそれも否定できず，裁判所等第三者機関が出すべきという批判も強く存する。

憲法適合性 ストーカー行為罪に問われた被告人は，ストーカー規制法2条1項，2項（現3項），13条1項（現18条）が憲法13条，21条1項に違反すると主張したが，最高裁は合憲と判示した。「個人の身体，自由及び名誉に対する危害の発生を防止し」，「国民の生活の安全と平穏に資する」というストーカー規制法の目的は正当である。「社会的に逸脱したつきまとい等の行為」の中でも「法益侵害が重大で，刑罰による抑制が必要な場合に限って，相手方の処罰意思に基づき刑罰を科す」ものであり，しかも，法定刑は特に過酷ではないから，規制手段も合理的かつ相当である。また，「反復して」の文言についても不明確とはいえないとした（最判平15・12・11刑集57巻11号1147頁）。しかし，憲法21条1項についても**厳格審査**ではなく**合理性の基準**により審査したことに対して批判が存する。

【発展課題】

女性に対する暴力が女性差別の一形態であり人権侵害であると考えられるようになってきた国際的・国内的経緯を調べ，暴力防止，被害者救済のための今後のあるべき施策について考えてみよう。

【参考文献】

小島妙子＝水谷英夫『ジェンダーと法Ⅰ』（信山社，2004）
戒能民江編著『ドメスティック・バイオレンス防止法』（尚学社，2001）
日本弁護士連合会高齢者・障害者の権利に関する委員会編『高齢者虐待防止法活用ハンドブック』（民事法研究会，2006）

〔福岡　久美子〕

第13章

リプロダクション・セクシュアリティ

—産む／産まないの権利・性的自己決定—

◆この章で学ぶこと◆

リプロダクティブ・ライツ（性と生殖に関する権利）が女性の権利の１つとして国際的に確立されたのは，1994年のカイロ会議以降のことである。女性は「産む性」ゆえに男性と比較して大きな身体的な負担を担っている。また，このような機能をもつことがリプロダクティブ・ヘルス（性と生殖に関する健康）に重大な関わりをもつ。リプロダクティブ・ライツと深く関わる自己決定権，家族計画，家族形成権，人工妊娠中絶，避妊，産む権利，産まない自由，またセクシュアリティと関連する売買春，性目的の誘拐，慰安婦問題を考察する。

I　リプロダクションとは

日本で**少子化**（人口を一定に保つのに必要な，生まれてくる子どもの数が足りない状態）が社会問題となって久しい。女性が生涯に産む子どもの数（**合計特殊出生率**）は，2006年以降，団塊ジュニアと呼ばれる世代の出産が増加したためやや上昇気味にあるが，2019年は1.36となっている。少子化は単に女性が高学歴化し，晩婚・晩産化傾向にあるからだといえるのだろうか。いま改めて，ジェンダーの問題として**リプロダクション**を考える必要がある。

リプロダクションに関する権利を，**リプロダクティブ・ライツ**（以下，RR）と呼ぶ。これについては，**日本国憲法**の下では明文規定は置いていないが，**自己決定権**の事柄として**幸福追求権**（13条）の１つとして承認されてきた。また，24条２項で人間の尊厳と**両性の平等**が明示されているので，これらが日本国内ではRRの根拠規定になるといえる。また，**女性差別撤廃条約**をはじめとする各人権条約も根拠規定となる。

(1) リプロダクティブ・ライツ (RR)

欧米では1960-70年代の**第二波フェミニズム**(→第3章)の展開の中で,人工妊娠中絶などに関する女性の自己決定権が強く主張された。また,いわゆる発展途上国における人口増加に対する**人口政策**の必要性や,欧米での**優生学**に基づく人口政策に対する女性の反発などを背景に,生殖と人口政策の問題が世界的な環境や開発問題の関連の中で論じられ始めた。この,女性の自己決定権と人口政策問題という2つの歴史的なうねりの中で,1990年代に入り,性と生殖に関する人権を議論する国際フォーラムや国際文書において,RR および**リプロダクティブ・ヘルス**(以下,RH)という用語が盛んに用いられてきた。

(i) 定　義

RR の定義に関し,現在国際社会で最もよく使用されているものは,1994年に開催された国際人口・開発会議(カイロ会議)の行動計画(**カイロ行動計画**)における以下の定義である。以下,やや長くなるが定義の全文を掲載する。

RR「は,国内法,人権に関する国際文書,ならびに国連で合意したその他関連文書ですでに認められた人権の一部をなす(傍点,筆者)。これらの権利は,すべてのカップルと個人が自分達の子どもの数,出産間隔,ならびに出産する時を責任を持って自由に決定でき,そのための情報と手段を得ることができるという基本的権利,ならびに最高水準の性に関する健康およびリプロダクティブ・ライツを得る権利を認めることにより成立している。その権利には,人権に関する文書にうたわれているように,差別,強制,暴力を受けることなく,生殖に関する決定を行なえる権利も含まれている。この権利を行使するにあたっては,現在の子どもと将来生まれてくる子どものニーズおよび地域社会に対する責任を考慮に入れなければならない。すべての人々がこれらの権利を責任を持って行使できるよう推進することが,家族計画を含むリプロダクティブ・ヘルスの分野において政府および,地域が支援する政策とプログラムの根底になければならない。このような取組の一環として,相互に尊敬しあう対等な男女関係を促進し,特に思春期の若者が自分のセクシャリティに積極的に,かつ責任を持って対処できるよう，教育とサービスのニーズを満たすことに最大の関心を払わなければならない。世界の多くの人々は，以下のような諸要因からリプロダクティブ・ライツを享受できないでいる。すなわち，人間のセクシュアリティに関する不充分な知識，リプロダクティブ・ライツについての不適切または質の低い情報とサービス，危険性の高い性行動の蔓延，差別的な社会慣習，女性と少女に対する否定的な態度，多くの女性と少女が自らの人生のなかの性と生殖に関し限られた権限しか持たないことである。思春期の若者は特に弱い立場にある。これらは大部分の国では情報と関連サービスが不足しているためである。高齢の男女は性に関する健康およびリプロダクティブ・ライツについて特有の問題を抱えているが，十分な対応がなされていない場合が多い」(カイロ行動計画パラグラフ7.3)。

(ii)　主体と内容

RR の権利の主体は，「個人やカップル」とされており，中絶や出産などの決定に際して，女性本人の意思で足りるのか，配偶者などの同意を要するのかは明らかになっていない。また，上記の定義は長いが，結局のところは，「リプロダクションの自己決定権（自己の生殖をコントロールする権利＝他者から強要されずに「産む自由・産まない自由」を自己選択できる自由・権利)」と「リプロダクティブ・ヘルスケアへの権利」の２つがその中心的な内容である。つまり，それまでばらばらであった「性と生殖」に関する「権利」に関わる事項を，１つの言葉としてまとめた人権の複合体ということができる。

(２) リプロダクティブ・ヘルス (RH)

第二波フェミニズム運動から，特に女性の身体を対象として開発されてきた**生殖技術**および**生殖補助医療**に関する問題を通して，RH 概念の発生をみることができる。国際連合の主導下で，発展途上国ではホルモン注射や埋め込み式避妊薬，抗妊娠ワクチンなど，先進国で開発された避妊薬はまず途上国で使用されてきた。主に女性を対象とした人体実験であったともいわれ，女性自身が身体を管理できるのではなく，医療者などにより効果的に生殖を管理する方法が研究され，集団的，強制的な薬の使用が行われてきた。その後，自分の身体をコントロールするという考えは，フェミニズム運動の中心となり，1980年代に入り，性と生殖活動と生殖器官に関する健康をRHと総称するようになる。

(i) 定　義

カイロ行動計画（パラグラフ7.2）はこう定義する。RH「とは，人間の生殖システム，その機能と（活動）過程の全ての側面において，単に疾病，障害がないというばかりでなく，身体的，精神的，社会的に完全に良好な状態であることを指す。したがって，リプロダクティブ・ヘルスは，人々が安全で満ち足りた性生活を営むことができ，生殖能力を持ち，子どもを産むか産まないか，いつ産むか，何人産むかを決める自由を持つことを意味する。この最後の条件で示唆されるのは，男女とも自ら選択した安全かつ効果的で，経済的にも無理がなく，受け入れやすい家族計画の方法，ならびに法に反しない他の出生調節の方法についての情報を得，その方法を利用する権利，及び，女性が安全に妊娠・出産でき，またカップルが健康な子どもを持てる最善の機会を与えるよう適切なヘルスケア・サービスを利用できる権利が含まれる。上記のリプロダクティブ・ヘルスの定義に則り，リプロダクティブ・ヘルスケアは，リプロダクティブ・ヘルスに関わる諸問題の予防，解決を通して，リプロダクティブ・ヘルスとその良好な状態に寄与する一連の方法，技術，サービスの総体と定義される。リプロダクティブ・ヘルスは，個人と生と個人的人間関係の高揚を目的とする性に関する健康（セクシュアルヘルス）も含み，単に生殖と性感染症に関連するカウンセリングとケアにとどまるものではない」。

(ii) 主体と内容

RRと同様に，「カップルと個人」がRHの主体とされている。また，RRの定義と重なる部分も多くあるが，RHとは「生涯を通じた性と生殖システムに関わる健康」と「リプロダクティブ・ヘルスケアサービスを適切に利用できる権利」のことである。また，RHの定義の中に権利性も認められ，単なる性と生殖の「健康」という定義にとどまらず，実現するための手段およびその確保の方法まで記されている。

（3）関連国際法／国内法

リプロダクションやセクシュアリティに関連する法は，国際法では人権諸条約の中でも，主要8人権条約と呼ばれる**自由権規約**（1976年発効。以下，条約は全て発効年），**社会権規約**（1976年），**女性差別撤廃条約**（1981年），**子どもの権利条約**（1990年），**人種差別撤廃条約**（1969年），**拷問等禁止条約**（1987年），**強制失踪条約**（2010年），**障害者の権利条約**（2008年）のすべて関わっている。また，国内法では憲法はいうまでもなく，民法，刑法，母体（優生）保護法，**男女共同参画社会基本法**，**男女雇用機会均等法**，**育児・介護休業法**，**少子化対策基本法**などが関係している。先述のように，生涯にわたる性と生殖に関する事柄を考えるので，多数の法条文に関わる。そのため，リプロダクションやセクシュアリティの問題に法的考察を加えるときには，包括的な視座が必要である。

（4）日本における議論の問題点

日本国内においても近年，様々な局面でRRおよびRHという用語が使用されている。日本語では「**リプロダクティブ・ヘルス／ライツ**」と表記されることが多く，「性と生殖に関する健康・権利」と訳出されるが，このような表記は日本特有のものであり，国際機関や他の国では使用されない。

また，最近では国際機関である国連人口基金（UNFPA），世界保健機構（WHO），国連児童基金（UNICEF），世界銀行（WB）が共同で，RHに関するプロジェクトを展開している。また，単なるRHにとどまらず，その「性」の部分にも着目し，「Sexual and Reproductive Health（SRH：**性とRH**)」という表記も増えてきている。このように，「リプロダクティブ・ヘルス／ライツ」という表記では捉えきられない問題も出てきている。（2）で述べたように，RHの定義のなかに権利性が認められることからも，RHを保障するためだけの権利としてRRを捉えるような記述には，いささか問題があるといえるだろう。

Ⅱ　産まない権利

女性は，自分自身の身体をどう生きていくのか。1970年代に入り，欧米諸国のフェミニズム運動の中心的な課題は,「私の身体は私のもの」というスローガンのもとに展開された**自己決定権**の獲得であった。

（1）人工妊娠中絶

(i) 定　　義

人工妊娠中絶とは，胎児が母体外で生命を維持できない時期に，人工的に胎児およびその付属物を母体外に排出する行為のことをいう（**母体保護法**2条2項)。**堕胎**とは，自然の分娩期に先立ち，人為的に胎児を母体外に排出する行為を指す。

(ii) 背景・関連法

日本では第二次世界大戦後，世界に先駆け人工妊娠中絶を一定の条件下で合法化した。これが，1948年に制定された**優生保護法**である。この法律の目的は,「不良な子孫の出生の防止」という**優生思想**を掲げており，優生手術を規定することと並んで，母体の生命，健康の保護という母性保護を謳い中絶を認めた。1996年，第4回**世界女性会議**（北京会議）での様々な議論を受け，優生思想の部分が全面的に削除され，母体保護法と名称も変更され現在に至っている。母体保護法となる際に，参議院で「リプロダクティブヘルス・ライツ〈性と生殖の健康・権利〉の観点から，女性の健康等に関わる施策に総合的な検討を加え，適切な措置を講ずること」という附帯決議がなされている。

したがって，日本では「中絶」とは，優生保護法・母体保護法にいう人工妊娠中絶，すなわち合法的な中絶を意味する。なお，中絶は，母体保護法第3章「母性保護」の14条により，①妊娠の継続または分娩が身体的または経済的理由により母体の健康を著しく害するおそれがある場合，②暴行もしくは脅迫によってまたは抵抗もしくは拒絶することができない間に姦淫されて妊娠した場合に行うことができる。①はいわゆる**経済条項**と呼ばれ，②は倫理的適応と呼ばれるものである。なお，中絶が可能な時期は，法律ではなく厚生労働事務次官通知（いわゆる**通達**）によって,「通常妊娠満22週未満」と定められている。

一方,「違法な中絶」として刑法に**堕胎罪**が存在しているということはあまり知られていない。堕胎罪は女性が自分で中絶をした場合（自己堕胎罪（刑法

212条））や，医師などの第三者が女性の求めに応じて，あるいは女性の承諾を得て中絶をした場合（同意堕胎罪（同法213条），業務上堕胎罪（同法214条））のほか，女性の意思に反して勝手に中絶をする不同意堕胎罪（同法215条），その結果女性を殺したり障害を負わせたりしてしまう不同意堕胎致死傷罪（同法216条）も犯罪としている。**自己堕胎**であっても，1年以下の懲役に処せされることになっている。堕胎罪の目的は，胎児の生命・身体とともに妊婦の生命・身体を保護することとされている。女性自身の意思で中絶していても，妊婦の生命・身体のために処罰されるのである。中絶は，女性の身体や心に大きな傷を残すが，現時点では妊娠には男性の存在が必要であるにもかかわらず，男性の責任は一切問われない。それにもかかわらず，母体保護法では中絶の条件として配偶者（届出をしないが事実上婚姻関係と同様な事情にある者を含む）の同意（同法14条1項）が必要である。条文上は，妊婦本人の承諾も配偶者の同意も「同意」という同じ文言が使われているが，手術を受ける本人と第三者の意思は区別すべきである。しかし，配偶者が第三者といえるかどうかは問題である。

RRはすべての個人に，またカップルの権利としても認められるので，当然男性にもRRは認められる。妊娠は，（現時点では）男女の営みの結果であるので，胎児は生まれたならば，配偶者の子となる可能性をもった存在である。男性も女性と同様にRRを有するとしても，中絶の場合は，男女を同様にみることはできない。妊娠しているのは女性であり，妊娠・出産は病気ではないといわれるが生命・身体に対する重大な影響を伴い，中絶は女性の身体に対する侵襲行為であるため，配偶者は，当事者性はもつが本人とはいえない。カップルは十分に話し合い，中絶を決定する必要があるが，両者の意見が対立した場合には，女性の意思が優先されるべきである。配偶者の同意を中絶の要件とすることは，配偶者に拒否権を与えることとなり，女性が自ら意思決定をした場合でも手術を受けることができなくなる場合が出てくる。

（2）各国の人工妊娠中絶理論の展開

1960年代から70年代にかけて，**第二波フェミニズム**（→第3章）の影響下に女性の権利意識が高まり，特に欧米諸国を中心に人工妊娠中絶合法化の動きが強まった。合法的に人工妊娠中絶できる適応を限定した「適応規制型」としてイギリス1967年妊娠中絶法や，妊娠初期の一定期間内の人工妊娠中絶を理由を問わず合法化する「期限規制型」としてフランス1975年法などがある。現在では，世界の人口の約60％が無制限，もしくは比較的緩やかに人工妊娠中絶が認められている国や地域で生活しているが，宗教的理由などにより多くの国で中絶廃止運動が強まっている。以下，各国の代表的な理論を考察する。

(i) アメリカ

アメリカでは，母体保護・胎児の生命の保護という州（State）の利益と，女性の個人の中絶の自由をどう捉えるのかという問題が，最高裁判所で争われてきた。1971年頃までのヤミ堕胎は年間100万件にも達しており，1973年のロー判決（妊娠中であった未婚女性ロー（仮名）および人工妊娠中絶手術を行い逮捕された医師などが原告となり，母体の生命を保護するために必要な場合を除き妊娠中絶手術を禁止したテキサス州法が違憲であるとした事件）において連邦最高裁判所は，婚姻，生殖，避妊，家族関係，子の養育・教育に関する権利のほか，妊娠を終わらせるか否かについての女性の決定権は合衆国憲法修正14条に含まれる**プライバシー権**に属するために，この権利を侵害しているテキサス州法を違憲と判断した。これは，一定の条件下での中絶の容認である。その後，1989年のウェブスター判決，1992年のケイセイ判決，2007年のゴンザレス判決などを経て，次第に州側に**やむにやまれぬ利益**の立証を求める**厳格審査基準**論や女性の決定権論が後退し，人工妊娠中絶に対する法規制が合憲と解される傾向にある。米国内では，中絶の是非をめぐり殺人事件が起きるほど過激な容認派と批判派の対立は現在も続いており，大統領選の大きな争点ともなっている。

(ii) フランス

フランスでは，1972年のボビニー事件（レイプをされた結果妊娠した未成年の少女が，母親の同意を得て非合法の中絶をし訴えられた）を契機として，1975年に人工妊娠中絶法（ヴェイユ法）が成立し，妊娠10週以内に医療機関で医師によりなされる自発的意思に基づく中絶については，堕胎罪の適用を停止した。ヴェイユ法の合憲性を認めた1975年の憲法院判断以来，妊娠中絶法を合憲とする判断が確定されている。これは，生命の始まり以後の人間の尊厳を尊重しつつも，女性の身体の自由・母体の健康を重視している。ただし，フランスが1974年に加盟した**欧州人権条約**２条では，「生命に対する権利」を保障していたために，ヴェイユ法の条約適合性が問題となった。憲法院は，条約適合性を審査する権限はないとして判断を避けたが，1990年コンセーユ・デタ（国務院）決定（1988年に人工妊娠中絶薬の市場化を認可した厚生大臣の合法性をめぐるもの）において，条約２条の胎児の生命権を認めつつも，妊娠10週以内の困窮状態にある女性の中絶決定権を尊重した。その後，2001年に新たな「人工妊娠中絶と避妊に関する法律」が制定され，妊娠12週まで対象を拡大し，未成年者の中絶についての保護者の同意要件を原則廃止し，処方箋の必要のない緊急避妊薬の薬局や学校での無料配布を認める措置が規定された。これに対し，憲法違反の申立てがなされたが，憲法院は合憲の審決を行っている。

(iii) ドイツ

ドイツでは20世紀初頭から，刑法218条の堕胎罪規定に反対する女性運動が展開していたが，ファシズムの台頭で消滅してしまう。しかし，第二次世界大戦後，再び1960年代末に入り女性が自己決定として中絶を要求していく。

戦後のドイツ基本法では，１条１項の「人間の尊厳」の保障と，２条１項の「生命に対する保護義務」は受胎以後の胎児について認められていたが，1975年には，相談義務を伴う期限規制型の立法が連邦憲法裁判所で違憲とされた（第一次堕胎判決）。そして，1993年の連邦憲法裁判所判決はその前年の「妊婦及び家族援護法」制定に伴う刑法改正により，12週以前の人工妊娠中絶を違法でないとした規定を違憲・無効と判断した（第二次堕胎判決）。

ドイツでは，胎児の利益を，女性（母）の自己決定権より優先する傾向がある。このベースには，国家の**基本権保護義務論**という考え方がある。この結果，自己決定することができない胎児の権利を国家が保護することが正当化される。そして，第二次堕胎判決のように，堕胎を広く認める刑法改正に対する違憲判決が出ている。この点はフランスとは対照的である。

（3）避　妊

アメリカでは，連邦最高裁が避妊の自由をプライバシー権として保障されていると判決した1965年のグリスワルド判決以降，**避妊の権利**や女性の負担を回避する法的利益が確立されている。

現在，日本において最も利用されている避妊法はコンドームであるが，失敗率も高い。そのため1999年に低用量ピルが承認されたが，服用には医師の処方が必要であり，また，医療保険も適用されないため，女性が自ら自分の生殖をコントロールするために使用するにはハードルが高いものとなっている。

Ⅲ　産む権利

（1）家族形成権

「**家族**」とは何を指すのか。非婚，**事実婚**，**非嫡出子**（婚外子），**夫婦別姓**，シングル・ペアレント，人工生殖・生殖補助医療，同性カップルなど，**家族**をめぐる議論も変化してきている。**女性差別撤廃条約**16条は，婚姻・家族関係における差別撤廃を規定しており，（事実婚であれ法律婚であれ）子どもの数や出産間隔の決定する権利，姓を決定する権利等について，夫と妻が同一の権利（**家族形成権**）をもつことを明らかにしている。**日本国憲法**24条では，家族生活における個人の尊厳と両性の平等について規定しており，特に同条２項は，「配偶者の選択，……離婚並びに婚姻及び家族に関するその他の事項に関しては，法律は個人の尊厳と両性の本質的平等に立脚して，制定されなければならない」としている。リプロダクションとの関係でいえば，「産む性」である女性に対する個人の尊厳，「産む性」からの解放，妊娠・出産に関する自己決定権などが問題となる。また，「正規」の家族としての戸籍筆頭主である夫とその「正妻」と嫡出子によって維持されるモデルにより，民法は非嫡出子（婚外子）に対する差別的な規定を置いている。しかし，こうした家族制度の枠外にある事実婚を選択する自由や，非嫡出子の人権などが最近では注目され，この枠自体の見直しが迫られているといえる。

子を持つ（親になる）権利（不妊のカップルの問題）

人為的に子の出生を可能にする**生殖補助医療**の進展に伴い，不妊のカップルもしくは個人の「子を持つ権利（親になる権利）」の実現手段として，それらの技術を使用する範囲が拡大した。しかし，**生命倫理**との関係で，法規制は国際的・国内的にも生殖技術には追いついていないのが現状といえる。

（2）産みたいのに産めないという問題

女性が子どもを「産まなくなった」から少子化になっているのである，ということをよく耳にするが，「産まなくなった」理由は何であろうか。

日本では未曾有の不況の中，「妊娠**リストラ**・出産リストラ・産休／育休リストラ」が問題となっている。女性が妊娠・出産を理由に退職させられるなど不利益扱いを受け，労使間トラブルになっているケースが，著しく増加傾向にある。結婚を理由にした労使間トラブルは減少傾向にあるが，妊娠・出産によるものは増加を続けている。仮に**産休・育児休業**を取得できたとしても，復職後に退職を迫られたり，退職したりせざるをえなくなるケースが後を絶たない。**男女雇用機会均等法**の改正により，妊娠・出産を理由にした自宅待機や身分の変更などを強要することを禁じられているが，特にこの不況下では中小零細企業では，妊産婦を雇っている余裕はないといわれている。

それが影響しているのか，日本における年齢階級別にみた人工妊娠中絶率をみると，20-24歳の女性が全中絶の中で最も多く，次いで25-29歳，30-34歳，35-39歳の妊よう力が高く，かつ労働力人口である年齢層に中絶率が高い。中絶をしたくてしている女性はほとんどおらず，大半がやむにやまれぬ理由でしているのである。その理由も，第二次世界大戦後は子だくさんのために育てられず，という理由も多かったが，最近は折からの不況で仕事を休むとリストラをされたり（妊娠リストラ・育休切りなど），契約や派遣社員で産休・育休すらとれない女性が仕事を辞められないため中絶をしているというものも増加してきている。また，日本では婚姻外で出産することをためらう傾向があるが，既婚の20歳代後半から30歳代前半の女性は未経産婦の方が多い。そして，以前からいわれていることであるが，40歳以降の中絶率も意外と高い。

さらにもう1つの例は，妊婦たらいまわし事件からみえてくる，**周産期救急搬送問題**，出産施設の減少，医療体制の不備の問題である。産みたくても安心して産む社会的基盤が無い状態は，RR を侵害されている状態だといえる。

Ⅳ　性の権利（性的自己決定権／セクシュアル・ライツ）

性に関する自己決定権（**性的自己決定権**）は，個人が私生活において，誰とどのように付き合い，性的関係をもつかということを自分で自由に決められるということである。そのため，成人に達した人が，自由意思で恋愛し，合意の上で性的関係をもつことは，法的には何ら問題がない。性的自己決定権は，個人の**人格的自由**の大きな柱でもある。

しかし，暴力や強制により，個人の性的自由や性的自己決定権を侵害することは許されることではない。刑法は暴力や脅迫を用い，13歳以上の女性（**強制わいせつ**の場合は男性も含む）に**わいせつ行為**や**性的関係**を強要することに重い処罰を課している（刑法176条・177条など）。**レイプ**は性的自己決定権を侵害し，人間としての尊厳を踏みにじる重大な犯罪である（→第10章）。

身体の売買をすることで金銭的対価を得ることが成立するのは，**貧富の格差**が大きな問題としてあるからである。特にこのことが社会問題化する極みは，貧しい階層の女性の**人身売買**である。**グローバリゼーション**の影響により，購買力をもつ北の人々と，生存ぎりぎりの暮らしに追いつめられる南の人々が生み出され国際的経済格差を引き起こしている。これこそが，性産業が一大産業となる土壌となっている。

（1）売　買　春

古来より女性が自己の身体を男性に提供し，金銭的対価を得てきた行為がある。これを**売春**と呼ぶ。1970年代には，売春女性による権利運動の中からは，「**セックス・ワーク**」という言葉も生まれた。この運動により，売春女性自身が「自分の身体を売る決定」（性の自己決定）をした労働者，すなわちセックス・ワーカー（性労働者）であると位置づける。これは，売春という仕事を，自分の身体を売って金銭的対価を得る点で，他の職種の労働者が労働力を売って賃金を得ているものと異なるものではないということを強調するところからきており，社会的な発言権を獲得するためのものである。それまでの売春問題は，売春女性を売春から解放しようと援助する人々による社会運動として展開される傾向にあったが，売春女性も運動の主体として登場した。

1990年代半ばになり，**援助交際**という名で日本の少女たちが，ブランド品欲しさに，あるいは小遣いを得るために売春を行うことが国際社会でも問題となった。これは，セックス・ワーク論のように，労働者としての権利保障を要求するものではない。貧困のため，あるいは親のために身体を売る「身売り」が現実としてある一方，身体を売ることもまた「個人」の選択肢として出現したのである。自分の身体を自分で売ることのどこが悪いのか，という自己決定・自己責任論が提示されているが，自己の身体を売ることの意味を，妊娠の可能性や身体への影響，金銭による売買春が**人間の尊厳**を侵害する行為であること，世界中で困窮などを理由に人身売買が問題となっていることなどとの関係で理解している少女たちはどれくらいいるだろうか。また，自己決定権が，何でも決定できるものなのか，どこまでが射程なのか，考え直す素材としたい。

さらに，ここであぶりだされるのは，「**買春**の構図」である。買春男性と**性業者**の存在である。少女たちに高額の値段を付ける買春男性の存在，そしてセックス・ワーカーらに暴力的な態度で迫る買春客や性業者の存在がある。買春者や性業者は，時代に応じ装いを変化させている。国内ではテレクラや出会い系サイトなどの出現により，買春側と売春側が相互に「自由商談」をすることが可能になった。このため，「街娼」に象徴される「単純売春」の世界は，性業者の介在を不要とし，買春の場を大きく変化させた。そのため，売春女性の性的自己決定は，「**自己責任**」の問題として売春女性に投げられ，売春女性と買春男性，売春女性と性業者という２つの関係が，対等な人間による契約関係と正当化される。しかし，はたして対等なのであろうか。

売買春規制の制度は，現在４種類であると説明されている。１つ目は，売春を犯罪として取り締まる処罰主義，２つ目は，売春は必要であるが社会秩序のために一定の網をかける規制主義，３つ目は売春の根絶を目指す廃止主義，４つ目がセックス・ワーカーとして労働する保障を求めるための非犯罪化の要求である。1956年制定の**売春防止法**は廃止主義に立つ。また，売買春を行う観点の違いにより，①道徳的問題として議論する立場（処罰主義，および被害者なき犯罪論），②公衆衛生の問題とみなす立場（従来の規制主義），③女性の権利の問題と捉える立場（廃止主義とセックス・ワーカー論）に分けることができよう。

（2）従軍慰安婦

日本は第二次世界大戦中，主にアジア諸国から20万人もの女性を軍の基地に送りつけ，いわゆる「**従軍慰安婦**」として売春を強要し，性的暴力の対象とし，彼女たちの性的自己決定権を踏みにじってきた歴史がある。

1995年7月に，元「慰安婦」に対する補償（償い事業），および女性の名誉と尊厳に関わる今日的な問題の解決を目的として，「財団法人アジア女性基金」が設立された。日本政府からの出資金と，国内外からの募金によって運営されたが，すべての償い事業が終了したため，2007年3月31日で解散した。

1996年1月には，国連人権委員会に「女性への暴力特別報告」に関する報告書（**クマラスワミ報告**）が提出された。この中で，日本の慰安婦についても付属文書「戦時における軍事的性奴隷制問題に関する朝鮮民主主義人民共和国，大韓民国および日本への訪問調査に基づく報告書」で取り上げており，「慰安婦」とは「性奴隷」であることや，日本軍が設置した慰安所は国際法違反であることを認め，日本政府に法的責任をとることを求めている。特に被害者個人への賠償責任が，日本政府にあることを強調している点が特徴である。

1998年8月には，国連人権委員会差別防止・少数者保護小委員会で，戦時性奴隷制特別報告者の「武力紛争下の組織的強姦・性奴隷制および奴隷制類似慣行に関する最終報告書」（**マクドゥーガル報告**）が採択された。本文での主な対象は，旧ユーゴスラビアでの戦争とルワンダ虐殺だが，付属文書として日本の慰安婦について取り上げている。クマラスワミ報告を踏まえた上で，日本政府に反論する形で慰安婦制度の責任者の処罰と賠償を勧告している。また，慰安婦の制度は「奴隷制」であり，慰安所は「強姦収容所（レイプセンター）」，慰安婦は強姦，性暴力を受けた「性奴隷」であると強調していることや，アジア女性基金は法的責任に基づくものではないため，新たに賠償を行うべきであるとしている点が特徴である。本文での報告では，「**ユス・コーゲンス**（強行規

範。国際法上，いかなる逸脱も許されない高次の規範のことで，例としてジェノサイド・侵略・人道に対する罪・奴隷売買などが挙げられる）違反である性奴隷や性暴力などの国際犯罪は，どこの国でも裁けるよう国内法を整備すべきである」としており，**国際刑事裁判所**（ICC）では，**時効**はなく戦争犯罪についてはいつでも扱いうるとしているため，従軍慰安婦の問題が締約国から付託されれば，審議に入ることができる可能性がある。

（3）性目的の人身売買（トラフィッキング）

19世紀になると，国際的奴隷取引が社会問題化し廃止運動が高まる。これを背景として，19世紀後半には，「白人奴隷」すなわち「女性の**人身売買**」問題が浮上したが，当初は白人女性の問題に限定されていた。その後，1921年には「女性・子どもの人身売買禁止に関する条約」が国際連盟で採択され，奴隷制廃止運動の展開と連動し，女性の人身売買禁止運動となっていく。1949年には，「人身売買及び他人の売春からの搾取の禁止に関する条約」が国際連合で採択され，廃止主義を採用した。前文は，「売春及び……売春を目的とする人身売買は，人としての尊厳及び価値に反するものであり，かつ，個人，家族及び社会の福祉をそこなう」と宣言している。また，１条および２条において，他人の売春から搾取すること，売春宿の経営・管理や，売春のための場所の提供に関わることを処罰の対象とし，６条で規制主義を撤廃し，特殊な労働者として取り扱われてきた売春女性を売春から解放することを明記した。

しかし，1970年代半ば以降，セックス・ツアーが登場する。さきがけといえるのが，日本人男性による韓国への「キーセン観光」で，集団で韓国女性の接待を受ける姿は1973年の『タイム』誌６月号の記事にもなった。さらに，1990年代になると，東欧圏の政治的混迷による東西問題も加わり，国際的に大規模な「**貧困の女性化**」が進展するなか，南あるいは東の女性たちが，先進諸国の性産業へと送りこまれ人身売買（**トラフィッキング**）が国際的な問題となる。日本でも，セックス・ツアーへの社会的非難が高まると，国内の性産業がアジア女性を雇用する方向へと転換し，経済力にモノを言わせてアジア・東欧・ロシア・南米の女性を日本の性産業へと流入させ，人身売買を活発化させた。それを目的とした誘拐も多発している。今，日本は，「人身売買受け入れ大国」ともいわれている。実際に，アメリカ国務省が毎年6月に発表する「人身取引報告書」では，2020年には「被害者の保護・加害者の訴追・予防」の3つのどれもが十分でない国を表す，第2ランクに3年ぶりに格下げされた。

最近では，結婚や家事の斡旋という形で，貧しい国の女性たちを先進国へと巧妙に送りつけている。この国際的な人身売買への取り組みとしては，2000年に国際連合で採択された国際組織犯罪防止条約の補足議定書の1つとして，「『人身取引』に関する議定書」がある。

【発展課題】

身体障害の予見される子や，非嫡出子，強姦等の結果による子どもなど，「生まれてくるのがかわいそう」などといわれてきた例がある。また，貧困や戦乱，それに最近では，原発による放射能汚染の問題もあり，そういった地域で子どもを産むことを差し控える心理もある。このようなことを，RH や RR などとの関係も含め，どのように考えるべきか。結局，子どもには生まれる権利はなく，すでに生存している者たちの社会による政策決定や，カップルや女性の自由にすぎないということになるだけなのか，考えてみよう。

【参考文献】

山本直英編著『セクシュアル・ライツ―人類最後の人権』（明石書店，1997）
若尾典子『ジェンダーの憲法学―人権・平等・非暴力』（家族社，2005）
若尾典子『女性の身体と人権―性的自己決定権への歩み』（学陽書房，2005）
谷口真由美『リプロダクティブ・ライツとリプロダクティブ・ヘルス』（信山社，2007）
神戸女学院大学石川康宏ゼミナール編著『女子大生と学ぼう「慰安婦」問題』（日本機関誌出版センター，2008）

〔谷口　真由美〕

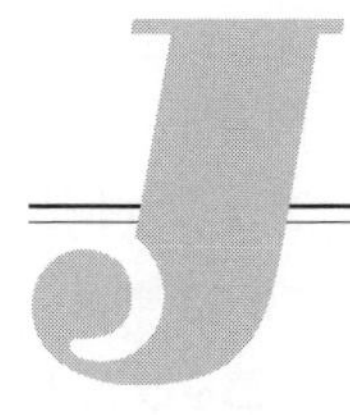

第14章

性　表　現

—ポルノグラフィはジェンダーの問題か—

◆この章で学ぶこと◆

ジェンダーという観点から性的に露骨な表現は性差別であると規制を主張する立場と，同じジェンダーという観点から性的に露骨な表現の規制を主張する立場には問題があるという立場とがある。前者は性的に露骨な表現のうち，現実に被害を与えている状況だけを規制すると主張しつつ，女性の従属性に着目するため，概念としての射程は性的な表現に限られない。後者の立論は多様であるが，法におけるパターナリズムへの懐疑が根底にある（性的に露骨な表現についての議論は冷静には展開されないことが多いからこそ，情緒的な感覚だけでわかったつもりにならないことが重要）。

Ⅰ　性的に露骨な表現，「わいせつ」，「ポルノグラフィ」

性的に露骨な表現が「徒らに性欲を興奮または刺戟せしめ且つ普通人の正常な**性的羞恥心**を害し善良は**性的道義観念**に反する」（最判昭26・5・10刑集5巻6号1026頁）場合には「**わいせつ**な文書，図画その他の物」に該当し，社会的法益の保護を理由に刑法175条（「猥褻」は1995年6月施行の刑法改正により「わいせつ」となる）により処罰される。具体的に「淫らに性欲を興奮または刺戟」され，かつ，「性的な羞恥心を害」されたという被害者の存在は犯罪成立の要件ではなく，被害者がいない場合でも，検察が「善良な性的道義観念に反する」と判断すると起訴される。わいせつであるかどうかの判断は「一般社会において行われている良識すなわち**社会通念**」を規準に「社会を道徳的退廃から守る」ことも含め，裁判所に委ねられている（『チャタレー夫人の恋人』判決＝最大判昭32・3・13刑集11巻3号997頁）が，「性に関する露骨で詳細な描写叙述の程度とその手法」，「全体に占める比重」，「表現された思想等」との関連性，文書の構成や展開，芸術性・思想性等による性的刺戟の緩和の程度，これらの事情を総合し，その時代の健全な社会通念に照ら」して（『**四畳半襖の下張り**』**判決**＝最判昭55・11・28刑集34巻6号433頁）判断する。2つの「刑法等の一部を改正する法律」（平成16年法律156号および平成29年法律72号）が反映する「性的な被害に係る犯罪やその被害実態に対する社会の一般的な受け止め方の変化」（最大判平29・11・29刑集71巻9号467頁）を踏まえるならば，法益の再検討は避けられまい。

もっとも，社会通念の著しい変化のせいで性的道義観念という社会的法益を刑法で保護しなければならない時代は過去のものになった，あるいは，民主主義的な社会における**言論の自由**（**表現の自由**）の重要性に照らすと，人々が可能な限り広く情報を入手して自ら判断するという経験を積むことで，より適切な選択が可能になるのであり，性的に露骨な表現に関しても個人の判断は尊重されるはずであると，裁判所が性的道徳に関する**パターナリズム**を否定し，刑法175条を違憲と宣言するまでには至っていない。

性的に露骨な表現が「わいせつな文書，図画その他の物」に該当しないとしても，性暴力を肯定し，**性差別**の構造を再生産する以上規制されるべきであるのか，それとも，ジェンダーに基づく性的欲望のあり方，性差別の**構造**に対する挑戦であり，規制という発想自体が性的欲望に関するパターナリズムであるというのが，性的に露骨な表現に関する議論の次の段階——**ポルノグラフィ**規制の是非である。このとき，ポルノグラフィを性的に露骨な表現とほぼ同一と考える人も，ポルノグラフィには制作者側の性的欲望を刺戟する目的・意図が必要と考える人も，意図はともかく，現実に誰かが「そそられる」ことがポルノグラフィの要件であると考える人も，性的存在という認識を強要するあらゆる表現をポルノグラフィックと考える人も，性的に露骨な形で女性を**従属**させることがポルノグラフィであると考える人もいたため，議論は一層混乱した。実は，1980年代に非常に活発であったこの議論は，法実務に影響をほとんど与えることなく終結した。だが，2000年代になって規制派の立論を継承し，発展させた論者から規制の必要性が一段と高まったと強く主張されている（→本章Ⅱ）。

ポルノグラフィ議論は法実務にほとんど影響を与えることがなかったと述べたが，「ほとんど」という修飾には重要な意味がある。1980年代以降，**チャイルド・ポルノグラフィ**は子どもに対する**性的虐待**であると，ポルノグラフィ規制論者の（構造的差別という理論を除き，その存在が法益侵害の証であるという）立論をほぼそのまま採用し，さらには現実の被害を「チャイルド・ポルノグラフィ」の存在から推定するなど立証責任を転嫁し，被害者の存在すら，規制には不要という主張が国内外で展開され，立法化されている（→本章Ⅲ）。

Ⅱ ポルノグラフィは性的支配従属構造を体現する性差別か

（1）性的支配従属構造と司法判断

1970年代の**ポルノグラフィ**に対する直接的抗議活動とは一線を画し，ポルノグラフィは**性差別**であると指摘した1980年代の**キャサリン・マッキノン**と**アンドレア・ドウォーキン**の議論を継承展開させた2000年代の中里見博の議論によると，ポルノグラフィは性的に露骨であるだけでなく，女性を**従属**的・差別的・見世物的に描くが，それは現実の性規範，性的な**支配従属構造**の反映である。すなわち，流通が難しい**ハード・コア**には該当しないので入手可能な，女性を暴力の対象とする「ハード」なポルノグラフィだけでなく，女性を鑑賞する「ソフト」なポルノグラフィ消費も，性的な快楽がもたらす男性自らの**セクシュアリティ**認識を性的な支配という形で身体化し，性を通じた男性による支配，性的支配従属構造を社会通念化する。女性の客体化だけでなく，見られる側にある存在をすべて「ジェンダーのレベルで」の「女性化」と括ることで**ヘテロセクシュアル**な視点の優位を明らかにする。

1980年代のポルノグラフィ規制の提案は，列挙されたカテゴリィに該当する個別具体的な被害について，その被害者に民事救済のための訴権を与えることで，現実の性規範が性差別となり，現実の被害をもたらしていることを明確にするという意図があった。しかし，現実に成立したポルノグラフィ規制条例を審理したアメリカの裁判所は，規制の対象であるポルノグラフィが性差別行為そのものではなく，**わいせつ**には該当しない**性表現**であるという立場から，表現として合衆国憲法**第１修正**（言論出版の自由の保障）保護の範囲に入ると判断した（American Booksellers Association v. Hudnut, 598 F. Supp. 1316（S.D. In. 1984）, aff'd, 771 F. 2d. 323（7th Cir. 1985）, summarily aff'd 475 U.S. 1001（1986））。判決の評価はいろいろあるが，被害が明白で，それを救済すべきという社会的合意が存在しているならば，あるいは，すでに存在している社会的合意に準じた被害と救済が規定されているならば，言い換えると，ポルノグラフィが限りなくわいせつに近ければ裁判所は躊躇せずにその規制を肯定したかもしれない。だが，性的支配従属構造が社会の主流において承認されているという指摘が正しければ，その構造故に発生した被害に対する救済が適切であるという社会的合意は成立しえない。1994年に制定された女性に対する暴力に関する連邦法（Violence Against Women Act of 1994, Pub. L. No. 103-322, title IV, §40001, 108 Stat. 1902, 42 U.S.C.§13701）のうち，ジェンダーを動機とする暴力の被害者に連邦の裁判所における民事上の訴権を付与した条項を制定する権限は連邦議会にないと，合衆国最高裁判所は2000年に判断した（United States v. Morrison, 529 U.S. 598（2000）. 無効とされたのは Pub. L. No. 103-322, title IV, §§40301－40303, 108 Stat. 1941, 42 U.S.C.§13981）。

2000年代のポルノグラフィ規制の主張は民事救済の重要性を指摘するが，同時に，日本のあくどく暴力的なポルノグラフィ産業が放置されている現状に照らして，性的に露骨な表現は，暴力を伴う場合はほとんど常に，そして，**人の尊厳**を侵害し人間性を抹殺する描写により被害が生じる危険性に十分な根拠がある場合には，性の不当な搾取であり，わいせつであるという1992年カナダ最高裁判所の判決（R. v. Butler, [1992] 1 S.C.R. 452）のような解釈を通じて，ポルノグラフィの刑事規制に実効性をもたせることを肯定する。だが，社会通念を規範とする裁判所を通じては，社会における「性的支配従属構造」を批判し，克服することはできない。

（2）だから規制は許されるのか

ポルノグラフィは性的支配従属構造を体現する性差別であるという命題は，(i)（男性が消費主体，女性が客体である類の）ポルノグラフィの普遍性（視聴者・受け手の性的欲望を喚起する性表現の消費形態には例えば**アダルトビデオ**から**レディースコミック**（レディコミ）まであるが，その消費主体は男性に独占されていないと，1990年代から指摘されてきた），(ii)性の二重基準（性的欲望は能動的な男性のもの），(iii)女性の「性を基準とする」分断（**聖母**と**娼婦**），そして，(iv)ジェンダー化されたヘテロセクシュアリティ（女性だけが見られる対象として描写されている）を前提としているので，ジェンダーの観点からは著しく問題がある。もっとも，最大の問題は，(v)本当に，ポルノグラフィが社会における性的支配従属構造を描写し，反映しているのかである（現実の社会における疎外から，現実にはなしえない，制限を受けない暴力による支配という願望をフィクションとして制作したにもかかわらず，フィクションとしての性暴力が，幻想の現実化として視聴され，性に関する**行動モデル**として無批判に受け入れられ，あるいは，親密な関係にある人に視聴と実践を強要する手段として用いられる。しかも，セクシュアリティが秘め事とされ，セクシュアリティに関する対話が貧弱な状況では，人の尊厳を犯すフィクションに対して批判的な言動に触れる機会がないまま，規範化し，さらなる刺戟を求めていくという**悪のスパイラル**が起こっている危険がある。言い換えると，現実に対して無力感を覚え，虐げられていると感じていればいるほど，あるべき規範として性的支配従属構造を投影するポルノグラフィにのめり込む可能性は高い）。

ポルノグラフィ規制こそがジェンダー化された世界――性の客体を独占する受け身の，弱者・被害者としての，聖母を隔離した上での娼婦としての女性という存在――を固定する。そのような観点からの規制は，女性が性表現を担い，自らの性を生き，語り，実践し，そして，現状のポルノグラフィを批判する主体となる機会を，これまでの社会通念，常識とは異なるゆえに，人の尊厳を侵害し，社会に害を与える性的に露骨な表現であると看做（みな）して奪いかねない（カナダでは，1992年のButler判決直後に，警察と税関が**同性愛**や**フェミニズム**関連の書籍を，社会に被害を与え人の尊厳を侵害し人間性を抹殺するという認識に基づいて，摘発・押収・起訴した。このことについて，捜査当局が判決の主旨を理解していないとの批判もある。しかし，裁判所のみならず捜査機関と検察にも法の解釈権だけでなく，強制力をもって執行する権限があることを踏まえると，容易に誤解され，誤用されかねない規制権限の授与は性的なマイノリティにとり大きな危険が伴う）と，規制に反対する人々はいう。規制への反対は，現状のポルノグラフィを肯定しているからではない。ポルノグラフィのように，人を自らの満足のために（性の）道具として用いることに躊躇しない感覚を増長し，人間の尊厳を脅かす「ポルノグラフィック」な表現の蔓延，日常化に嫌悪を表明し，自らのセクシュアリティについて自らの言葉で語ろうとしている姿勢からもそのことは推察できる。規制反対派が警戒するのは，それまで秘め事であったセクシュアリティを語ることや人と異なるかもしれない指向，多様な選択に対する社会の寛容さの欠如であり，規制批判の根底にあるのは，規制主体である行政・警察・検察と司法に対する不信である。警察は，裁判所は，少数者の権利をこれまできちんと保護してきただろうか（自衛官合祀判決＝最大判昭63・6・1民集42巻5号277頁など参照)。

ポルノグラフィは劣悪な環境の下で犯罪を金銭で隠蔽するようにして制作され，闇社会の資金源であると疑われており，必死に擁護するほどの価値はない。が，表現として価値があるかないかは，表現を法律により禁止することによってではなく，表現を批判的に読み解くことによってジェンダー，セクシュアリティと社会構造の関係を理解することで可能になる。

Ⅲ　あらゆるチャイルド・ポルノグラフィは子どもに対する性的虐待か

「児童買春，児童ポルノに係る行為等の規制及び処罰並びに児童の保護等に関する法律」(平成11年法律52号，平成26年6月25日法律79号改正）2条3項は児童ポルノについて，「児童を相手方とする又は児童による性交又は性交類似行為に係る児童の姿態」，「他人が児童の性器等を触る行為または児童が他人の性器等を触る行為に係る児童の姿態であって性欲を興奮させ又は刺激するもの」，「衣服の全部または一部を着けない児童の姿態であって，殊更に児童の性的な部位（性器等若しくはその周辺部，臀部又は胸部をいう。）が露出されまたは強調されているものであり，かつ，性欲を興奮させ又は刺激するもの」と規定している。「児童の売買，児童買春及び児童ポルノに関する児童の権利に関する条約の選択議定書（平成17年日本について発効）2条(c)は，「現実のもしくは擬似のあからさまな性的な行為を行う児童のあらゆる表現または主として性的な目的のための児童の身体の性的な部位のあらゆる表現」と規定する。

チャイルド・ポルノグラフィが子どもへの**性的虐待**の証拠であり，また，虐待を促すことになるので**わいせつ**に該当しなくとも**表現の自由**の保護の射程から排除されたのはそれほど昔のことではない（チャイルド・ポルノグラフィを規制する1977年制定のニュー・ヨーク州法を合衆国最高裁判所が合憲と判断したのは，1982年であった。New York v. Ferber, 458 U.S. 747 (1982)）。1970年代，子どもの性的虐待が表面化し，同時にチャイルド・ポルノグラフィが問題であると指摘された。子どもが性的虐待の被害者であるとき，その虐待行為を正当化することはできないと誰もが考え，誰も虐待する加害者を擁護しないので，性的虐待の証拠であるチャイルド・ポルノグラフィに関する感情的ではない議論は猥褻や通常の**ポルノグラフィ**分野と比較すると，大変乏しく（しかも，日本語文献では他人事である。国立国会図書館調査立法考査局編「特集―児童買春ツアー・児童ポルノ」外国の立法34巻5＝6号（1996），ヤーマン・アクデニズ「インターネットにおける重層的統治とチャイルド・ポルノグラフィ」指宿信＝サイバーロー研究会編『サイバースペース法―新たな法的空間の出現とその衝撃』（日本評論社，2000）142頁），子どもに対する新しい性的虐待の情報が流されるたびにチャイルド・ポルノグラフィがいかに子どもを傷つけるのかが指摘され，供給ルートを撲滅させなければならない，規制は強化されるべきだという意見が勢いを得る。「チャイルド・ポルノグラフィはまさに子どもに対する虐待」で，「殺人よりも酷い」（Amy Adler, The Perverse Law of Child Pornography, 101 Colum. L. Rev. 209, 227 (2001)）。その流通は悪夢を再現し続けるだけでなく，その存在自体が，見せられ，誘われる次の被害者を作り出し，それを視聴した者が刺戟を受けて自ら行為を実践に移す。制作，流通，所持，視聴すべてが子どもに対する性的虐待である実践行為である。つまり，存在自体が新しい被害者と新しい加害者を作り出すという論理構成はチャイルド・ポルノグラフィ規制に対して裁判所，議会，政治家，メディア，そして，社会一般が共有する前提となっている（これは，ポルノグラフィは理論であり，視聴した者がその行為を実践に移すと**強姦**になるという，最終的に裁判所も，議会も，政治家も，メディアも，そして社会一般も受け入れなかったポルノグラフィ規制派の論理と同じ論理構成である。もっとも，チャイルド・ポルノグラフィ所持と子どもの性的虐待との間の相関関係，因果関係に関する実証的な研究調査結果はあまりなく，存在する調査は基本的に関係を否定している）。子どもに対する虐待は，1960年代には「身体への暴力」が中心であったが，現在では「性的」虐待のことであると考えられており，現実の頻度（統計数値自体にも争いはあるが，例えば性的虐待は８％であるが，身体的な虐待と遺棄は76％を超える）と人々の関心のあり方との間にはかなりのギャップがある。子どもたちは無垢なのに，常にその無垢さを食い物にする悪者によって性的な危険にさらされているという見解を支持するように，日本でも先述の平成26年改正で７条で性的好奇心を満たす目的での単純所持を処罰する規定を導入し，チャイルド・ポルノグラフィを性的好奇心を満たすために入手するだけでも性的虐待になることを明文化した。

アメリカの裁判所では，わいせつを定義するのに非常に苦労し，「見れば判る」という迷言まで登場した（現在は Miller v. California, 413 U.S. 15（1973）の３要件が定着している。なお，"I know it when I see it" といったのは1964年の Jacobellis v. Ohio, 378 U.S. 184, 197（1964）のスチュアート裁判官）。**性差別**としての「ポルノグラフィ」の定義は裁判所の同意を得ることはできなかった。ところが，チャイルド・ポルノグラフィに関して裁判所はほぼ無条件に制定法上の定義と検察の解釈を受け入れ（Massachusetts v. Oakes, 491 U.S. 576, 589（1989）），着衣であっても「淫ら」であれば（United States v. Knox 32 F.3d 733, 747（3d Cir. 1994）），調査のために入手しても（U.S. v. Matthews, 11 F. Supp. 2d. 656（D. Md. 1998）），アニメ漫画であっても（United States v. Whorley, 550 F. 3d 326（4th Cir. 2008）），チャイルド・ポルノグラフィ規制法の対象として起訴され，有罪となった。

チャイルド・ポルノグラフィをこのように厳しく規制する理由は，その作成過程において子どもが性的虐待の被害者となること――それ自体が子どもに対する現実の性的虐待の証拠にほかならないから（New York v. Ferber, 458 U.S. 747, 759（1982））であり，**プライバシー**の観点から自宅での猥褻物所持が犯罪ではない（Stanley v. Georgia, 394 U.S. 557 (1969)）とは異なり，単純所持も次の犯罪を誘発させ得る（Osborne v. Ohio, 495 U.S. 105 (1990)）からと説明する。コンピュータで制作したヴァーチャルなチャイルド・ポルノグラフィや成人であっても子どもと見間違うような作品，チャイルド・ポルノグラフィであるかのように提供された作品の所持は，わいせつでも，実際子どもが性的虐待の被害者となって制作されたのではないので規制できない（Ashcroft v. Free Speech Coalition, 535 U.S. 234 (2002)）が，チャイルド・ポルノグラフィであるかのように作品を提供することの規制はできる（United States v. Williams, 553 U.S. 285 (2008)）。デジタル画像は繰り返し消費され，その度に損害が発生するならば，実際の虐待加害者だけでなく，その画像で性的好奇心を満たした人も虐待に加担したことになる。そこで，被写体である被害者が単純所持を認めた刑事被告人にそのイメージのせいで発生した損失を流通規模を基準に算定して損害賠償として請求し，それを裁判所が認めると，刑罰だけでなく，数億円も支払わなければならないかもしれない（Paroline v. Unites States, 572 U.S. 434 (2014)）。

道徳的な観点からの規制強化派だけでなく，普段は性の商品化という指摘に懐疑的反応しか示さない人々も，子どもの性の商品化現象には敏感であり，子どもに対する虐待の防止に直接の関連性がなくとも，実態として従来のチャイルド・ポルノグラフィ規制がすでに効力を発揮し，制作と流通が明らかに減少していても，子どもの性に関する描写の取締りの提案には，漠然性，過度な広汎性，行政の裁量に関する法の適正手続の不備などにもかかわらず，好意的な反応を示し，一層の規制強化を肯定している（東京都**青少年健全育成条例**も，2010年12月改正で，性交等を扱うアニメやジュニアアイドル写真集の規制に踏み込んだ）。

理論と実践というレトリックが性差別においては功を奏せず，チャイルド・ポルノグラフィにおいては有効であったことは何を意味するのかがジェンダーと法という視点から重要である。

Ⅳ 表現の不自由

裁判所は，清く正しく美しい表現に保護を与えるのに吝（やぶさ）かではない。しかし，**表現の自由**は，私の嫌いな，賛成できない，聞きたくもない言論にもきちんと保護を与えることに究極の価値がある。多くの**性表現**には積極的に保護すべきイメージはない。個人がひっそりと，多少の後ろめたさを覚えつつも，消費するからこそ，過度な規制に対しても反対の声を上げるのに誰もが躊躇(ちゅうちょ)する。そして，性的な**マイノリティ**の表現が規制の標的になることも多い。まさに「脆弱な」表現の典型である。だが，そこで，清く正しく美しい世界に自らの身を委ねて満足し，他者の表現の不自由を見過ごすと，いつの間にか不自由が常態になる。戦前の治安維持法は，社会の危険分子取締りが名目であったが，徐々に体制の積極的な支持者以外を沈黙させることになった。性に関する言説は社会の秩序を刺戟する，表現と規制に緊張をもたらす重要な場面の１つである。

【発展課題】

ポルノグラフィも，「環境型セクシュアル・ハラスメント」も，憎悪に基づく言論（ヘイト・スピーチ）も，差別を問題とし，被害者の視点から被害を評価するアプローチには共通性がある。「児童ポルノ」，「環境型セクシュアル・ハラスメント」，憎悪に基づく言論の一部には立法による法的な保護が認められたのに対して，性差別としてのポルノグラフィには認められていない現実を説明する要素は何か，考えてみよう。

【参考文献】

奥平康弘ほか『性表現の自由』（有斐閣，1986）
キャサリン・A.マッキノン（柿木和代訳）『ポルノグラフィ―「平等権」と「表現の自由」の間で』（明石書店，1995）
瀬地山角「ポルノグラフィーの政治学」小林康夫・船曳建夫編『新・知の技法』（東京大学出版会，1998）
中里見博『ポルノグラフィと性暴力―新たな法規制を求めて』（明石書店，2007）
守如子『女はポルノを読む―女性の性欲とフェミニズム』（青弓社，2010）
紙谷雅子「セクスティングとチャイルド・ポルノグラフィ」学習院大学法学会雑誌46巻１号199頁（2010）
高良幸哉「児童ポルノの単純所持規制に関する考察」比較法雑誌48巻３号277頁

（2014）
高良幸哉「児童ポルノ性に関する考察」比較法雑誌50巻3号305頁（2016）
高良幸哉「児童ポルノ規制における保護法益について」比較法雑誌51巻3号129頁（2017）
紙谷雅子「イメージ1枚で4億円？　チャイルド・ポルノグラフィ抑止の値段」松井茂記編著『スターバックスでラテを飲みながら憲法を考える』（有斐閣，2016）

〔紙谷　雅子〕

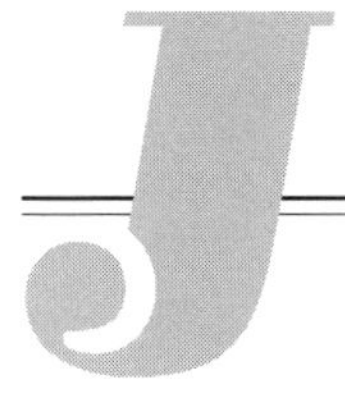

第15章

政治・行政

—政策決定過程における男女平等—

◆この章で学ぶこと◆

男女共同参画社会基本法が制定されてから20年以上が経過したが，政治・行政領域での女性比率はどの程度伸びたのだろうか。2020年10月１日現在，日本の人口は男性6126万人に対し女性6462万人であるが（総務省統計局「人口推計」(概算値)），議員も公務員も女性は依然少ない。本章では，政治・行政領域での男女の格差の実態とその背景を考察した上で，世界各国で導入されている格差是正措置を整理し，日本国憲法上導入可能な措置について検証する。

I　日本の政治・行政領域における女性の参画状況

（1）世界の男女不平等度

（i）世界の男女平等指数からみる日本の特徴

世界経済フォーラムが，経済・教育・政治・保健の４分野をもとに毎年発表する**ジェンダー・ギャップ指数**（Gender Gap Index: GGI）によると，2019年，日本は153カ国中121位であった。日本の男女平等度は伸び悩んでいる（参照，2009年：149カ国中121位）。

４分野の中でも特に立ち遅れているのが政治分野である。2020年９月に発足した菅内閣でも，20の閣僚ポストのうち女性大臣は２人（10%）である。女性の首相に至っては今日まで出現していない。また，議会の女性議員比率を比較する列国議会同盟（IPU）の調査では，2020年10月現在日本は衆議院で9.9%（46名），参議院で22.9%（56名）であり，190カ国中167位と低迷している。

こうした状況には，現在「政党本位の」選挙制度が採用され，政党内部における女性候補者の擁立が大きく関係している。2017年10月の衆議院議員総選挙では，全候補者に占める女性割合は17.7％（209人）にすぎなかったが，これまでで最高の数値となった。なお当選者に占める女性割合は10.1％（47人），内訳は小選挙区23人，比例代表24人であった。これに対し，2019年7月の参議院議員通常選挙では，全候補者に占める女性割合は28.1％，当選者の女性割合は22.6％となった。女性当選者28人という数字は，2016年の前回選挙と同数であったが，2018年5月に「政治分野における男女共同参画の推進に関する法律」（「候補者均等法」）が成立した直後の選挙であったことを考えると，さらに政党の努力が求められるだろう。

行政分野における女性の割合をみてみよう。2020年度採用の女性割合は過去最高の36.8％となり，前年度から1.4ポイント上昇した。内訳は，総合職35.4％，一般職39.1％，専門職33.8％である。また，本府省課室長級では，2010年の2.2％から2020年の5.8％へとわずかだが上昇している。

一方，国の審議会等における女性委員の参画状況はどうか。2005年の段階で30％を超え，2010年に17.3％，2019年9月に39.6％と上昇した。その背景には，2015年12月に閣議決定された第4次男女共同参画基本計画で，国の審議会等委員に占める女性割合を「40％以上，60％以下」と詳細な目標設定したことが影響していると言えよう。ただし，省庁間にはばらつきが見られ，女性割合が最も高かった農林水産省の44.6％に対し，最も低かったのは法務省の27.9％である。

(ii)　日本の政策・方針決定過程に女性の参加が少ない背景

日本は，2010年の第3次男女共同参画基本計画で「社会のあらゆる分野において，2020年までに，指導的地位に女性が占める割合」を，「少なくとも30％程度」にするという目標（「2020年30％」）を設定した。「指導的地位」とは，国連のナイロビ将来戦略勧告および**ジェンダー・エンパワーメント指数**（GEM：男女の国会議員比率，男女の専門職・技術職比率と管理職比率，男女の推定勤労所得の3つの指標を用いる）の算出方法を踏まえ，国会議員，法人・団体等における課長相当職以上，専門的・技術的な職業のうち特に専門性が高い職業に従事する者を指す。

当時，この目標が設定された背景には，**男女共同参画社会基本法**の施行から10年が過ぎてもなお，男女共同参画が十分に進んでいないという認識があった。その主な理由として，①固定的な**性別役割分担意識**が未だ根強いこと，②男女共同参画が「働く女性の支援」という印象を与えたこと，③男女共同参画を実現しようとする強い意思と推進力が不足していたこと，④男女のセーフティネットや女性のライフコースへの配慮が不十分だったため，**M字カーブ**の解消や長時間労働の抑制等の成果につながらなかったことなどが挙げられた（総務省・平成22年4月「第3次男女共同参画基本計画策定に向けて（中間整理）」）。

特に，政治・行政分野における政策方針決定過程への女性の参加が，大幅に遅れた理由として，以下の点が指摘できるだろう。①女性の参画の拡大を強力に推進するリーダーシップの不足，②「2020年30％」の取り組みについて，政党等への行政の働きかけが自制的であったこと，③政党間で男女共同参画への理解，取り組みに温度差があること，④男性の旧来の働き方を前提とした人事慣行，キャリア形成の男女間格差等により，「指導的地位」に立つ女性候補者が少なかったこと，⑤長時間労働が可能な男性基幹労働者と同様の働き方ができる女性の参画だけ進み，男女の新たな働き方の創出ができなかったこと，⑥**ロールモデル**の不足による孤立・不安など環境整備が不十分で，女性自身が「指導的地位」に立つことを敬遠する傾向があること，等である。

女性議員の割合を左右する要因の1つに**選挙制度**があることも，指摘されている。ジバン（地盤＝後援会組織）・カンバン（看板＝知名度）・カバン（鞄＝選挙資金）の「3バン」が必要だとされてきた日本の小選挙区制に比べ，かつての中選挙区制や大選挙区制，比例代表制など「諸外国の選挙制下での方が民意が反映されやすく，女性議員の割合が高くなる傾向が見られる」とする報告結果がみられる（平成24年2月男女共同参画会議基本問題・影響調査専門調査会報告書「政治分野における女性の参画拡大に向けて」19頁）。

また，P.ノリスは，**比例代表制**こそ女性に最も有利であると分析する。比例代表では政党が作成する候補者名簿を基に投票がなされるが，各政党は様々な層の支持を集めようとするため，女性にも立候補の機会が与えられるからだという（Norris, Pippa（2004）Electoral Engineering, Cambridge University Press, p.39)。

この点，現行の衆議院議員総選挙は，小選挙区と比例代表の並立制・単記制である上，比例代表（176議席）より小選挙区（289議席）で選出される議席が多いことから，政党の公認を受ける時点で男性の現職議員に有利に働く。もう一方の，参議院議員通常選挙も並立制を採用し，比例代表（96議席）より選挙区（146議席）の議席が多い。しかし，参議院議員選挙の比例代表は，名簿順位に縛られず集票数の多い候補者から当選する非拘束名簿方式をとることから，著名人やタレント候補に票が集まる傾向が強い。

（2）男女不平等の是正に向けた動き

CEDAW「総括所見」

女性差別撤廃条約 4条1項は，「締約国が男女の事実上の平等を促進することを目的とする**暫定的特別措置**（temporary special measures）をとることは，この条約に定義する差別と解してはならない」と定める。もっとも，そうした措置は，「機会及び待遇の平等の目的が達成された時に廃止されなければならない」。ここにいう暫定的特別措置とは，「過去における社会的・構造的な差別によって不利益を蒙っている集団（女性，人種的・民族的マイノリティ）に対して一定の分野（特に政治，経済，教育及び雇用等）で，事実上の平等を実現するまで暫定的な特別の機会を提供することにより，差別を撤廃することを目的とする」ものとされる（国際女性の地位協会編『コンメンタール女性差別撤廃条約』（尚学社，2010）［有澤知子］)。

女性差別撤廃条約を批准した国は，履行状況を定期的に**国連女性差別撤廃委員会**（CEDAW）に報告しなければならない。2009年8月，CEDAW は日本政府の第6次レポートに対する「総括所見」を出した。そこでは，「学会の女性を含め女性の雇用及び政治的・公的活動への女性の参加に関する分野に重点を置き，かつあらゆるレベルでの意思決定過程への女性の参画を拡大するための数値目標とスケジュールを設定した暫定的特別措置を導入するよう締約国に要請する」とし（para.28），新たにフォローアップ項目として設定された。

これを受け，日本政府は CEDAW に，2011年8月フォローアップ情報として，各政党に役員や候補者の女性割合を高めるよう協力を求めたこと，全国知事会で地域の男女共同参画を要請したこと，女性公務員の採用・登用の拡大等に関する指針を改訂したことなど取り組みを報告した。

CEDAW の要請に基づき，日本政府は2014年９月に第７・８次レポートをまとめて提出したが，フォローアップ項目の目標達成のための障害の克服や見通しなどは不足していた（山下泰子「第７・８次日本レポートの概要と CEDAW 総括所見への対応」国際女性 No.28（2014）68-69頁）。そのため，CEDAW の2016年総括所見は，「女性の完全かつ平等な参加を促進するため」，「制定法でクオータ制などより多くの暫定特別措置を採用すること」を勧告し，意思決定する地位に「障がいを持つ女性，アイヌ，同和地区，在日韓国・朝鮮人の女性などの民族およびその他のマイノリティ女性」を増やすための具体的措置をとるよう求めている。

男女共同参画基本計画

男女共同参画社会基本法13条１項は，「男女共同参画社会の形成の促進に関する施策の総合的かつ計画的な推進を図るため」，政府が男女共同参画基本計画を定めなければならないと規定する。これを受け，これまで第１次基本計画（2000年12月）から第５次基本計画（2020年12月）まで閣議決定され運用されている。第１次基本計画は11の重点項目を掲げ，「男女が社会の対等な構成員として，社会のあらゆる分野における活動に参画する機会が確保され，男女が均等に政治的，経済的，社会的及び文化的利益を享受することができ，共に責任を担うべき社会を形成する」ことを目的とした，総合的で長期的な施策の大綱としての性格を有していた。第２次基本計画は，より具体的に「2020年30％」目標を置き，あわせて，女性のチャレンジ支援の導入や，男性も含めた働き方の見直しを推進し，多様なライフ・スタイルに応じた仕事と家庭・地域生活の両立支援も提唱した。しかし，**長時間・時間外労働**を前提とする人事慣行や，出産・子育てによる休業や退職が原因で，指導的地位に立つ女性が増えなかったため，第３次基本計画では，**ポジティヴ・アクション**を推進し，各重点分野において数値目標と期限を定めた**ゴール・アンド・タイムテーブル**を導入した。

この姿勢は第４次基本計画にも受け継がれ，議員，公務員の種別ごとに，さらに踏み込んだ数値目標が設定された。

しかし，2019年に「女性活躍推進法」や「候補者均等法」が成立してもなお，管理職に占める女性割合は14.8％，衆議院の女性議員比率は192カ国中167位（2020年10月現在，IPU調べ）であり，国際的にみても大変遅れた状況である。そこで，政府は「2020年30％」の目標達成は困難と判断し，「2030年までの可能な限り早期」へと先送りしてしまった。

2020年に決定した第5次男女共同参画では，「持続可能な開発目標」（SDGs）で掲げられた「政治，経済，公共分野でのあらゆるレベルの意思決定において，完全かつ効果的な女性の参加および平等なリーダーシップの機会を確保する」ことが意識されている。そこではさらに進んで，「2030年代には，誰もが性別を意識することなく活躍でき，指導的地位にある人々の性別に偏りがないような社会になることを目指す」とある（令和2年12月25日閣議決定）。

Ⅱ　積極的な格差是正措置の導入

（1）ポジティヴ・アクション（PA）／アファーマティヴ・アクション（AA）

（i）積極的な格差是正措置はなぜ必要か

今日まで，様々な人権条約や国内法により男女平等の実現が試みられてきた。しかし，法律上の平等と異なり，事実上の平等は多様な宗教や慣習，文化等が影響し達成は困難である。そのため，**女性差別撤廃条約**4条1項は，男女の**固定的性別役割分担意識**や特性論に基づく差別，歴史的・文化的・社会的差別を解消し，男女の事実上の平等を実現するために**暫定的特別措置**を講じることを認める。この点に関し，国連女性差別撤廃員会（CEDAW）は，2004年1月「**一般的勧告**25号」を出し，女性差別撤廃条約の締約国に上記措置の活用を奨励している。

一般的勧告25号は次のような内容をもつ。女性は平等な機会を与えられ，特権的な環境により結果の平等を達成するまでにエンパワーされることを要求する。その際，女性に男性と同一の待遇を保証することだけでは不十分であり，男性と女性の間の生物的な，さらに社会的・文化的に構築された差異が考慮されなくてはならない。**実質的平等**という目標の追求は，女性の過少代表の克服と，男女間の資源と権力の再配分を目的とした効果的戦略をも要求する。

なお，女性の過少代表は次の理由から民主主義にとって問題であると指摘されてきた。すなわち，①正義の観点（民主主義国家のシンボル＝平等・公正に正義を求める傾向が強まってきたこと），②正当性の観点（男性が独占する政治過程でなされた意思決定は主権上問題ではないか），③女性の利益の視点（「女性の代議士が少ないということは，女性に共通の関心事項が政策課題として取り上げられにくいということを意味し，民意を政策決定過程にバランスよく反映することを民主主義の基本とする観点に立つならば，女性の政治的過少代表は，解消されねばならない」）等である（御巫由美子『女性と政治』（新評論，1999）89-104頁）。

(ii) 用語の多義性

女性差別撤廃条約４条が定める暫定的特別措置は，EU や日本では**ポジティヴ・アクション**（PA: positive action），アメリカ・カナダ・オーストラリア等ではアファーマティヴ・アクション（AA: affirmative action）と呼ばれる。ほかにも，救済的措置（remedial measures），積極的措置（positive measures）等が用いられる。日本では，**男女共同参画社会基本法**２条２号で「積極的改善措置」が，男女共同参画基本計画や厚生労働省の提言では「ポジティブ・アクション」が使用されている。

PA／AA は，過去の社会的構造的差別により不利益を被ってきた女性や人種的・民族的・宗教的**マイノリティ**に対し，特別の機会を導入したり，現実の社会で生じている事実上の不平等を縮小したりすることで，実質的平等を実現する暫定的で特別な措置だと定義される。しかし，アメリカではグラッター事件判決（Grutter v. Bollinger, 539 U.S. 306 (2003). ミシガン大学ロースクールの入学試験で，人種を「プラス要素」としてマイノリティに配慮した措置が合憲とされた）を契機に，過去の差別に対する救済ではなく，将来の多様性確保のための AA が正当化されるようになった。そうした視点からすれば，PA ／ AA は**結果の平等**を求めるものではなく，**機会の平等**の実質的保障を求める積極的な格差是正措置だという主張が説得力をもつようになる（辻村みよ子『憲法〔第６版〕』（日本評論社，2018）158頁）。

積極的な格差是正措置は，各国で様々な態様によって導入されている。それらは，①**クオータ**（どちらか一方の性に対する一定の割当て）や**パリテ**（意思決定機関において女性・男性が同数になるよう求めること），**リザーブ**（議席・候補者の割当）に代表される「厳格なPA／AA」，②**ゴール・アンド・タイムテーブル**（目標数値と期限を掲げるもの）やプラス・ファクター方式（同等の能力・資格がある場合プラス要素としてジェンダーを重視するもの）のような「中庸なPA／AA」，③**ワーク・ライフ・バランス**（仕事と生活の調和）の奨励，昇進のための職業訓練等の「穏健なPA／AA」等に大別される（ここでは，辻村みよ子『ジェンダーと法〔第2版〕』（不磨書房，2010）56頁）。

（2）PA/AAの導入状況

ポジティブ・アクションのなかでも多くの国が採用するクオータは，大別して3種類ある。①憲法または法律のいずれかによって，どちらか一方の性に一定の議席数を割り当てる「議席割当制」（Reserved Seats），②憲法または法律のいずれかによって，どちらか一方の性に候補者名簿の一定割合を与える「候補者クオータ」（Legislated Candidate Quotas），そして，③「政党による自発的クオータ」（Voluntary Political Party Quotas）である。

憲法／法律によるクオータ

International IDEA・IPU・ストックホルム大学の共同研究サイト「ジェンダークオータ・データベース」によれば，2020年現在，国政レベルにおいて「議席割当制」の採用は25カ国で女性議員割合（下院）26.5%，「候補者クオータ」の採用は57カ国で女性議員割合（下院）26.9%である。なお，「政党による自発的クオータ」は56カ国で採用されているが，割当率は政党によって異なり，20%（マルタ労働党，ハンガリー社会党など）から50%（スウェーデン緑の党など）まで幅広い（International IDEAのサイト（https://www.idea.int/data-tools/data/gender-quotas））。

パリテ（Parité）

フランスは，「同等の，同量の」を意味するパリテを導入する。そのきっかけは，1982年，市町村議会選挙の候補者名簿に「一方の性の候補者を必ず30%含む」（審議過程で25%に変更）とするクオータ法案を違憲とした憲法院判決であった。フランスに伝統的な普遍主義的平等アプローチによって，選挙人と被選挙人は「性」というカテゴリーに基づいて区別されてはならないとしたのである（糠塚康江『パリテの論理』（信山社，2005）58-59頁）。その後，1999年７月の憲法改正で３条５項「法律は，選挙によって選出される議員職と公職への男女の平等なアクセスを促進する」が追加され，その翌年，各政党に対し男女同数の50％ずつを候補者として擁立するよう義務付ける，「選挙による議員職及び公職についての男女の平等なアクセスを促進するための2000年６月６日法」（「パリテ法」）が成立した。

しかし，2000年「パリテ法」では，パリテに違反した場合の罰則が弱く，候補者名簿の下位に女性を並べるという行為が頻発したため，2007年１月31日法でパリテが強化され，国政選挙で違反した場合，政党助成金が減額されることになった。また，2013年には県議会議員選挙に「ペア立候補制度」（男女ペアで立候補し，男女ペアで当選した後，別々に議員として活動する）が導入された。2020年10月現在，IPU の調査では，フランスの女性議員ランキング（下院）は193カ国中25位である（https://data.ipu.org/women-ranking?month=10&year=2020）。

政党による自発的クオータ

政党による自発的クオータは，北欧諸国やドイツ，イギリスなど多くの国でみられるが，その目標は政党内部で決められる。歴史的に早い1970年代から40％クオータを採用するノルウェーでは，女性党員が政党内部でその政治的権利を拡大する必要性を感じ努力したことが，制度導入の背景にあったという（Joni Lovenduski, Gender and Party Politics, London, 1993, p.14.）。

「クオータの成功例」と言われてきたドイツでは，党の役職に少なくとも３分の１の女性を割り当てるもの（キリスト教民主同盟），女性を奇数順位に置くジップ制の候補者名簿を作るもの（同盟90・緑の党），候補者名簿の１位・２位のいずれかと３位以下の奇数順位に女性を割り当てるもの（左翼党）がある。また，イギリスでは，労働党が，all women shortlists 方式（引退議席の半分と，労働党が有利な選挙区の半分に女性候補のみを置く）や twinning 方式（隣接する２つの選挙区をひとくくりにし，一方の選挙区で女性候補者を，もう一方の選挙区で男性候補者を立てる）を導入している。

公的部門でのクオータ

ドイツでは，もともと存在していた連邦平等法，連邦委員会構成法の２法を改正して，2015年に「民間企業及び公的部門の指導的地位における男女平等参加のための法律」が成立した。これにより，行政機関，裁判所，連邦に属する公的機関や公企業は，女性管理職の割合について階層ごとに目標設定し，それを達成する具体的措置をとらねばならないことになった。また，連邦が３人以上の委員を指名する監査役会では，男女とも50％になることが義務付けられた。

（３）クオータをめぐる議論

（i）　正当化論／批判論

クオータは，比較的容易に目標を達成しやすい反面，その合憲性や妥当性をめぐって議論が展開されてきた。

代表的な正当化論としては，①短期間で実効的に実質的平等・事実上の平等を確保できる，②一方の性の過少代表を補正する手段となる，③過去の社会的・構造的差別により被ってきた被害の補償となる，④過少代表である女性を増やすことで多様性の促進を図ることができる，等が挙げられる。

これに対し，批判論としては，①女性が男性以上に優遇される結果となり**形式的平等**に反する，②競合する男性個人の法的権利を侵害する（いわゆる「**逆差別**」），③誰を選ぶかは投票者が決定すべきであるから民主主義・自由選挙原則を侵害する，④目標を設定することで「ガラスの天井」を作ることになる，⑤女性を優遇することが「女性＝劣位」の**スティグマ**となる，等が指摘される。

（ii）　格差是正措置の合憲性

クオータを含む格差是正措置については，その合憲性と許容範囲が問題となるが，政党の綱領や規約に「自発的に」クオータを定めるような場合は，憲法で保障される「政党の自由」には抵触しない。また，仕事と家庭の両立支援策も，特定の個人に不利益を与える性質のものではないため，憲法上の議論とはならない。

だが，法律による強制的クオータの場合は，平等原則や政党の結社の自由，男性候補者の権利の観点から問題とされることが多い。フランスについては既に述べたが，イタリアでは憲法裁判所が1995年９月に，1993年地方選挙法の33％クオータを違憲と判断した。公務就任権の形式的平等原則違反，命令的委任の禁止に代表される政治代表の原則が理由であった（高橋利安「イタリアにおける女性の政治参画とポジティブ・アクション」修道法学28巻2号（2006）63頁以下）。その後，イタリアは憲法改正によりこの問題を解消した。

(iii)　欧州司法裁判所の判決

欧州司法裁判所は，男女が同一資格のとき自動的に女性を優先する1990年のドイツ・ブレーメン州平等法について，「結果の平等」を求めるものであり，機会の均等を促進する EU 均等待遇指令2条4項に反するとした（カランケ事件（Case-450/93〔1995〕ECR I-3051（at 3069-3080）））。

これとは対照的に，1981年にノルトライン・ヴェストファーレン州の公務員法が争われたマルシャル事件や，1994年にヘッセン州男女同権法が争点となったバデック事件は，カランケ判決の基準を変更した。特にバデック事件では，女性が過少な部門で，女性促進措置の目的のために，候補者が特有の個人的事情を考慮した客観的評価対象となることを条件に，女性候補者を優先することは，上記指令に違反しないと判断された。

(iv)　日本における可能性

それでは，日本国憲法の下でクオータは認められるだろうか。例えば，法律による議席割当制の導入については，国会議員は「全国民の代表」であること（43条1項），議員および選挙人資格は性別による差別を禁止していること（44条但書）から，違憲の疑いが強い。機械的に結果を固定するクオータは，男性候補者の能力や個別事情を考慮しない場合，男性の立候補の自由や，政党の自律権を侵害する可能性もある。

比例選挙の候補者名簿にクオータを導入する場合は，異なる考え方ができる。憲法14条が実質的平等の保障を確保していること，「誠実に遵守すること」（98条2項）が要請される女性差別撤廃条約が暫定的特別措置を認めていることから，「正当かつ合理的な公益目的があり，手続との間に実質的関連性がある場合には，その制約が許容され」（辻村みよ子），即座に憲法違反となる可能性は低いと考えられる。後述の通り「候補者均等法」も施行された。今後，いかなる法的強制がどこまで許されるか，慎重に議論を重ねる必要がある。

Ⅲ　実質的な男女同権を目指して

（1）残された課題―女性女系天皇制問題

日本国憲法２条は，皇位は世襲であること，継承順位は国会の議決した皇室典範で定めることとする。そして，皇室典範１条は「皇位は，皇統に属する男系の男子が，これを継承する」とし，**女性・女系天皇**の存在を認めていない。この規定が，憲法14条や**女性差別撤廃条約**２条ｆ（「女性に対する差別となる既存の法律・規則・慣習および慣行を修正しまたは廃止する」）に違反しないかが問題となる。

憲法学では従来，①天皇・皇族は人権の享有主体かという問題設定をし，次いで，②天皇・皇族に憲法14条の平等権が適用されるか，という議論が行われてきた。①については，天皇・皇族には政治的表現の自由，参政権，政党加入の自由，国籍離脱の自由，外国移住の自由，職業選択の自由等が認められないこと，皇位を継承できる地位は「人権」ではないこと，差別されているのは皇室という特殊な社会に限定されており一般的な問題として論じることはできない，との指摘がなされてきた（吉岡睦子＝林陽子編『実務ジェンダー法講義』（民事法研究会，2007）81頁）。

しかし，女性差別撤廃条約の批准をきっかけに上記の問題が再燃し，憲法学の立場からも有力な違憲説が主張されるようになった。具体的には，「象徴」としての天皇の地位は国家機関の１つであり平等な運用が必要であること，形式的・儀礼的な行為だけの象徴職に就くのに性別の要件は必然的でないこと，性別に基づく異なる取扱いが日本の法制度・慣習上の性差別を助長・温存する機能を果たしていること等である（横田耕一＝江橋崇編『象徴天皇制の構造―憲法学者による解説』（日本評論社，1990）112-114頁）。2005年11月「皇室典範に関する有識者会議」も，女子や女系の皇族への皇位継承資格の拡大を検討するよう提示した。報告書は，皇位継承のあり方についての基本的姿勢として，①国民の理解と支持が得られること，②伝統を踏まえること，③制度として安定することの３点を指摘している（原田一明「女帝を認めるべきか―女子・女系による皇位継承の可能性」論究ジュリスト33号（2020）66頁）。その後，皇族男子が誕生し改正論議はいったん鎮静化するが，近年再び，安定的な象徴天皇制の維持や，女性皇族の減少問題の解消等を理由に，女性・女系宮家の創設が話題となっている。

（2）「候補者均等法」をどう活かすか

2001年，初めて町村議会の実態把握調査が行われた際，約半数の自治体で「女性議員ゼロ」という事実が明らかになった（国際女性16号（2002）142頁）。10年後の2011年統一地方選挙では，「女性議員ゼロ」こそ解消されたものの，市区議会においては全国80議会中57議会（71％），町村議会においては全国941議会中358議会（38％）と，自治体の規模が小さくなるほど女性議員率も低くなるという実態が浮かび上がった（内閣府『平成23年版男女共同参画社会白書』20-22頁）。

その後，2018年５月，議員立法による「候補者均等法」が公布施行された。同法は，衆議院，参議院と地方議会の選挙において「男女の候補者の数ができるかぎり均等となること」を目指すことが基本原則となっている。また，政党や政治団体に対して男女の候補者数を定めるよう求めている点で，ポジティブ・アクション立法としての性格をもつ。

「候補者均等法」が初めて適用された2019年参議院議員通常選挙では，女性議員割合は前回の20.75％から22.86％と過去最高となった。だが，世界経済フォーラムの「ジェンダーギャップ指数2020」では，前回の110位（149カ国中）から121位（153カ国中）へ順位を下げ，特に政治分野では0.032ポイント減となった。最新の研究によれば，支援者からの票を引き換えとする「票ハラ」など「政治における女性に対する暴力」や，「政治活動と家族責任との両立」が，政治領域への「参画障壁」として指摘されるという（辻村みよ子＝三浦まり＝糠塚康江編『女性の参画が政治を変える—候補者均等法の活かし方』（信山社，2020）40頁）。50カ国以上で下院議員の30％以上が女性である現在，衆議院議員の女性割合9.9％という数値からは，「候補者均等法」の活用や選挙制度の見直しはもとより，社会全体にいまだ根強く残る固定的な性別役割分担意識やアン・コンシャスバイアス（無意識の思い込み）の解消が喫緊の課題であることがわかる。

【発展課題】

クオータは，女性が少ない政治や行政，経済の領域において，男女平等を実現するために導入されてきた制度である。しかし，近年，性的マイノリティの存在を根拠に，「どちらか一方の性に対して」一定の割合になるよう求めるクオータを，否定する見解もある。これらの議論は，それぞれいかなる憲法原理に基づき主張されているか整理しながら，自分の考えをまとめてみよう。

【参考文献】

辻村みよ子『ポジティブ・アクション』（岩波書店，2011）
彼谷環「ドイツにおける新党設立と民主主義」本秀紀編『グローバル時代における民主主義の変容と憲法学』（日本評論社，2016）
三浦まり編『日本の女性議員―どうすれば増えるのか』（朝日新聞出版，2016）
前田健太郎『女性のいない民主主義』（岩波書店，2019）
辻村みよ子＝糠塚康江＝三浦まり編『女性の参画が政治を変える―候補者均等法の活かし方』（信山社，2020）

〔彼 谷　環〕

第16章

司　　法

―犯罪発生から犯罪者の処遇まで―

◆この章で学ぶこと◆

「犯罪者」と言われたら，どのような人をイメージするだろうか。犯罪統計をみてみると，犯罪をした疑いで警察統計（検挙人員）に現れるのは圧倒的に男性が多い。これはなぜだろうか。ここでは，犯罪発生から捜査，裁判，その後の施設内・社会内における処遇までの刑事司法手続を取り上げ，刑事司法手続に携わる人々，犯罪の当事者としての被害者と加害者に注目して，ジェンダーの側面からみて，何か問題があるのか，あるとしたらどのようなことなのかを学ぶ。

Ⅰ　背　　景

そもそも法律自体が，長い間，「男性の領域」であった。立法者も法曹も男性であり，男性の視点だけで作られ，運用されてきた。現行刑法は1907年に施行されているが，女性が初めて大学で法学を学ぶことができるようになったのは1920年代であり，初めての女性弁護士が誕生したのは1940年のことである。この背景には明治終わりから大正デモクラシーにかけての女性運動があった。女性の国会議員が誕生するのは1946年まで待たねばならなかった。また，女性が立法において重要な役割を果たしたのは，第二次世界大戦後，連合国軍最高司令官総司令部（GHQ）憲法草案制定会議のメンバーであった**ベアテ・シロタ・ゴードン**であろう。その後，1949年には初の女性検事，判事補が誕生した。

しかし，この後みていくように，現在でも特に司法の担い手においては女性が非常に少ない状況が続いている。確かに犯罪の加害者には男性が多いが，女性の加害者も存在するし，女性の被害者も多い。何より，日本においてはジェンダー平等が進んでいないので，犯罪の背景にも性別役割分担意識ともかかわる不平等が潜んでいることが多い。しかし，司法の担い手がほとんど男性であったことから，このような視点が見過ごされてきたことには注意する必要がある。

Ⅱ　刑事司法手続に携わる人々

(1) 警　察

犯罪が発生した場合に最初に対処するのは，多くの場合警察官である。日本で女性に警察官への門戸が開かれたのは1946年で，GHQ の指示によるものであった。当初は男性警察官の補助的役割を担っていたが，倍率は高く，交通課や現在の保安課にあたる仕事をし，少年犯罪，売春婦の取締りなどを行っていた。呼称は「**婦人警官**」であったが2000年の男女雇用機会均等法大幅改正に伴い「**(女性) 警察官**」に変更された。

女性警察官の数は非常に少なかったが，2000年に出された「警察刷新に関する緊急提言」の中で女性警察官の積極的登用が1つの柱に挙げられたこともあり，2000年4月1日には全警察官23万2187人中女性警察官は約8500人（約3.7%）であったが，2010年4月1日には，25万7125人中1万4870人（約5.8%）となり，2020年4月1日には，26万1967人中2万6664人で割合が10%を超えた(10.2%)。都道府県警察で採用された女性警察官のうち警部以上の人数は，2010年には172人であったが，2020年には611人となっている（各年警察白書より。2000年の幹部人数は掲載なし)。勤務環境としては，2010年には，当直勤務等で必要となる更衣室や休憩室等を整備したり，家事，育児等に従事しながらも仕事に専念できるよう，ベビーシッター制度等の育児・介護を支援するための制度を導入するなどの努力がされている（国家公安委員会・警察庁『総合評価書 警察改革の推進』2010年）とされた。警察庁は2015年には，次世代育成支援対策推進法（2003年法律第120号）に基づく特定事業主行動計画および「国家公務員の女性活躍とワークライフバランス推進のための取組指針」（2014年10月17日女性職員活躍・ワークライフバランス推進協議会決定）に基づく取組計画として，「警察庁における女性職員の活躍と全職員のワークライフバランス等の推進のための取組計画（2015年３月17日警察庁長官決定）」を策定した。その後，女性の職業生活における活躍の推進に関する法律（2015年法律第64号）を踏まえ，「**警察庁における ワークライフバランス等の推進のための取組計画**」を定める等し，その後も取り組みを進めている。

警察官には警察庁の警察官と都道府県県警の警察官がある。2010年時点では警察庁では男性と女性では受験できる回数が異なり，都道府県警察においても女性の試験回数は少なく，募集枠のない年もあった。都道府県警察は2011年度より回数は統一され，現在は，警察庁も回数は統一された。しかし，募集人数は男女で大きく異なっている。

職域については，従前は交通部門中心であったが，現在は女性が被害者となる性犯罪や配偶者からの暴力事案等の捜査，被害者支援等，女性警察官の能力や特性をいかした分野のみならず，強行犯捜査，知能犯捜査等の捜査全般，暴力団対策，警衛・警護等の分野まですべての分野に拡大したと言われている。

職階においても，2019年には初めて警察庁審議官までは到達しており，女性警察署長も多く誕生している。警察官の男女平等は大きく前進している。しかし，全ての警察官が，性別ではなく能力で採用され，昇任するようになるまでの道のりはまだ遠い。

（2）法　曹

(i)　法曹への門戸

学問分野と同様に（学問分野ではさらに「専門分野」の選び方と同様に），また政治の分野と同様に，「**性別役割分担**意識」が強く反映され，法曹はいわゆる「男の職業」と考えられていたため，非常に女性が少なかった。実際に現行法以前の1893年の**弁護士法**（1893年法律第７号）第２条には弁護士になるには男性であることが要件とされていた。その後，女性の参政権が認められ，1926年には婦人参政同盟から「婦人弁護士制度制定ニ関スル件」という請願が出され，現行法の前身である弁護士法（1933年法律第53号）において性別の要件が削除されるに至った。その後1938年になり，３名の女性が初めて司法試験に合格した。その後さらに1947年に日本国憲法が施行され，1949年に司法試験法（1949年法律第140号），初の女性検察官，裁判官が誕生した（日本弁護士連合会両性の平等に関する委員会『女性弁護士の歩み―３人から3000人へ』（明石書店，2007））。女性が初めて司法試験に合格してから80年余りが経ったが，その数は依然として少ない水準のままである。

法律上は門戸が開かれても，1976年には司法研修所事務局長，裁判教官らが修習生らに対して，「男が生命をかける司法界に女の進出を許せない」，「勉強好きの女性は議論好きで，理屈を言うので嫌いだ」等と言ったという「研修所教官女性差別発言事件」もあった（日本弁護士連合会『司法による性差別』明石書店，2020年）。アメリカの連邦最高裁判所判事であった故ルース・ベイダー・ギンズバーグ氏に関する２本の映画（ドキュメンタリー映画『RBG 最強の85才（原題 RBG)』と『ビリーブ 未来への大逆転』（原題 On the Basis of Sex））の中で描かれている，1950年代のハーバード大学学長による，女性の学生への「君たちは優秀な男性の場所を奪ってここにいる」という発言から約20年後の出来事である。

1976年には日本弁護士連合会に特別委員会「両性の平等に関する委員会」が設置され（設置当時は「女性に権利に関する委員会」），法律・制度に存する性差別に対する様々な提言を行っている。

(ii)　法曹人口とジェンダー

それでは，法曹における男女比はどのようになっているのだろうか。裁判官は2018年12月現在22.2％，検察官が2019年３月31日現在25.0％，弁護士が2019年９月30日現在18.9％，2020年３月現在，最高裁判所裁判官15人のうち女性裁判官は２人で約13％である。確実に増加してはいるものの，2018年の OECD 諸国における職業裁判官に女性が占める割合の平均は50.2％と半数を超えており，最高裁でも32.97％となっている（https://www.oecd.org/gender/data/governance/）。2020年12月現在まで最高裁判所長官，検事総長，日本弁護士連合会会長に女性が就任したことは一度もない。2019年の司法試験合格者のうち女性が占める割合は24.4％であるが，法科大学院生に女性が占める割合は2019年時点で32.3％

である。女性の学生の比率は常に3割前後であり，女性の合格率の上昇は法科大学院制度が始まった時から期待され続けている（各年版男女共同参画白書）。

給与についてみてみると，裁判官，検察官は公務員であるため，同一の地位にある場合には男女差はないが，役付きの人数が男性の方が多いため，全体の収入では男女差が出る。弁護士では，例えば，2007年の女性の収入の中央値が1398万円，男性が2400万円であったが（弁護士白書2008年版），2016年の男性の年収平均は1097.4万円，女性593万円だった（「平成29年賃金構造基本統計調査」)。この違いは回答者の違いや回答者数の違いによるものと思われるが，男女格差が大きいことだけは間違いがない。検察官，裁判官は全国転勤がある。

(iii) 職業としての弁護士

弁護士についてもう少し細かくみてみると，事務所の経営者とそれ以外の弁護士では収入の平均が異なり，女性では経営者になっている者そのものが少ない。しかし同じ経営者間，非経営者間での比較でも男女差があった。その理由としては，①年齢による収入平均の違いがあり，平均の高い年齢層に女性が少ない。②収入の高い経営者に女性が少ない。③女性の仕事量が少ない（労働時間は変わらないが，担当件数は少ない)。④家庭内の事件は女性，会社・企業関係事件は男性に割り振られるといったことがあるため，1件当たりの平均収入が異なる。等があった（第二東京弁護士会両性の平等に関する委員会＝司法におけるジェンダー問題諮問会議『事例で学ぶ 司法におけるジェンダー・バイアス〔改訂版〕』明石書店，2009)。

各地の弁護士会によって，**女性会員の産前産後の会費免除**を行っていたが，2015年4月1日から，弁護士会会員の仕事と家庭との両立支援策の1つとして，**育児期間中の日弁連会費等免除制度**が始まっている。性別は問わず，育児をする子の出生日の属する月から当該子が2歳に達する日の属する月までの間における任意の連続する6カ月以内の期間（多胎妊娠により2人以上の子が出生した場合にあっては9カ月以内の期間)，日本弁護士連合会会費および特別会費が免除される。

単位弁護士会長については1969年の鳥取県弁護士会長を皮切りに，約70人の女性弁護士会長が誕生している。日弁連については2017年12月8日の臨時総会決議によって日弁連会則56条２項および３項が改正され，**男女共同参画推進特別措置**（**女性副会長クオータ制**）が導入され，2018年以来，複数の女性副会長が誕生している。

日本においては，採用基準や，職務規程にセクシャリティに関する差別はないものの，公務員組織の中でセクシャルマイノリティであることをカミングアウトして勤務することは，残念ながら容易ではない。弁護士は刑事司法手続にかかわる職業の中で，唯一の非公務員であり，個人事業主であるため，セクシャルマイノリティであることをオープンにして活動している弁護士も複数存在する。福岡県弁護士会や沖縄弁護士会のように，性の多様性の尊重を宣言している単位弁護士会も複数存在する。

（3）更生保護

近代的な更生保護は1888年に慈善篤志家達に始まったと言われ，次第に国が関与するようになり，第二次世界大戦後の1949年に犯罪者予防更生法（1949年法律第142号）が制定された。1951年の段階ではすでに複数の女性保護観察官が存在し，類似の職種に比べ女性職員比率が高めになっている。以前は国家公務員Ⅰ種からⅢ種の採用があったが，現在は，国家公務員採用総合職試験，法務省専門職員（人間科学）採用試験（保護観察区分）および国家公務員採用一般職試験となっている。女性は約３割となっている。「社会内処遇」を担う公務員であるが，約４万7000人の民間ボランティアである保護司と協働する点に特徴がある。保護司は４分の１が女性。保護司とは別に全国約15万人の更生保護女性会が存在する。

（4）矯正施設職員

矯正に関しては，男性は男性が，女性は女性が処遇するという同性処遇の慣行がある（多くの施設では異性の職員は１割程度）。そのため，女性施設には基本的に女性職員が勤務しているので女性刑務所の数に応じて一定数の女性職員がいる。2020年４月１日現在，刑事施設（刑務所，少年刑務所，拘置所）は本所が75庁（刑務所61庁，少年刑務所６庁，拘置所８庁），支所が107庁（刑務支所８庁，拘置支所99庁）となっている。うち女性刑事施設は栃木，笠松，和歌山，岩国および麓の各刑務所，札幌，福島，豊橋および西条の各刑務支所並びに加古川刑務所および美祢社会復帰促進センターの各女性収容棟となっている。少年院は全国に48庁（分院６庁含む）のうち，女性のみを収容する少年院９庁，または男女を分隔する施設がある第３種少年院２庁である（令和２年版犯罪白書）。

2018年10月１日現在の刑務官の数は，男性刑務官１万5798人，女性刑務官1682人で（法務省矯正局提供資料），女性は約10.6％である。2018年末の受刑者数が，男性４万6411人，女性4167人で，女性は約９％である（矯正統計年報）。刑務官に関しては戸籍上の性別に従って採用され，データも戸籍上の性別によるものである。

女性刑務官に関しては，離職問題が大きな問題となっている。現在，刑務官は60歳が定年であり，男性は各世代がほぼ均等に在職しているが，女性は30歳未満が半数を占めている。女性刑務官の執務環境に関する調査ではⅰ）離職率が高く，平均年齢が若い，ⅱ）育児休暇等で欠員が多く，業務負担が大きい等が挙げられている。2013年には検察官ではなく，矯正局から初の矯正局長が誕生している。2014年１月には，この局長から，女性を収容する刑事施設の運営改善に関する総合的な対策として「「マーガレットアクション～働きやすい環境づくりと女子受刑者処遇の充実～」について」（法務省矯総第287号当職通知）が出されている。2018年には初の女性矯正局長が誕生している。そして，2019年５月にはこの局長から「女子刑事施設の運営改善に関する総合対策（マーガレット・アクション）の取組状況のフォローアップ及び女性活躍推進及び女子刑事施設等の運営改善に関する総合対策（マーガレット・アクション２）の策定について」（矯総31矯正局長通知）が出されている。

育児等の配慮に関しては，警察の項でも紹介した次世代育成支援対策推進法（2003年法律第120号）に定める「特定事業主行動計画（愛称「スマイル子育て応援プラン」）」（2004年）に始まり，様々な政策が打ち出されている。刑務官のみのデータではなく，全矯正職員のデータをみると，2017年には育児参加休暇の合計５日以上の取得率100％は達成されたとのことである。育児休業取得率（各年度中に新たに育児休業が可能となった職員数に対する各年度中に育児休業を取得した職員数。各年度以前に取得可能となった職員数を含む）は，2015年度は男性1.3%，女性97.1%，2016年度は男性1.6%，女性100%，2017年度は男性3.2%，女性100%で，やはり男性の水準が非常に低い。しかし，育児休業取得月数（各年度に新たに育児休業を取得した職員の休業期間の平均。月単位で計算）をみると，2015年度には男性4.3月，女性17.9月，2016年度は男性3.0月，女性19.4月，2017年度は男性4.6月，女性17.5月であった。この数値をみる限り，取得している割合は非常に低いが，取得している者は，ある程度まとまった期間の休業を取っているようにみえる（法務省矯正局提供データ）。

刑務官は職階が上がると異動が広域になるため，昇進試験をうけないという事態も起こっている。

Ⅲ　犯罪被害者とジェンダー

犯罪の多くには加害者と被害者がおり，この両者が犯罪の当事者であり，いずれも私人である。刑事司法手続は，加害者に，最終的には刑罰を科すものであり，ここでは私人たる加害者と国家の関係が問題となる。そのため憲法にも多くの条文が存在する（憲法31条から39条）。一方，被害者は裁判を含む刑事手続においては当事者ではなく，証拠の1つ（証人）として扱われてきた。そのため，被害者は「忘れられた人々」と呼ばれてきた。1990年代後半までは，犯罪被害者全体について，個別の配慮は除いて，基本的には何の配慮もなされていなかった。

（1）被害者の中の女性

犯罪被害者全体において，女性は大きなグループではない。人が被害者となった刑法犯について，**認知件数**段階で**被害発生率**（人口10万人当たりの認知件数の比率）をみてみると，2019年には男性被害者の事件が620.6件に対し，女性は310.2件と約半数となっている。死傷者数でみると，男性が1万5333人に対し，女性が8611人となっている。死者は男性が408人，女性が292人である（令和2年版犯罪白書）。

しかし，これを検挙件数段階で，内縁を含む配偶者間の犯罪（DV）に絞ってみてみると，2019年には総数の89.7%，殺人では53.8%，傷害では91.7%の被害者が女性である（令和2年版男女共同参画白書）。また，性犯罪については，2017年に刑法改正があり，刑法第177条の**強制性交等罪**は男性も女性も被害者になりうるが，2019年には男性被害者が50人であるのに対して，女性被害者は1355人であった。うち13歳未満では男性23人，女性が150人である。DVや性犯罪が「**女性に対する暴力**」と言われるゆえんは，この被害者に占める女性の割合の多さにある。性犯罪，略取誘拐・人身売買以外では，65歳以上の詐欺被害者のうちに女性が占める割合が74.2%と高い。高齢女性を狙った特殊詐欺等が含まれていると思われる（令和2年版犯罪白書）。

但し，性犯罪やDVは**暗数**（警察に届けられない件数。被害者が犯罪と気が付かない場合と，加害者との関係で届けられない場合（DV等），被害にあったことを人に知られたくない場合（性犯罪等）等がある。）が非常に多いとされる。男女の比率が逆転するとは思われないが，性別役割分担意識ゆえに，男性被害者は女性被害者よりも性犯罪やDVの被害が届け出にくいとも言われている（→第12章）。自治体等の性犯罪やDV被害者相談窓口が女性限定のことが多いことも問題であろう。

（2）警察段階における配慮

刑事司法の分野においては被害者への配慮そのものが欠けていたことは既に述べた。以前は，そもそも被疑者が逮捕されたのか，裁判がいつなのか等すら，各機関の担当者が余程配慮のある人でない限り，被害者やその遺族は何ひとつ知らないことが通常であった。

以下では，性犯罪やDV被害者への対策を中心にみていく。警察では，1996年になって**被害者対策要綱**が出され，捜査過程における被害者の**二次被害防止・軽減**のため①告訴・告発，被害届等の適切な受理，②犯罪捜査における被害者への対応の組織的改善，③性犯罪捜査における女性警察官による事情聴取の拡大等，④性犯罪捜査指導官の設置，⑤犯罪被害者への旅費の支出等を行うようになった。検察では起訴・不起訴に関すること等について被害者等通知制度を行っている。

また，2000年の**DV防止法**成立の前後から，生活安全企画課を中心に通達等が多く出されるようになった。本来，傷害等は親告罪ではないにも関わらず，家庭内の暴力については被害者の通報があっても，**民事不介入**としてなかなか警察が介入しなかったが，1999年には**女性・子どもを守る施策実施要項**で，積極的に介入するよう通達が出され，2010年には，被害者に差し迫った危険が及んでいる場合は被害届がなくとも，危害を加えてきたと認められる被疑者を傷害や暴行の疑いで逮捕する等，警察も積極的に捜査を行うよう通達が出された。

各都道府県警察では，相談電話や相談室を設置し，女性の警察官等が相談に応じている。各警察署の性犯罪捜査を担当する係全てに女性の警察官がいるわけではないが，被害者の負担を軽減するために少なくとも女性の捜査官を指定して，事情聴取，証拠採取・証拠品の受領，病院等への付添い，捜査状況の連絡等にあたるようになっている。また，警察本部に「性犯罪捜査指導官」及び「性犯罪捜査指導係」を設置し，性犯罪の捜査の指導・調整，発生状況等の集約，専門捜査官の育成等を行っている。

性犯罪の証拠は，できればなるべく事件直後に，被害者の身体や衣類から採取しなくてはならないことが多く，この採取は被害者の負担になる。そこで，採取方法を簡易化する（レイプ・キットの使用），衣類を証拠として提出してしまった場合の着替えを用意する等している。2006年度からは，警察庁において，緊急避妊等に要する経費（初診料，診断書料，検査費用，中絶費用等を含む）を援助している。現在では，47都道府県にワンストップセンターができている。しかし，すべてが24時間受付，病院と連携というわけではない。また，日本では薬局で緊急避妊薬が購入できないので，被害者はすぐに警察に届けたり，病院を受診しなければ緊急避妊ができないため，被害者にとって負担が大きいことも指摘されている。

現実の性犯罪の多くが室内で顔見知りによってなされ，裁判では合意であったかどうかが争われる。重要な科学的証拠は刻一刻と散逸していく。被害者が，すぐに警察に届けることができるような社会にすることも重要な課題である。

なお，上記の対策は女性の性犯罪被害者を想定したものが中心であるが，男性被害者（女性以上に届けにくいことが予想される）への対策，セクシャリティを問わない被害者への対策も必要である。

(3) 裁判段階

裁判段階での被害者への配慮としては，2000年の犯罪被害者保護二法によって刑事訴訟が改正され，一定の犯罪について，被害者が被告人や傍聴人の目を気にせず証言ができるよう，ビデオリンクや遮蔽措置等がとられるようになった。付添人をつけることもできる。性犯罪被害者はこれらの措置のメイン・ターゲットとされている。しかし，これらは「証人」のための措置であり，「被害者」のための措置ではない。そのため，「証人」として求められ，証言する時にだけ適用される。傍聴について，優先傍聴が認められるようになったものの，この場合には遮蔽等の気遣いはない。

2016年の刑事訴訟法改正により証人等特定事項秘匿決定制度が導入されている。

被害者にとって大きな変化は2008年からの被害者参加制度である。被害者の自尊心を傷つける犯罪の一部について，被害者は裁判に参加できる。性犯罪も対象となっている。

裁判員裁判においては，性犯罪のケースで裁判員がすべて女性であったことが大きなニュースとなった。しかし，これまで長年にわたり，多くの裁判において，自分以外はすべて男性であるという状況の中で裁判を闘わねばならなかった女性被害者の問題には全く言及されなかった。裁判とジェンダーの問題に対する関心，知識の低さを物語るものであると言えよう。

(4) 処　遇

現在では，被害者は希望すれば６カ月に１度，加害者の処遇内容について各施設長から通知を受け取ることができる。仮釈放についても意見を述べることができる。希望すれば，出所日も通知を受けることができるが，これは満期の釈放予定日で，多くの場合はそれよりも早く仮釈放になる。そこで，性犯罪等，出所後に被害者に危険が及ぶとされる場合には，実際の釈放日と帰住予定地を知らせてもらえることもある。

Ⅳ　犯罪加害者とジェンダー

（1）男性加害者

2005年に犯罪者の処遇に関する法律が100年ぶりに全面改正され（「刑事収容施設及び被収容者等の処遇に関する法律」2006年改題），特別改善指導の1つとして性犯罪受刑者への認知行動療法に基づく処遇プログラムも導入された。2004年の奈良女児殺害事件の犯人が，以前にも刑務所で受刑していたが，そこで何の教育も受けなかったと手紙などで公表したことなどが1つの契機となった。性犯罪者への処遇は保護観察段階でも実施されている。

DVについても認知行動療法が求められるところであるが，日本ではDV加害者は様々な罪名で受刑しており誰がDV受刑者であるかがわからないため，現在，一部の官民協働刑務所等において，受刑者から申し出のあった場合に実施が試みられている。DV罪の創設の議論が待たれるところである。

日本の刑務所処遇にはジェンダーの視点が不足している。例えば，刑務所内での子の養育は女性にしか認められておらず，また親教育はほぼ女性受刑者にのみ行われている。これは性別役割分担意識と深くかかわっている。男性受刑者にも育児・親教育等の実施が求められるところである。

（2）女性加害者

女性犯罪者については，その数の少なさが注目される。2019年の検挙人員では，女子比は20.9％である。オットー・ポラック『女性犯罪』（1950）は，刑事司法全ての段階において，女性が寛大に扱われているゆえであると指摘された（ポラックはこれを男性の「騎士道精神」の表れだとした）。確かに女性犯罪で多い万引き等の場合，警察に届けられる以前や，警察段階等でふるい落とされている可能性はある。しかし，起訴猶予の多さや自由刑の少なさは，男性犯罪に比べ，女性犯罪が全体的に軽微であることと関わりがあるだろう。

しかし，現在の日本では高齢女性の犯罪，特に万引きの多さが大きな問題となっている。女性全体について検挙人員の罪名で最も多いのは窃盗で，さらに万引きが多いが，高齢女性では実に90.2％が窃盗で，万引きだけで75.6％を占めている。全検挙者の中に高齢者が占める割合は，2019年では，総数のうち22.0％だが，女性だけでみると33.7％に上る。2000年には10％を切っていたが，この約20年で急増している。これは受刑者の年齢構成にも影響している。

少年非行に目を向けてみると，そもそも少年非行は激減している。刑法犯の検挙人員の少年人口比は戦後最多であった昭和56年には1432.2であったが，2018年には332.9となっている。少年院入院者も男女とも激減している。2019年の女子比は7.7％であった。女子非行少年においては，保護者等からの被虐待経験があるとする者の割合が高いことは現場では長い間，共有されてきたが，数値で示されるようになってきている。入院段階の申告等によるものだけで，虐待なしが男子では65.4％であるのに対し，女性では45.1％である（2019年）。男子についても虐待ありが多く，日本においては，子どもの非行よりも前に，保護者等の虐待にこそ対処すべきことが浮かび上がってくる（令和2年版犯罪白書）。

セクシャル・マイノリティ受刑者については，性同一性障害者については詳細な通知がある（「性同一性障害等を有する被収容者の処遇指針について（通知）」法務省矯正第3212号平成23年6月1日，改正平成27年10月1日付け法務省矯正第2631号）が，課題も多い（少年院についても同様）。そもそも，戸籍上の性別で収容区分を分けることも再考する必要があろう。

【発展課題】

本章では基本的に日本の状況をみてきた。他の国々でも日本と同じ状況なのだろうか。他の国について，まず，人間開発指数，ジェンダー不平等指数，特にジェンダー・ギャップ指数等を調べ，その国のジェンダー問題に関する状況を把握した上で，司法とジェンダーの関係がどのようになっているかを調べてみること。

【参考文献】

岩井宜子『ファミリー・バイオレンス〔第2版〕』(尚学社，2010)
瀬川晃『犯罪学』(成文堂，1998)
日本弁護士連合会両性の平等に関する委員会＝日本弁護士連合会2001年度シンポジウム実行委員会『司法における性差別』(明石書店，2002)
第二東京弁護士会司法改革推進二弁本部ジェンダー部会司法におけるジェンダー問題諮問会議『事例で学ぶ　司法におけるジェンダー・バイアス〔改訂版〕』(明石書店，2009)
矢野恵美「日本の女性刑務所が抱える問題について考える」慶應法学37巻111―130頁 (2017)
矢野恵美「ジェンダーの視点から見た刑務所―男性刑務官の執務環境とセクシャル・マイノリティ受刑者の処遇」山元一他編『憲法の普遍性と歴史性　辻村みよ子先生古稀記念論集』(日本評論社，2019) 357―386頁

〔矢野　恵美〕

第17章 男性にとってのジェンダー法
—弱き者，汝の名はさて誰なのか—

◆この章で学ぶこと◆

これまで，日本でも社会学などの方法によって「男性学」という研究分野が開拓されてきた。そこでは，フェミニズム研究のもたらした方法を使って，男性が社会的に置かれた状況を批判的に考察することが目指された。本書は法律学の入門書であるので，主として従来の法律学の分野で浮かび上がってきた「男性」に関わる問題，とりわけ，女性と較べて（一見したところ）男性に不利になる状況や事件を取り上げて，「ジェンダー」の意味を考えてみたい。

I　形式的平等—男性を不利益に扱う法規定・法制度

（1）基本的な視座

日本社会は女性差別的だ，法は女性に不利もしくは男性的なものである，などというところにジェンダー法学の力点があろう。本書のこれまでの章が様々なテーマや論点を挙げつつも，それはその各論という傾向は否めない。だが，男性が不利に扱われたり，男性に生まれたことを呪ったりすることはないだろうか。よく，「日本は**男社会**だ」と言われるが，だからこそ男性差別や男性であることの法的・社会的強制は問題視すべきだ，というのが本章の視座である。

なお，法令の明文が性別で扱いを区別している場合と，法令の条文自体は性別に中立に書かれているが実際上は何れかの性別に適用されることが圧倒的に多く，結果として性差別がなされている場合とがある。後者の問題を**憲法**14条（法の下の平等）違反として争うためには理論的な工夫が必要である。その1つが，**間接差別**という，雇用における性差別でよく言及される概念である（→第

8章）が，他の領域にも応用できる。**夫婦同氏**を定める民法750条は**性中立的**であるが，社会的実態として圧倒的多数のカップルが婚姻時に夫の氏を選択するため，この規定が結果として女性に改姓の負担を課しているのがその例である。間接差別には実質的女性差別の温床も多いが，男性差別の例もあろう。

だが，性差別問題はそれ以前のものが多いので，間接差別の理論的検討は当面括弧に括り，以下では実態を重視して，男性に対する差別の問題をみたい。

（2）税と社会保障

（i）所得税法の配偶者控除制度ほか

配偶者控除制度は，法律の明文では「配偶者」という性別に中立的な言葉を使っている（**所得税法**83条）が，男性が主たる収入を得て女性が家庭を支える方がその逆より圧倒的に多いので，実態としてその対象はまず女性である。配偶者控除は，（給与のみの場合）年収103万円以下でないと受けられない。このため，**専業主婦**たちは，通常，少額のパートタイム以上の仕事を控えることが合理的選択となるのである。

この制度は，結局，女性を家庭に縛ることに寄与してきた。だが，他面，この制度は，男性を企業戦士として駆り立てることに寄与してきたものでもある。経済的合理性からすれば，妻を稼がせて豊かな生活を得た方がよいように思われるが，専業主婦を抱える近代家族（**主婦婚**）が一般的となり，それが農家や個人商店と異なる中流社会のステータスとなっている。他面，「一家の大黒柱」は，嫌な職場であっても，妻の生活のためにサービス残業に明け暮れるということもあろう。しかも，バブル崩壊後の日本では，給与の伸びは限られており，今や専業主婦は「贅沢」かもしれないのに，である。

国民年金法による基礎年金の**第3号被保険者**制度でも，明文上は「配偶者」という表現が使われ（国民年金法7条1項3号），要件さえ満たせば男性でも該当するが，実際には主婦を念頭に置いていよう。サラリーマンの妻の年金は，かつては夫の年金に頼るか，夫亡き後は夫の**遺族年金**を受けることとされていたが，1985年に基礎年金制度ができたときに，妻本人が年金受給の主体となれるようにした。だが，第3号被保険者なら，保険料はサラリーマンである夫の厚生年金の保険料（掛け金）の中に含まれるとみなされ，妻は独自に保険料を支払う必要がない。第３号被保険者の優遇は，自分で保険料を支払う共働き世帯や単身世帯と較べて保険料を支払わない人に保険金を支払うという意味で不合理・不公平であるという批判が絶えない。主婦婚が次世代を作り，その子があなた方の老後を支えるのです，と子だくさんの夫婦に言われても，一般論として納得はできまい。そして，これは年収130万円未満であることが要件とされ，所得税の配偶者控除の場合と似たような問題を抱えている。

税や社会保障の分野に限っても，法律や規則の明文上，露骨に性別で区別する規定も，少なからず残っている。遺族年金の受給資格は「妻」のほうが「夫」よりも広く認められている（厚生年金保険法59条，国民年金法37条以下）（社会保障制度における性差別については，尾形健『福祉国家と憲法構造』（有斐閣，2011）171-221頁）。所得税法上の**寡婦**（寡夫）**控除**についての法律規定に至っては手が込んでいる。本則であるはずの所得税法81条では「寡婦又は寡夫」という，性別に中立的な表現で所得控除を認めながら，租税特別措置法41条の17では一定の要件を満たす「寡婦」についてのみさらに控除額を上乗せしている。

(ii) 労災補償の障害等級表の男性差別

明文の「男性差別」で世間の耳目を集めたのは，労働災害で容貌が損なわれた場合に支給される補償金に，大きな性差別があった**労災補償**の**障害等級表**をめぐる事件であろう（京都地判平22・5・27判時2093号72頁）（→第７章Ⅰ）。

裁判の当時，労災補償の障害等級表（労働者災害補償保険法施行規則別表第１）によれば，「女性の外ぼうに著しい醜状を残すもの」は「第７級」とされ，当該障害の存する期間１年につき給付基礎日額の131日分の障害補償年金が支給されるが，「男性の外ぼうに著しい醜状を残すもの」は（「女性の外ぼうに醜状を残すもの」と同じく）「第12級」とされ，給付基礎日額の156日分の障害補償一時金が支給されるにとどまっていた（傍点，筆者）。同じ「外ぼうに著しい醜状を残す」場合でも女性と男性とでずいぶんと補償額が異なっていたのである。裁判所は，この性的区別について「策定理由に根拠がないとはいえない」としつつも，「本件差別的取扱いの程度は，男女の性別によって著しい外ぼうの醜状障害について５級の差があり」，著しい外ぼうの醜状障害についてだけ性別によって大きな差が設けられていることの不合理さは著しく，政府側の主張する「**社会通念**」の根拠も必ずしも明確ではないなどとして，合理的理由のない性別による差別的取扱いとして憲法14条１項違反と判断した（確定）。国は2011年２月１日に厚生労働省令を改正し，外貌の醜状障害の等級の性差別はなくなった。

本件裁判所が若干の根拠を示唆する「社会通念」自体が，「容貌は男性よりも女性にとって重要」という**ステレオタイプ**に囚われているとすれば，その正当性自体が問題である。社会的に蔓延・残存する性別に関するステレオタイプを無条件の前提とはできない。本件で直接的に不利益を被るのは男性であるが，女性もまた「その容貌で勝負する」ことを社会的に余儀なくされるという意味で被害者である。むしろこれを克服することが，政府（広い意味で裁判所も含めて）の役割である（**女性差別撤廃条約**５条，**男女共同参画社会基本法**４条参照）。

これらの法令は，まず，女性，男性各々についてのステレオタイプに基づいており，不当である。女性が過去に受けてきた差別の不利益の埋め合わせだとしても，それは別の方法でできることであって，むしろ，現在から将来に向けて，こういう法令の存在自体が，社会的なステレオタイプを助長していよう。憲法論としては，これらの法令規定を合憲というのはきわめて難しい。労災補償の障害等級表のように性中立的に改正されたものもある。やればできる。

（３）「女性の職場」への男性の進出

世の中には，女性が圧倒的に多い職場・職種もある。しかし，それが性に関するステレオタイプに基づくものなら，そのことを理由に男性を排除することは許されない。これと密接に関わるのが，国公立の**女子大学・女子校**の存在である。以前，東京商船大学（現東京海洋大学），防衛大学校は男性しか入学できなかったが，後に女性の入学を認めるようになった（ただし，防衛大学校は男女別の定員がまだあるようである）。他方，お茶の水女子大学に是非とも学びたい専門分野があり教えを受けたい教員がいても，男性は入学できない（実際，首都圏在住の文学部・理学部志望のこのレベルの男子高校生が，ほかに入学できて入学したい国立大学がないので困ることがある。ただし，お茶の水女子大学と奈良女子大学は，トランスジェンダーの学生を受け入れるようになった)。あるいは，共学の看護学校・看護学部が近隣にはなければ，男性には**看護師**を目指すことが困難になる。アメリカの最高裁は，州立大学の看護学部が女性しか入学させないことを，看護の職がもともと女性の仕事とみられてきたことなどを理由に，憲法違反と判断した。

女子大学を正当化する理由として，女性のみの環境の方が女性のリーダーシップを涵養するのに適している（共学では女性が男性に遠慮して受動的態度をとりがちである），あるいは，理系の学部では一般に男性が圧倒的に多いので女子大学で女性の学生を増やす必要がある，などといわれる。しかし，それなら，実際の国公立の女子大学の教育内容がその目的に沿ったものになっているかどうか，もっと厳密に検討してみる必要があろう。他面，女子大学の設置学部が文学，理学，生活科学などに偏り，女性向けの職業を助長しているように見受けられることも問題である。そうでない，工学部，経済学部などを設置すれば，逆に，何故女性のみ入学に拘(こだわ)るのかと非難されよう。大学の教員募集で，近年，「女性のみ」というのも見かけるが，許されるだろうか。ジレンマは深い。

さらに一歩を進めて，看護などの「女性の職種」に対して，いわば「**逆ポジティヴ〔アファーマティヴ〕・アクション**」といった形で男性を意図的に増やす方策をとることはできないか。これからの検討課題である。

なお，**助産師**は，現在の法律上「女子」でなければなれない（保健師助産師看護師法３条)。男性助産師を認めるべきかは難問だが，妊娠・出産という女性にだけある生理機能と助産師の仕事との関連を社会的な医療供給体制の中に位置づけて評価する必要があるということだけ，ここでは指摘しておく。

（４）男性が声を上げることの意義

以上の「男性差別」に関して男性が声を上げることには意義がある。日本の裁判制度では，原則として被害を受けている人しか裁判を起こせない。男性に不利益だが背後に女性に対する偏見があるという規定では，裁判所に訴えを起こせるのは直接的に不利益を受けている人，つまり男性だけである。このような場合，裁判に訴えて勝訴した男性だけが，他の男性を救済するばかりか，「女性は容貌で勝負」などというステレオタイプの排除に寄与するのである。

Ⅱ　実質的平等—特にワーク・ライフ・バランス

憲法14条は，**形式的平等**を要請するとともに，**実質的平等**をも指向しているとされる。初期の学説は，これを憲法25条の社会国家（**福祉国家**）の理念と結びつけ，経済的・社会的な「弱者」保護の要請として捉えた。しかし，フェミニズム理論の深化は，実質的平等を別の面でも展開する可能性を開いた。両性の平等は，単に女性が「社会」あるいは「公」の場で男性と対等な地位に立つだけでは達成できず，「私」の場である「家庭」においても両性が現実に平等に役割を分担しなければならないと考えられるに至ったのである。

（1）長時間働き続ける男性たち

2010（平成22）年12月17日閣議決定の**第3次男女共同参画基本計画**では，「固定的**性別役割分担**を前提とした社会制度や社会構造の変革を目指す」とするとともに，第3次計画で改めて強調している点の1つとして，「男女共同参画社会は，多様な生き方を尊重し，全ての人があらゆる場面で活躍できる社会であり，男性にとっても暮らしやすい社会であることから，男女共同参画を男性の視点から捉えることが不可欠である。**長時間労働**の抑制等働き方の見直し，直面する介護の問題など男性に関わる課題に対応するためにも，男女共同参画の理解に向けた男性に対する積極的な働きかけが必要である」と述べている。

2015（平成27）年12月25日閣議決定の第4次男女共同参画基本計画「具体的な取組」の第1分野として「男性中心型労働慣行等の変革と女性の活躍」が挙げられた。「具体的な取組」には，「中小企業における月60時間を超える時間外労働に対する割増賃金率（50％以上）の適用猶予の廃止」，「男性社員の育児休業取得促進に向けた企業の取組を促すべく，経営者等の意識改革や男性社員の育児休業の取得状況の情報開示」などが加わった。2020（令和2）年12月閣議決定の第5次男女共同参画基本計画においても，男性の育児休業取得と残業

(男性中心型労働慣行) からの解放は継続的なテーマとなっている。

端的に, 男性も女性も, 早く職場から家に帰れるようにすることが重要である (現実的スローガンは「お父さんを早く家に返せ」か)。従来, 正社員には疲弊するまでの過剰な労働に耐えうることが求められ, それを満たせるのは家庭責任を果たさなくてよい男性に偏る。もし仕事と家庭を両立させうる程度にまで労働時間を抑制すれば, 男性も家庭責任を果たし女性も男性と対等に十分に職場で働くことができよう (事実上の結婚退職・出産退職の強制もなくなる)。

(2) 家庭における男女共同参画

上述のように, 従来の男性正社員の長時間労働を支えていたのは, 家庭責任を全面的に負う「主婦」の存在であった。その意味で**主婦婚**は, 高度成長時代に適合的な形であった。妻のパート労働止まりは, 所得税の**配偶者控除**などで誘導されてきたのである。しかし, 現在, 主婦婚は男性にとって有益なのか。

また, 性別分業, 職場の長時間労働により男性が家庭責任を免れるということは, 家事育児に参加する機会を奪われているということでもある。そこで, 近年, 男性の育児休暇の積極的取得などが推奨されるようになってきた。しかし, その成否は, 育児休暇を取得すべき男性の意識とともに, 職場の「雰囲気」がこれを許すかにもかかっており, それは結局, ジェンダーに関するステレオタイプを個々の男性労働者や職場全体が克服できるかの問題でもある。

Ⅲ　被害者としての男性

(1) 痴漢冤罪事件を考える

ジェンダー化された社会において男性が被害者になる場合としては,「強姦」・痴漢される男性, 女性から男性への**セクハラ・パワハラ・アカハラ**といった例も考えられる。数的には女性が被害者になる場合よりも少ないかもしれないが, あるいはそのゆえに見逃されがちかもしれないが, 当事者にとっては重大な被害である。しかも,「男らしさ」を求める社会的圧力のために被害を申告すること自体が難しくなっているかもしれない点で深刻である。

しかし，別の深刻な場合として**痴漢冤罪事件**を挙げておかなければならない。痴漢冤罪事件は，表面的には，**性暴力**そのものではなく，それへの対応への過程で発生するものであるがゆえに「二次被害」であると考える向きもあろう。しかし，実際に報道される限りでは（おそらく実態的にも）痴漢の濡れ衣を着せられるのが男性であることが圧倒的に多いところをみると，これもまた社会がジェンダー化されていることの現れであることは否定できない。やや単純化していえば，従来は「男は痴漢をするものだから大目に見よう」という風潮があったのに対して（もちろん，このような考え方が被害をあまりに軽視する不当なものであることは言うまでもない），現在は，これを裏返して「男は痴漢をするものだから，被害の申告があれば痴漢をしたに違いない」と決めつける**偏見**が支配しているのではないか，という問題である。

5人の裁判官の意見が3対2に分かれた最判平21・4・14刑集63巻4号331頁は，被害者の証言の「信用性についても疑いをいれる余地がある」として被告人無罪を言い渡した。多数意見の1人は，「混雑した電車の中での痴漢とされる犯罪行為は」「『触ったか否か』という単純な事実が争われる点に特徴がある。このため，普通の能力を有する者（例えば十代後半の女性等）がその気になれば，その内容が真実である場合と，虚偽，錯覚ないし誇張等を含む場合であるとにかかわらず，法廷において『具体的で詳細』な体裁を具えた供述をすることはさほど困難でもない。その反面，弁護人が反対尋問で供述の矛盾を突き虚偽を暴き出すことも，裁判官が『詳細かつ具体的』，『迫真的』あるいは『不自然・不合理な点がない』などという一般的・抽象的な指標を用いて供述の中から虚偽，錯覚ないし誇張の存否を嗅ぎ分けることも，けっして容易なことではない。本件のような類型の痴漢犯罪被害者の公判における供述には，元々，事実誤認を生じさせる要素が少なからず潜んでいる」（那須弘平裁判官）と指摘した。これに対して，反対意見の1人は，「女性が電車内での虚偽の痴漢被害を申告する動機としては，一般的に，①示談金の喝取目的，②相手方から車内での言動を注意された等のトラブルの腹癒せ，③痴漢被害に遭う人物であるとの自己顕示，④加害者を作り出し，その困惑を喜ぶ愉快犯等が存し得るところ，［本件で被害を申告した女性］にそれらの動機の存在を窺わせるような証拠は存しない」（田原睦夫裁判官）と述べた。滅多に事実認定を行わない最高裁で裁判官の意見が僅差で分かれたのは，「［被害を申告した女性］の供述が真実に反するもので被告人は本件犯行を行っていないと断定できるわけではなく，ことの真偽は不明だということであ」（近藤崇晴裁判官）って，満員電車の中での痴漢事件で誰の言い分が本当かは藪の中である。

しかし，問題は，痴漢事件の起きやすい満員電車で通勤・通学を余儀なくさせる社会構造にはないか。トイレや公衆浴場が男女別なのに，満員電車という身体の**プライバシー**を著しく侵害するものが長年放置されてきたのは，「痴漢を大目にみる」社会的風潮と無関係だったかどうか。**女性専用車両**という形での解決が図られつつあるが，遅きに失した感がある（大江一平「男女平等とポジティブ・アクション」東海大学文明研究所編『〈ありうべき世界〉へのパースペクティブ』（東海大学出版会，2011）参照。さらに男性専用車両を設けていないことを問題にする余地はある）。痴漢冤罪事件は，痴漢が重大な犯罪であるという正当な認識がようやく広がり始めた段階に，満員電車の解消という社会インフラ整備が追いついていない「過渡期」に発生した社会的歪みというべきであろうか。

（２）追い込まれる男性たち

犯罪者には男性が多い（→第16章）。その原因は，一概には言えないが，ジェンダー化された社会構造が一因であることは間違いなさそうである。

自殺者の統計をみれば，明らかに男性が女性より多い。どの年代でもほぼそうである。デュルケーム『自殺論』（1897）の述べるように，自殺が不幸を測る唯一の指標であるのであれば，「男性社会」であるとされてきた日本の男性の不幸は相当に大きい。自殺者年３万人が常態化したバブル崩壊期には，その不幸は際立っていることになろう。また，数多の自殺未遂者にも注意したい。

自殺よりはまだ不幸の程度が低いかもしれないが，**ホームレス**には男性が圧倒的に多い。収入がなくなることで，家賃が払えず，離婚を突きつけられ，新たな仕事を得られることもなく，ホームレスとなることも多かろう。ホームレスの生活は厳しく，病気になっても健康保険が使えず，命を削る運命にある。男性は不幸である。少なくとも，厳しい状況に追いやられやすいものである。

結論的にいえば，ジェンダーの視点からは，男性を「男らしさ」から解放することが課題である。「男らしさ」を強制されて，命を縮め，不幸な人生を歩んでいる男たち。ある意味，その苦悩を女性たちに分かち合ってもらう必要はないか。社会全体が「男らしさ」からの解放を行うとき，ようやく**ジェンダー・フリー**で，個々人がその属性から（できる限り）解放された世の中（**日本国憲法**が求めるところの**個人主義**）が実現しよう。このような主張が「男らしくない」と思っているうちは，男女とも透明なジェンダーの束縛から逃れられまい。

【発展課題】

男性を男性であることの「悲劇」から解放する必要があろう。その「悲劇」とは何であるか，本章の取り上げたもの以外を挙げてみよう。そして，民法，税法，社会保障法，労働法などの法制度で何を改正すべきか，提案してみよう。他方で，このような改正を尽くしても残る「男らしさ」とは何か。確かに人間が有性生殖を行う生命体である以上，男女が「まったく同じ」ということはありえない。では何が男女の許容される差異として残るものか，検討してみよう。

【参考文献】

伊藤公雄ほか『女性学・男性学―ジェンダー論入門〔第3版〕』（有斐閣，2019）
ジェームズ・ギリガン（佐藤和夫訳）『男が暴力をふるうのはなぜか―そのメカニズムと予防』（大月書店，2011）
天野正子ほか編（伊藤公雄解説）『新編　日本のフェミニズム12　男性学』（岩波書店，2009）
千田有紀『ヒューマニティーズ　女性学 / 男性学』（岩波書店，2009）
木本喜美子＝貴堂嘉之編『ジェンダーと社会―男性史・軍隊・セクシュアリティ』（旬報社，2010）

〔髙井裕之＝君塚正臣〕

第18章 ジェンダー法学の応用

—差別を捉える視点—

◆この章で学ぶこと◆

これまでの各章で，ジェンダーに関わる諸問題を検討してきた。そこで得られた知見，とりわけ性別による差別に対する理解を，それ以外の領域に援用して考察を展開してみよう。判例上興味深い展開を示すものとして嫡出でない子に対する差別の問題がある。さらに，外国人差別，部落差別，同性愛・性同一性障害に関わる諸問題も検討の俎上に載せてみよう。

I 視座の設定

(1) 性別に基づく差別問題の構造から考える

性別に基づく差別は，どのようなものとして理解したらよいのであろうか。

まず，社会構成員のうち，男性は**マジョリティ**（majority=多数者）で主流をなす存在，女性は**マイノリティ**（minority =少数者）で周辺に置かれた存在と位置付けられる。もちろん女性は人口数でみる限りマイノリティではないが，マジョリティ，マイノリティの概念は政治的なパワーの有無の視点から判断すべきものであろう。この点で，女性はやはりマイノリティと位置付けられる。

マジョリティ，マイノリティの対比には，**権力関係**が随伴する。主流をなすマジョリティには社会において優位の位置付けが与えられ，周辺に置かれるマイノリティには劣位の位置付けが押しつけられる。この位置付けをもとに諸々の権利・利益等の配分における区別扱い——マイノリティに不利な扱い——がなされ，かつその扱いに理由が付せられる。しかし，社会における諸々の事柄の意味を確定する力がマジョリティにあることを前提とするならば，区別扱いの合理性を説明すべく付せられる理由自体に，実はマジョリティの**偏見**が混入している疑いが濃厚である。

女性が一定の職務から排除され，かつ，それはそもそも女性が体力的に劣るから，などと説明されることなどが，その例に挙げられよう。偏見に基づいて区別扱いがなされ，さらにその扱いの理由付けにおいても偏見が混入するという，偏見の複合的機能がここにみてとれる。

そうだとすれば，優位・劣位の関係にある者の間で区別扱いがなされ，それがとりわけ劣位者に対する不利益処遇である場合，その区別扱いの合理性については慎重に，あるいは疑念をもってみていく必要があることとなる。

別の観点からいえば，このような区別扱いの合憲性を司法審査する場合，その力点はマジョリティ側の**偏見の燻し出し**（smoke out）に置かれよう。そもそも重要な目的にぴったり適合した手段は限られる。採用された手段が，目的と密接な適合性をもつか否かを問い，もし密接な適合性がなければ，現実に提示されている目的は実は見せかけにすぎない。こうして隠されている偏見が真実の動機として燻し出されてくる（ジョン・H・イリィ（佐藤幸治＝松井茂記訳）『民主主義と司法審査』（成文堂，1990）239頁，阪口正二郎「人権論Ⅱ・違憲審査基準の二つの機能」辻村みよ子＝長谷部恭男編『憲法理論の再創造』（日本評論社，2011）147頁など参照）。この種の機能こそが，ここで発揮されなければならない。

さらにもう一歩踏み込んでいうならば，マイノリティ側の視点からして当該区別扱いがどのように捉えられるのかについても，配慮すべきであろう。

（2）様々なマイノリティの間での性質の違い

ここで，ひとしくマイノリティといっても，その性質は多様であることに注意を向ける必要がある。アメリカにおいて，B. Ackerman は，1938年の連邦最高裁判決 United States v. Carolene Products Co., 304 U.S. 144（1938）の脚注4——その後の**二重の基準論**の出発点となった——にいう discrete and insular minority の意味に関し興味深い考察を展開しているので，これを参酌してみよう（Bruce Ackerman, *Beyond Carolene Products*, 98 HARV. L. REV. 713（1985））。

連邦最高裁は，司法審査のレベルが厳しくなる場合として，discrete and insular minority に対する差別などを挙げるが，ではこの discrete and insular minority とはいかなる人々か。Ackerman によれば，discrete とは，対外的な視点であり，外から見て当該マイノリティであることが明瞭に識別できることを指すという。この対義語は anonymous であり，外から見て当該マイノリティであることがわからない，「**匿名**」の存在であることを指すものとされる。

この対比でいうならば，女性は discrete であるが，本章で扱う**嫡出でない子**，**性的マイノリティ**などは anonymous である——**外国人**（日本国籍を有しない人）については，その多数を占める**在日韓国・朝鮮人**は anonymous である——。また，女性は人口数の多いマイノリティであるのに対し，**嫡出でない子**，外国人などは人口数でも少ないマイノリティである。

そうだとすると，本章が検討課題とする，anonymous で人口数の必ずしも多くないマイノリティについては，区別扱いに多数者の偏見が混入するおそれが濃厚であるのみならず，さらに進んで，差別の事実の認識それ自体，あるいはマイノリティの存在それ自体が，マジョリティ側の人々の念頭に浮かばないことすらあることに注意すべきであろう。

Ⅱ　個別の問題(1)—嫡出でない子に対する差別

（1）嫡出でない子に対する法定相続分差別訴訟の展開

民法900条４号は子の法定相続分について均分相続の原則を定めるが，同号は但書において「嫡出でない子の相続分は，嫡出である子の相続分の二分の一と」すると規定していた。これが憲法の定める法の下の平等（14条）に反しないか，繰り返し問われてきた。

最高裁は，かつて平成７年の大法廷決定（最大決平７・７・５民集49巻７号1789頁）において判断を下したが，ここにおいて多数意見と反対意見とは鮮やかな対比をなしていた。

多数意見は，相続制度を定めるに際して立法裁量が認められること，および，法定相続分の定めは「遺言による相続分の指定等がない場合などにおいて補充的に機能する規定」であること，を根拠に，比較的緩やかな審査基準—合理性の基準ととらえられる―を設定し，結論的に合憲の判断を下した。ここにおいては嫡出でない子がマイノリティとして被る害悪についての認識は認められない。

これに対し，同決定において違憲の立場をとった反対意見の中には，嫡出でない子の被る害悪への関心が看取される。「非嫡出子の法定相続分を嫡出子のそれの二分の一と定めていることは，非嫡出子を嫡出子に比べて劣るものとする観念が社会的に受容される余地をつくる重要な一原因となっていると認められる」（中島裁判官ほか４裁判官の反対意見），「非嫡出子は，古くから劣位者として扱われてきたが，法律婚が制度として採用されると，非嫡出子は一層日陰者とみなされ白眼視されるに至った」（尾崎裁判官の追加反対意見）などである。またこういった関心を背景にして，審査基準のレベルも高められている。

このようにみてくると，主としてマジョリティ側の視点に立って考察を展開した多数意見と，マイノリティ側の視点をも取り入れて区別扱いを検討した反対意見，という対比が可能であろう。区別扱いの合理性に関し，ジェンダー法の領域ではマジョリティたる男性側の偏見に基づく説明が往々にしてなされてきたことに注意すべきであるが，そういう「偏見に基づく正当化」は，嫡出でない子に対する差別を検討する際にも当てはまる事柄である。

嫡出でない子の法定相続分差別の合憲性に関しては，この大法廷決定後も繰り返し争われた。例えば平成15年の最高裁判決（最判平15・３・31家月55巻９号53頁）などでは，小法廷を構成する５名の裁判官のうち端的に違憲の立場をとる者が２名（深澤裁判官，泉裁判官），「極めて違憲の疑いが濃い」としつつも，「大きな混乱を招いて法的安定性が著しく損なわれる」ことを避けるため，「今直ちに違憲無効の判断を出すことについては，やはり躊躇せざるを得ない」としてかろうじて多数意見（合憲の立場）に賛成し，補足意見を執筆した裁判官１名（島田裁判官）という構成をとっており，小法廷ながらその多数派が実質的に違憲の立場に傾いていることが注目された。

そしてついに平成25年の最高裁大法廷決定（最大決平25・９・４民集67巻６号1320頁）において，嫡出でない子の法定相続分差別は違憲，との判断が下された。「父母が婚姻関係になかったという，子にとっては自ら選択ないし修正する余地のない事柄を理由としてその子に不利益を及ぼすことは許されず，子を個人として尊重し，その権利を保障すべきであるという考えが確立されてきている」という基本的判断が明示され，嫡出でない子の法的相続分を差別する規定は，まさにこの基本的判断と相いれないとされたわけである。

以上のように最高裁が違憲論をとるに至った背景には，もちろん差別問題に対する認識の進化もあろう。法律婚であったか否かという父母の問題のツケを子に負わせ，嫡出でない子だとして差別することには，根本的な不当性がある。のみならず，そういった差別の不当性に関する国際的なコンセンサスが形成されつつあり，日本が立ち遅れているという認識もある。この点，性差別は不当であるという国際的なコンセンサスが形成され，それが日本の実務に影響を与えたこととパラレルにみることができよう。

（2）国籍法違憲判決

父が日本国籍，母が外国籍で，両者が婚姻関係にないとき，この間に生まれた子（嫡出でない子）が出生後父から認知を受けたとしても，父母の婚姻によって嫡出子にならなければ，届出による国籍取得は認められない旨，国籍法上規定されていた（当時の国籍法３条１項）。この規定はいくつかの区別を内包する。とりわけ嫡出となった子と嫡出でないままの子との間で，届出による国籍取得を認めるか否かという区別扱いがなされるので，これが法の下の平等に反しないかが問われた。

最高裁（最大判平20・６・４民集62巻６号1367頁）は，①「父母の婚姻により嫡出子たる身分を取得するか否かということは，子にとっては自らの意思や努力によっては変えることのできない……事柄である」こと，および，②国籍が「重要な法的地位」であること，を根拠として，区別の合理性につき「慎重に検討」する，とした。司法審査におけるレベルを高めることを意味するが，そこには，比較法的知見とともに，マジョリティ側の偏見が混入するおそれへの警戒が認められる，といってよいだろう。

嫡出でない子に対する差別事案をいく度か扱ったことにより，最高裁内部にもマジョリティ側の偏見の問題―偏見に基づいて区別がなされることのみならず，その区別の根拠づけにおいても偏見が混入するおそれ—に関する認識が広まりつつあるのかもしれない。

Ⅲ　個別の問題(2)—その他の領域

（1）外国人差別

基本的な考え方

国民と**外国人**との間には国籍の有無という違いがあるため，区別扱いは当然という通念がある。しかし，ひとしく外国人といってもその生活実態は様々であり，定住外国人，すなわち**在日韓国・朝鮮人**などわが国に生活の基盤を有する外国人については，その生活実態が国民と同様であるから，国民と同様の処遇を原則とすべきである。むしろこの原則から乖離し，国民と区別して扱う場合，その区別扱いに正当化理由が実質的・具体的にあるか否か，慎重にチェックすべきであろう。

ところが，**マジョリティ**である国民の偏見がここでも作用している。**定住外国人**の生活実態にはさほど注意を向けず，形式的に，国籍のない者として一時滞在の外国人などと一括して扱ってしまいがちなのである。

さらに，とりわけ判例理論においてはもう１つ，重要な問題点が内包されている。**マクリーン事件**最高裁判決（最大判昭53・10・４民集32巻７号1223頁）は，外国人の人権の保障は「在留制度のわく内」でのみ認められるとする立場を示した。確かに外国人には，憲法上，わが国に在留する権利が保障されているわけではないが，だからといって，その人権保障までもが在留制度の枠内に置かれることになるのだろうか。

外国人は憲法上わが国に在留する権利を保障されているのではないので，したがって，人権保障も在留制度の枠内でのみ与えられるとするのが最高裁の立場である（在留制度が外国人の人権に優位するという**在留制度優位論**）が，このほかに，外国人は憲法上わが国に在留する権利を保障されているのではないが，しかし，在留する限りは人権はそれにふさわしいレベルで保障される（外国人の人権が在留制度に優位するという**外国人の人権優位論**）と考えることも可能である。そして後者の立場をとるとき，最高裁の立場と異なり，在留期間中における人権の行使は，在留期間更新の際に消極的事情として斟酌することはできなくなる。

以上の２つの立場のうち，当然のように前者（在留制度優位論）をとった最高裁は，外国人は「外」の人，したがってその人権を真剣に捉えるには及ばないという，マジョリティたる国民の偏見をはからずも反映しているのかもしれない。区別扱いの説明に混入する偏見を，ここにみてとることも可能であろう。

東京都管理職選考拒否事件

最高裁の基本的な立場を示すものとしてもう１つ，**東京都管理職選考拒否事件**判決（最大判平17・1・26民集59巻１号128頁）を挙げることもできよう。**定住外国人**が東京都人事委員会の実施した管理職選考を受験しようとしたところ，**国籍**がないことを理由に受験が認められなかったので，その違法性が問われた事案である。

最高裁は，公権力行使等地方**公務員**──「公権力の行使に当たる行為を行い，若しくは普通地方公共団体の重要な施策に関する決定を行い，又はこれらに参画することを職務とするもの」──については，**国民主権**の見地から国民のみが就任できるとする。しかしこれにとどまらない。公権力行使等地方公務員と，それに「昇任するのに必要な職務経験を積むために経るべき職とを包含する一体的な管理職の任用制度を構築」することは可能であり，その上でこのような管理職に国民のみが昇任することができるとすることも，法の下の平等を定める憲法14条に反しない，としたのである。

考えてみれば，公権力行使等地方公務員についてはともかく，それに「昇任するのに必要な職務経験を積むために経るべき職」は，国民に限定する必要は必ずしもない。であるのに「一体的な管理職の任用制度」であるとして外国人の就職を否定してしまうのは，公務員の任用制度の下位に外国人の**職業選択の自由**を位置づけるものといえるのではなかろうか。さらに，差別の対象が定住外国人である場合，現実的な意味合いとして，在日韓国・朝鮮人などに対する**民族差別**と近似してくることにも注意を要するであろう。

（2）部落差別

部落差別は日本社会の歴史の中で形成・強化されてきた伝統的差別である。

その起源については諸説があるが，近世あるいはそれ以前において，病気その他の理由で社会の周辺に置かれた人々が，葬送，斃(へい)牛馬処理などを職とし，賤視されるに至ったと考えるのが有力である（斎藤洋一＝大石慎三郎『身分差別社会の真実』（講談社，1995）62頁）。このように捉える限り，マジョリティ側によって引かれた**マイノリティ**との区別線が歴史的に維持・強化され，両者間の格差が優位・劣位という位置付けとして顕在化するという一連の差別問題と同様の構造をもつものとなる。そして歴史的に社会を蝕んできたこの部落差別は，結婚差別，就職差別として現象化しつつ，現在に至っても継続している。

この問題に対しては，1969年の**同和対策事業特別措置法**に端を発して，生活状況の改善その他の施策がとられ，ある程度の効果が認められた。自治体によってはこの種の施策を継続しているところもあるが，そもそも人々を区別するライン自体が歴史的に形成されてきた**偏見**の所産でしかない以上，そうであることを正しく認識することこそが必要であるといえる。

（3）同性愛，性同一性障がい

概　　念

同性愛は，性愛がいかなる相手に向かうかという関係性の問題である。性愛が異性に向かう場合が**異性愛**，同性に向かう場合が同性愛，同性・異性双方に向かう場合が**両性愛**となる。これに対し**性同一性障がい**とは，性に関する自己のアイデンティティが身体的な性とくい違い，そのため持続的な苦しみを伴うものである。これは他者との関係ではなく，自分自身の問題である（野宮亜紀ほか『性同一性障害って何？〔増補改訂版〕』（緑風出版，2011）23-25頁）。

そもそも性同一性障がいは，「障がい」という名称が付されているが，障がいとみるべきではないだろう。性同一性障がいも同性愛も，ともに性に関する個人のあり方の１つとして捉えるべきものである。

なお，この点で注目に値するのが，**性別二分法モデル**と**グラデーション・モデル**の対比である。性に関わる事柄は男性・女性という二分法だけで割り切れるとするのが前者であるが，この社会通念に対し，グラデーション・モデルは性を４層構造で把握する。**生物学的性差**（sex），**社会・文化的性差**（gender），

性自認（gender identity），そして**性的指向**（sexual orientation）である。各層がそれぞれ独立であるとともに，それぞれの層は連続的である——「女／男を両極として，その中間（女性50%／男性50%），あるいは女／男の割合が，一方が高く他方が低い位置（例えば女性25%／男性75%）をとることも可能になる」（好井裕明編『排除と差別の社会学』（有斐閣，2009）108-109頁［風間孝]）。

このようにみることで，性のありようは，各人によって実にまちまちであり，したがって誰でも性的マイノリティになる，またはなりうることが理解される。そして多数者の通念である性別二分法モデルに対し，グラデーション・モデルは基本的な反省を促し，偏見検出の機能をもつ。

東京都青年の家事件

同性愛者については，**東京都青年の家事件**が検討に値する。青年の家の運営上，男女別室ルールがとられていたが，それは異性愛に基づく性意識を前提としている。東京都教育委員会はこれを同性愛者に応用し，複数の同性愛者を同じ部屋に宿泊させるわけにはいかず，かつ，青年の家には個室がないため，結果的に同性愛者に宿泊利用を一切認めないこととしたが，裁判所はこの措置を裁量権の逸脱としたのである（東京高判平９・９・16判タ986号206頁）。考えてみれば，この東京都教育委員会側のあり方にもやはり，マジョリティ側の偏見が看取される。それはマイノリティに対する無関心に由来する，その事情の無視という形で顕在化している。

性同一性障がい

性同一性障がいについては比較的近時認識されるようになってきたといえる。カウンセリング，ホルモン治療などのほか，性別適合手術がなされるが，この手術をした場合で，さらに一定の条件を満たせば，**戸籍**の性別記載の変更も認められる（性同一性障害者の性別の取扱いの特例に関する法律）。

性別適合手術を要件とする規定に対しては，憲法13条，14条との関係で合憲性が問題とされる。このような手術を要件とすることが，身体への侵襲を受けない自由を制約する面もあることは否定できないからである。最高裁は諸々の事情の総合的較量のもと，現時点では違憲とはいえないと判示したが（最判平31・１・23判時2421号４頁），同判決には憲法13条に反する疑いが生じていることは否定できない，との補足意見も付せられている。また国際的にも手術要件をなくす方向にあり，さらなる検討が望まれる。

ちなみに，例えば女性らしい名にする（○雄→○子）など名の変更も必要になるであろうが，それは戸籍法107条の 2 の規定による。

【発展問題】

同性愛者間の結婚について，憲法はどのような立場をとっているのだろうか。憲法24条の文言からすれば，異性間結婚しか考えられていないようである。しかし，各人の自律的な生き方を認めるべきではなかろうか。同性間結婚を認めるとすれば，どのような解釈をとったらよいのであろうか。

【参考文献】

大沼保昭『単一民族社会の神話を超えて―在日韓国・朝鮮人と出入国管理体制〔新版〕』（東信堂，1993）

奥田均『差別のカラクリ』（解放出版社，2009）

風間孝＝河口和也『同性愛と異性愛』（岩波書店，2010）

上川あや『変えてゆく勇気―「性同一性障害」の私から』（岩波書店，2007）

井上英夫ほか編著『障害をもつ人々の社会参加と参政権』（法律文化社，2011）

森山至貴『LGBT を読みとく―クィア・スタディーズ入門』（筑摩書房，2017）

セクシュアルマイノリティ教職員ネットワーク編著『セクシュアルマイノリティ〔第 3 版〕』（明石書店，2016）

〔安西　文雄〕

判 例 索 引

【高等裁判所】

【地方裁判所】

【家庭裁判所】

事項索引

【た　行】

【な　行】

【は　行】

執筆者紹介（執筆順，＊は編者）

＊井上匡子（いのうえ・まさこ）　序章
神奈川大学法学部教授

＊君塚正臣（きみづか・まさおみ）　0章Ⅰ・17章
横浜国立大学大学院国際社会科学研究院法律系教授

＊犬伏由子（いぬぶし・ゆきこ）　0章Ⅱ
慶應義塾大学名誉教授

後藤弘子（ごとう・ひろこ）　0章Ⅲ
千葉大学大学院社会科学研究院教授

増田幸弘（ますだ・ゆきひろ）　0章Ⅳ
日本女子大学人間社会学部教授

川眞田嘉壽子（かわまた・かずこ）　0章Ⅴ
立正大学法学部教授

田中亜紀子（たなか・あきこ）　1章
三重大学人文学部教授

的場かおり（まとば・かおり）　2章
大阪大学高等共創研究院・大学院法学研究科教授

小久見祥恵（おぐみ・よしえ）　3章
同志社大学法学部嘱託講師

大島佳代子（おおしま・かよこ）　4章
同志社大学政策学部教授

鈴木伸智（すずき・しんち）　5章
愛知学院大学法学部教授

松久和彦（まつひさ・かずひこ）　6章
近畿大学法学部教授

田巻帝子（たまき・ていこ）　7章
新潟大学法学部教授

川口美貴（かわぐち・みき）　8章
関西大学大学院法務研究科教授

三輪まどか（みわ・まどか）　9章
南山大学総合政策学部教授

島岡まな（しまおか・まな）　10章
大阪大学大学院法学研究科教授

松本克美（まつもと・かつみ）　11章
立命館大学大学院法務研究科教授

福岡久美子（ふくおか・くみこ）　12章
同志社女子大学現代社会学部教授

谷口真由美（たにぐち・まゆみ）　13章
大阪芸術大学客員准教授

紙谷雅子（かみや・まさこ）　14章
学習院大学法学部教授

彼谷　環（かや・たまき）　15章
富山国際大学子ども育成学部教授

矢野恵美（やの・えみ）　16章
琉球大学大学院法務研究科准教授

髙井裕之（たかい・ひろゆき）　17章
大阪大学大学院法学研究科教授

安西文雄（やすにし・ふみお）　18章
明治大学大学院法務研究科教授

レクチャージェンダー法〔第2版〕

2012年4月1日　初　版第1刷発行
2021年5月20日　第2版第1刷発行

編　者　犬伏由子（いぬぶしゆきこ）・井上匡子（いのうえまさこ）
　　　　君塚正臣（きみづかまさおみ）

発行者　畑　　光

発行所　株式会社 法律文化社

〒603-8053
京都市北区上賀茂岩ヶ垣内町71
電話 075(791)7131　FAX 075(721)8400
https://www.hou-bun.com/

印刷：中村印刷㈱／製本：㈱藤沢製本
装幀：アトリエ・デコ

ISBN 978-4-589-04152-4

広い視野とフレキシブルな思考力を養うことをめざす **αブックス** シリーズ

新プリメール民法

1 民法入門・総則〔第2版〕
中田邦博・後藤元伸ほか 著　3080円

2 物権・担保物権法
今村与一・張 洋介ほか 著　2970円

3 債権総論〔第2版〕
松岡久和・山田 希ほか 著　2970円

4 債権各論〔第2版〕
青野博之・谷本圭子ほか 著　2860円

5 家族法〔第2版〕
床谷文雄・神谷 遊ほか 著　2750円

髙橋公忠・砂田太士・片木晴彦・久保寛展
藤林大地 著
プリメール会社法〔新版〕
3190円

山本正樹・渡辺 修・宇藤 崇・松田岳士 著
プリメール刑事訴訟法
3080円

河野正憲・勅使川原和彦・芳賀雅顯・鶴田 滋 著
プリメール民事訴訟法
2970円

那須耕介・平井亮輔 編
レクチャー法哲学
3520円

大橋憲広・奥山恭子・塩谷弘康・鈴木龍也
林 研三・前川佳夫・森本敦司 著
レクチャー法社会学
2750円

初宿正典 編
レクチャー比較憲法
3080円

見上崇洋・小山正善・久保茂樹・米丸恒治 著
レクチャー行政法〔第3版〕
2640円

長尾治助・中田邦博・鹿野菜穂子 編
レクチャー消費者法〔第5版〕
3080円

菊地雄介・草間秀樹・横田尚昌・吉行幾真
菊田秀雄・黒野葉子 著
レクチャー会社法〔第2版〕
2970円

谷口安平 監修／山本克己・中西 正 編
レクチャー倒産法
3520円

今井 薫・岡田豊基・梅津昭彦 著
レクチャー新保険法
3080円

松岡 博 編
レクチャー国際取引法〔第2版〕
3300円

河野正輝・江口隆裕 編
レクチャー社会保障法〔第3版〕
3190円

松井修視 編
レクチャー情報法
3080円

川嶋四郎・松宮孝明 編
レクチャー日本の司法
2750円

犬伏由子・井上匡子・君塚正臣 編
レクチャージェンダー法〔第2版〕
2970円

富井利安 編
レクチャー環境法〔第3版〕
2970円

法律文化社

表示価格は消費税10%を含んだ価格です